実務のための 資本的支出・減価償却・修繕費 判例・裁決例**56**選

〔改訂版〕

共著　林 仲宣・竹内 進・小野木 賢司・四方田 彰・角田 敬子
　　　有賀 美保子・茂垣 志乙里・加瀬 陽一・谷口 智紀・髙木 良昌
　　　岡崎 央・齋藤 樹里・小林 由実・初鹿 真奈・横井 里保

税務経理協会

改訂版はしがき

　前著「実務のための資本的支出・減価償却・修繕費判例・裁決例50選」を出版してから3年が経過した。本書は，その間に公表された関連する判例・裁決例の中から，有賀美保子税理士のご協力の下，6例を選択・追加した。追加事例については，新たに5名の新進気鋭の研究者，実務家に執筆をお願いした。

　前書と同様，本書の編集には，専修大学法学部　谷口智紀教授と島根大学法文学部　横井里保専任講師のおふたりに担当して頂いた。心より感謝する次第である。

　最後に今回の改訂にご尽力を賜った，株式会社税務経理協会の大川晋一郎氏にお礼申し上げたい。

　令和3年（2021年）9月

執筆者15名を代表して

林　仲宣

はしがき

　実務において，固定資産を新規に取得した際には，いわゆる減価償却資産として資産の種類及び取得価額をもとに，耐用年数を選定し，減価償却額を算出するという一連の作業が機械的に行われる。建物又は店舗設備のように，複数の固定資産を同時に取得するようなときは，取得に伴う共通費用の配賦を含めた煩雑な作業が求められる。また，既存の資産に修理・修繕を施した場合には，資本的支出としての区分と判断が重視される。このことは，税務の分野では，経常利益に関わらず，減価償却費としての損金算入額が所得計算に大きく及ぼすことから，当然のことといえよう。

　もっとも機械的な作業といっても，その判断に迷う事態に直面することはある。それは，取得時期，取得価額，固定資産の区別，減価償却費の計算，耐用年数の選択，資本的支出の意義など全ての段階で登場してくる。

　しかも，多くの中小企業では，固定資産の取得は日常的に行われる取引ではなく，税務上の疑義が生じるのは税務調査において指摘されることが一般的である。つまり固定資産の取得時における基礎的な処理がすみ，減価償却費の損金算入が継続的に行われている時期に問題点が浮上することから，過年度まで遡り，混乱が生じることは避けられない。

　したがって固定資産の取得に伴う税務的な効果は，耐用年数の期間に及ぶとしても，取得時の税務処理は，実務上，重要な判断が必要となることは明らかである。本書は，固定資産の取得及びその後の処理が争点となった判例及び裁決例を検証し，実務上の指針としての検討を加えた。

　本書で取り上げた判例・裁決例には複数の争点が対象となる事案も少なくないが，対象とする争点を絞って検討していることから，厳密な判例研究，裁決研究ではないとして，（参考）と表記している。

　事案の考察においては，後掲する目次が示すように，一般社団法人日税連税法データベース及び LEX／DB インターネット TKC 法律情報データベースを

利用している。両データベース関係各位に感謝申し上げる。裁判所，法令通達などの略称は，税法関係の書籍等で用いられる一般的な表記に従っている。

　本書の企画は，株式会社税務経理協会の吉冨智子氏からのアドバイスから始まり，制作に当たっては大川晋一郎氏のご支援を賜った。改めて感謝することをお許し頂きたい。

　本書の構成については，島根大学の谷口智紀准教授に担当して頂いた。校正については，専修大学大学院法学研究科博士課程の横井里保さんにお願いした。おふたりの協力がなかったら本書は出版できなかった。心から感謝すると同時に，おふたりの指導教授である専修大学の増田英敏教授に改めて謝意を表する次第である。

平成 30 年 11 月

執筆者を代表して

林　仲宣

（凡例等）

※ TKC 法律情報データサービス（LEX／DB インターネット）については「TKC」，一般社団法人日税連税法データベースについては「TAINS」と表記している。

※本書では，法令通達の条文番号等については，公表当時のままで記載している。

※本書において「納税者の主張」「課税庁の主張」「裁判所（審判所）の判断」としている部分は，判例・裁決例原文の一部を抜粋し，読みやすくするために用語等の一部変更を行っている。

目　次

第 **1** 章

法人税法における資本取得

第 2 章
所得税法における資本取得

第1章
法人税法における資本取得

CASE 01　土地建物の取得価額と固定資産税

(参考)
国税不服審判所　平成 24 年 7 月 5 日裁決　TKC 26012599／TAINS J88-3-09

[争点]

　周知のように固定資産税の賦課期日は，毎年 1 月 1 日であるが，賦課決定の通知は，例年，3 月頃であることが一般的といえる。そのため不動産の売買に伴う固定資産税の負担方法については，売買の当事者間で協議し確認することが，不動産取引の基本的な契約とされる。

　本事案は，納税者が，土地及び建物の取得に際して売主に支払った固定資産税（都市計画税も含む）に相当する金額を損金の額に算入したことについて，課税庁が，当該金額は土地及び建物の取得価額に算入すべきであると指摘した事例である。

　納税者は，平成 22 年 2 月 5 日付で，売主との間で，土地及び建物を主たる信託財産とする不動産信託受益権売買契約を締結した。

　この受益権売買契約において，本事案で争点となる条項は，①売主は，納税者に対し，平成 22 年 2 月 18 日又は納税者と売主との間で別途合意する日（クロージング日）において，平成 17 年 2 月 25 日付の，不動産を主たる信託財産とし，当初委託者を H 社，受託者を G 信託銀行とする不動産管理処分信託契約に基づく信託受益権を一括で売り渡し，②受益権に係る不動産に対して賦課される平成 22 年度の固定資産税及び都市計画税（その起算日は，平成 22 年 1 月 1 日とする）は，クロージング日をもって区分し，その前日までに相当する部分は売主の負担，その当日以降に相当する部分は納税者の負担とする，というものの 2 点である。

　税務の取扱いでは，減価償却資産以外の固定資産の取得価額については，法

人税法施行令 54 条及びこれに関する取扱いの例による旨定めているところ，この取扱いは，一般に公正妥当と認められる会計処理の基準に従い，減価償却資産以外の固定資産の取得価額に関しても減価償却資産に関する同法施行令の規定及びこれに関する取扱いが準用されてしかるべきであることを留意的に定めたものであると解されているが（法人税基本通達 7-3-16 の 2），審判所もこの見解を容認している。

納税者の主張

①　納税者の負担した固定資産税等相当額は，納税者が地方税法上の納税義務者として支払う固定資産税等そのものではないものの，納税者と売主は，受益権売買契約書に基づいて不動産の所有権の移転日をもって，その年度の固定資産税等を所有期間であん分し，固定資産税等の負担を公平に分担したものであり，地方税法上の納税義務者でないという理由で損金の額に算入しないというのは明らかに誤りである。

②　不動産取得に係る租税公課は，別段の定めがあるものを除き，取得価額を構成しないと考えるのが相当である。法人税法施行令 54 条 1 項 1 号の規定は，減価償却資産の購入に直接要した費用を指すものであり，所有期間に対応して納税者と売主との間で公平に分担した固定資産税等相当額のような間接経費を取得価額に含めることは，貸借対照表上に時価以上の過大な資産を計上することになる。

課税庁の主張

①　固定資産税等は，その賦課期日である毎年 1 月 1 日現在の固定資産の所有者に対して課されるものであり，賦課期日後にその固定資産の所有者となった者が当該固定資産に係る当該年度の固定資産税等の納税義務を負うことはないから，不動産の買主である納税者が固定資産税等相当額を負担したとしても，納税者が納税義務を負うことはなく，納税者が不動産に係る固定

資産税等そのものを負担したものとは認められない。

②　固定資産税等相当額は，受益権売買契約書の定めにより生じる債権債務関係に基づいて売買当事者間で授受されるものであり，その授受は，不動産の売買の条件の一つであるから，固定資産税等相当額は，不動産の購入の代価の一部であると認められ，法人税法施行令54条1項1号の規定により不動産の取得価額に算入すべきものである。

審判所の判断

①　地方税法343条1項等の規定によれば，固定資産税等は固定資産の所有者に対して課されるものであり，その賦課期日は毎年1月1日であることからすると，固定資産税等の納税義務者は，賦課期日現在において当該固定資産を所有している者であると解されるところ，同日後に当該固定資産の所有者に異動が生じたからといって課税関係に変動が生じるものではなく，同日後に当該固定資産の所有者となった者が納税義務を負うことはないから，当該固定資産の売買の当事者間において売買後の期間に対応する固定資産税等，すなわち未経過分の固定資産税等相当額が授受されたとしても，買主において当該未経過分の固定資産税等相当額について地方税法上の固定資産税等の納税義務に伴う負担とみることはできない。

②　納税者が負担した固定資産税等相当額は，不動産に対して賦課される平成22年度の固定資産税等をクロージング日すなわち不動産の引渡日以降に相当する部分は納税者が負担する旨の受益権売買契約書の定めに基づいて売主に対して支払われたものであるから，地方税法上の固定資産税等の納税義務に伴う負担ではなく，受益権売買契約書の定めにより納税者と売主との間に生じる債権債務関係に基づいて固定資産税等の相当額として売買当事者間で授受されたものであって，また，不動産の売買に伴って授受されたものであり事後費用とはいえないことからすれば，固定資産税等相当額は，各減価償却資産に係るものについては法人税法施行令54条1項1号の規定により，また，減価償却資産以外の固定資産すなわち不動産のうち土地に係るものに

ついては法人税基本通達 7-3-16 の 2 の定めにより，不動産の購入の代価の一部であると認めるのが相当である。したがって，固定資産税等相当額は，不動産の取得価額に算入すべきである。

③　固定資産税等相当額は，売買条件の一つとして納税者が売主へ支払ったものであって，不動産の購入の代価の一部であり，不動産の取得価額に算入すべきであるから，納税者の主張には理由がない。納税者は，仮に，固定資産税等相当額について，その全額が事業年度の損金の額に算入されないとしても，納税者が支払った固定資産税等相当額のうち不動産の引渡しを受けた日から事業年度終了の日までの期間に相当する金額を事業年度の損金として認め，残額を前払費用とすべきであるとも主張する。しかしながら，固定資産税等相当額は，不動産の取得価額に算入すべきものであり，また，一定の契約に従い継続して役務の提供を受ける場合にいまだ提供されていない役務に対応して支払われたものではなく，前払費用に該当しないことは明らかである。したがって，納税者の主張には理由がない。

【林　仲宣】

CASE

02　土地の取得価額と不動産仲介料

(参考)
東京地方裁判所　昭和 57 年 5 月 20 日判決　TKC 21076420／TAINS Z123-4993
東京高等裁判所　昭和 59 年 4 月 26 日判決　TKC 21080423／TAINS Z136-5342

［争点］

　納税者は，昭和 48 年 12 月に土地と同地上の借地権付建物とを購入し，その際，不動産仲介業者に対し仲介手数料を支払い，これを損金に算入した。法人税法施行令 54 条は，減価償却資産の取得価額に付随費用を加算することを定めているが，減価償却の対象とされない土地の取得価額に不動産仲介料を付随費用として加算するかが争点となった。

　論争の対象は，公正妥当な会計処理の趣旨と解釈となるが，納税者の主張する租税法律主義の見地からの疑問も露呈している。

納税者の主張

①　法人税法上，土地を取得するに際して支出した仲介手数料について定めた規定はない。そこで，一般に認められている会計処理の基準に従うべきところ（同法 22 条 4 項），これによれば，土地の取得に要した手数料については損金処理が認められている。

②　法人税法施行令 54 条 1 項は，減価償却資産を取得するために要した手数料についてはこれを資産に計上すべき旨を規定しているものの，非減価償却資産についてはそのような規定はない。したがって，同規定を非減価償却資産に類推適用することは，租税法律主義を定めた憲法 30 条に違反する。加えて，減価償却の制度は，損失の各会計期間における負担の均衡を計ることを目的とするにとどまらず，投下資本を回収して再投資を可能にさせる機

能を有しているのであって，施行令54条が償却資産については手数料の取得価額への加算を定めながら，減価償却制度のない土地についてはこれを定めなかったのは，減価償却制度の二つの機能に由来するものである。したがって，償却資産についての規定を土地に類推適用するのは，会計学上の減価償却制度の本質を誤解するものである。

課税庁の主張

　法人税法には，仲介手数料の経理方法について定めた明文規定はないから，一般に公正妥当と認められる会計処理の基準に従ってこれを経理すべきである（同法22条4項）。ところで，会計処理基準を要約した企業会計原則によれば，貸借対照表に記載する資産の価額は原則として当該資産の取得原価を基準として計上しなければならず，有形固定資産の取得原価には原則として当該資産の引取費用等の付随費用を含めることとされている。そして，法人税法施行令54条1項は，取得価額の決定が重要な意味を持つ減価償却資産について，会計慣行を確認的に明文化し，購入手数料等，当該資産の購入のために要した費用を取得価額に算入する旨規定しており，土地等の非減価償却資産についても，同様の取扱いを行うのが公正妥当な会計処理といえる。したがって，仲介手数料は，土地の取得価額に含まれるべきものであり，その損金算入は否認すべきである。

裁判所の判断

①　法人税法上，土地の取得に際して支出した仲介手数料が当該土地の取得価額を構成するか，あるいは支出した事業年度の損金に算入されるべきかを定めた明文の規定はない。しかし，同法は，法人の各事業年度の所得の金額の計算上当該事業年度の損金の額に算入すべき原価，費用及び損失の額は，一般に公正妥当と認められる会計処理の基準に従って計算されるべきことを規定している（同法22条3項，4項）から，この問題も一般に公正妥当と認められる会計処理の基準に従って判断すべきである。そして，一般に公正

妥当な会計処理の基準を要約したものと認められる企業会計原則第3の5によれば，貸借対照表に記載する資産の価額は原則として当該資産の取得原価を基礎として計上しなければならず，更に有形固定資産の取得原価には原則として当該資産の引取費用等の付随費用を含めることとされている。法人税法施行令54条1項は固定資産のうちの減価償却資産の取得価額の範囲について規定しているが，これは会計慣行を具体化してこれを明文化したものにすぎず，会計慣行と異なる格別の定めをしたものではないと解される。したがって，土地等の非減価償却資産についても，企業会計原則に従い，また，これを具体化した施行令54条1項の規定を類推適用して判断する。

② 　仲介手数料は，企業会計原則にいう付随費用として，また，施行令54条1項1号にいう購入手数料その他当該資産購入のために直接要した費用として，土地の取得価額に含まれることになる（なお，仲介手数料は，土地だけでなく，土地と建物とを一括購入するために支払われたものではあるが，建物については独自の取得価額がないから，仲介手数料はその全部が土地を取得するために要した費用と考えるべきである）。よって，仲介手数料の損金算入は否認すべきである。

③ 　納税者は，また，施行令54条1項の規定は減価償却資産の場合を定めたものだから，そのような明文の定めのない非減価償却資産について規定を類推適用するのは租税法律主義に反すると主張する。しかし，規定を類推適用するのは同法22条3項，4項の趣旨に合致するのであり，また，減価償却資産について特に施行令54条1項のような規定が設けられた趣旨は，減価償却資産にあっては取得価額の決定が減価償却費を算定する上で重要な意味を持つため，その取得価額の範囲を確認的に明らかにする必要があるとされたことによるものである。納税者の主張は採用できない。さらに，納税者は，減価償却資産と非減価償却資産の会計学上の相違を強調するが，取得価額の範囲に関しては両者を異別に解さなければならない理由はない。

【林　仲宣】

CASE 03

建築統計年報による建物取得価額の合理性

（参考）
那覇地方裁判所　平成 16 年 9 月 21 日判決　TKC 28100062／TAINS Z254-9752
福岡高等裁判所　平成 18 年 1 月 19 日判決　TKC 25450428／TAINS Z256-10267
最高裁判所　平成 19 年 9 月 20 日決定　TKC 25463450／TAINS Z257-10784

[争点]

　本事案は，納税者が締結した土地建物の売買契約書に記載されている建物の売買代金価格が建物の適正な価額を反映しているとは認められないと課税庁が指摘した事例である。課税庁は，建物の価額を算定するに当たって建築統計年報を用いて建築価額を求め，建築価額から建物の取得時まで定率法による減価償却を行った未償却残高に諸費用を加算した額を建物の合理的な取得価額と提示している。本事案では，課税庁が採用した建築統計年報の意義が争点となった。

納税者の主張

　①　各建物の取得価額について，課税庁は，建築統計年報に基づき再取得価額を算定したとするが，法人税法による規定でない建築統計年報を適用した建物価額の算定方法は，憲法 98 条 1 項にいう「国務に関するその他の行為」に該当し，憲法 84 条に反しその効力を有しない。租税法律主義を規定した憲法 84 条の下においては，租税の種類や課税の根拠のような基本的事項のみでなく，納税義務者，課税物件，課税標準，税率はもとより賦課，納付，徴税の手続もまた法律により規定すべきとされ，法律が租税に関し政令以下の法令に委任することが許されるのは，徴収手続の細目を委任するとか，あるいは個別的・具体的な場合を限定して委任するなど，租税法律主義の本質を損ねないものに限られる。

② 　法人税法22条4項は，同法65条により法人税法施行令54条1項に個別具体的な場合を限定して委任しており，同項は，「減価償却資産の第48条から第50条までに規定する取得価額は，次の各号に掲げる金額とする。」とされ，1号は，「購入した減価償却資産　次に掲げる金額とする。」とされ，「イ　当該資産の購入の代価（省略）」と明記されている。そして，各建物の購入代価は，各契約書に明記されているとおりである。

③ 　課税庁は，施行令54条1項を勝手に解釈し，「建築統計年報（建設省・現国土交通省）の活用に当たっての留意事項」（資産税課情報第25号，平成12年8月25日，国税庁資産税課）には，建築統計年報は，「原則として，譲渡所得の計算を行う場合にのみ使用することを目的として作成されたものであることに留意すること」と明記されているにもかかわらず，建築統計年報を各建物の取得価額の算出方法として活用した。

課税庁の主張

① 　土地建物の取得価額を算定するに当たって，納税者が主張する売買契約書上における売買代金額は，いずれも公平な課税という観点に照らして合理的な価額を反映しているとはいえないことから，合理的な算定方法に基づいて各土地建物の取得価額を算定することとし，具体的には，地価のように高騰する要因も少なく，取得時の標準的な建築価額等が客観的に求めやすい建物の対価の額を算出し，当該価額を土地及び建物の合計取得額から控除した残額を土地の取得価額とすることとした（直接法）。

② 　建物の価額を算定するに当たって，各建物の建築時の価額が不明であるため，建築価額の算出方法として，建設省（現国土交通省）編集の「建築統計年報」における県の構造別及び用途別工事費予定額を斟酌して1平方メートル当たりの工事費予定額を求め，各建物の各床面積に対応する工事費予定額（新築価額）を算出し，当該価額を各建物の建築時における建築価額としてとらえ，当該建築価額から当該建物の取得時までの減価償却費を差し引いた未償却残高（再取得価額）に諸費用を加算した額を各建物の合理的な取得

価額とした。

③　建築統計年報は，建設省が，建築の動態を把握するために，建築基準法15条に基づく建築工事届等を基に，統計法による指定統計等として毎月実施している建築動態統計調査の結果を取りまとめて毎年刊行しているものであり，建築動態統計調査は，建築基準法15条の規定により行われた届出や報告を基に各都道府県の建築主事等が必要事項を調査票に転記作成して行われていることからすれば統計指標としての正確性及び有用性を有し，客観的合理性のある指標であると考えられる。

④　納税者は，法人税法による規定でない建築統計年報を適用した建物価額の算定方法は，憲法84条に反するなどと主張するが，法人税法施行令54条1項1号は，購入した減価償却資産の取得価額について，「当該資産の購入の代価（引取運賃，荷役費，運送保険料，購入手数料，関税…その他当該資産の購入のために要した費用がある場合には，その費用の額を加算した金額）」（同号イ）と「当該資産を事業の用に供するために直接要した費用の額」（同号ロ）の合計額とする旨規定しているところ，「当該資産の購入の代価」とは，原則として合理的な基準により算定される当該資産の合理的な価額をいうと解するのが相当である。

⑤　建築統計年報は，統計指標としての正確性及び有用性を有し，客観的合理性のある指標であり，建築統計年報を用いて各建物の各床面積に対応する工事費予定額（新築価額）を算出し，当該価額を各建物の建築時における建築価額としてとらえ，当該建築価額から当該建物の取得時に諸費用を加算した額を各建物の取得価額とすることは，各建物の「購入の代価」を算定する合理的な算定方法であり，算定された価額は各建物の合理的な価額であるから，法人税法及びその委任を受けた法人税法施行令に適合するものであって，何ら租税法律主義に反するものではない。

裁判所の判断

①　売買契約において定められた土地建物の代金総額については争いがなく，

不合理であるともいえないところ，建物の一部が未登記でその固定資産税評価額が判明せず，また，土地の固定資産税評価額は契約による土地及び建物の売買価額を超えているから，固定資産税評価額等に依拠して算出する方法は採り得ず，土地の合理的な価額を算出して差引き計算することもできない。また，近隣の類似取引事例も見当たらず，これを参考に算出することもできない。他方で，地価のように高騰する要因も少なく，取得時の標準的な建築価額等が客観的に求めやすい建物の対価の額を算出し，当該価額を土地及び建物の合計取得額から控除した残額を土地の取得価額とする直接法は，中古資産の場合には，取得時の適正な価額を算出するために損耗による補正や物価変動による時点修正を行う必要があるなどの不都合な面もあるものの，一応の合理性を有する算定法といえるのであって，ほかによるべき方法の見いだし難い本事案においては，直接法により各土地建物の価額を算定することも許容されるというべきである。

②　課税庁は，建物の建築時の建物価額が不明であり，平成 8 年度版及び同 9 年度版の建設省編集に係る建築統計年報による県の構造別及び用途別工事費予定額を斟酌して 1 平方メートル当たりの工事費予定額を求め，建物の各床面積に対応する建築物工事費予定額（新築価額）を算出し，当該価額を建物の建築時における建築価額（取得価額）としてとらえ，この建築価額から契約による建物の取得時まで定率法による減価償却費を差し引いた未償却残高価額（再取得価額）に諸費用を加算した額が建物の合理的な取得価額である旨主張するので，その合理性について検討する。

③　建築統計年報は，建設省が建築の動態を把握するため，建築基準法 15 条の規定による建築工事届等をもとに，統計法による指定統計等として毎月実施している建築動態統計調査の結果をまとめたものであるところ，建築基準法の規定では，建築主が建築物を建築しようとする場合又は建築物の除却の工事を施工する者が建築物を除却しようとする場合においては，これらの者は，原則として，建築主事を経由して，その旨を都道府県知事に届け出なければならないとされ，また，市町村の長は，当該市町村の区域内における

建築物が火災，震災，水災，風災その他の災害により滅失し，又は損壊した場合においては，原則として都道府県知事に報告しなければならないとされ，これにより届出等がなされていることからすれば，同年報は客観的な合理性を有する資料であると認められる。

④　減価償却資産の償却制度は，時間の経過又は使用によりその価値を減じていく資産の取得に要した費用について，費用と収益を対応させるため，資産の減価に応じて徐々に費用化しようとする制度であるが，当該建物の建築に要した金額が不明である本事案の場合において，上記の方法により求められたその時点での建物の建築価額を算定し，これに減価償却による減算をして得られた価額を合理的な建物価額とすることには一定の合理性を認めることができる。

【林　仲宣】

CASE 04

事業用定期借地権に係る仲介手数料と取得価額

(参考)
東京地方裁判所　平成 24 年 7 月 3 日判決　TKC 25495324／TAINS Z262-11985
東京高等裁判所　平成 24 年 12 月 12 日判決　TKC 25503616／TAINS Z262-12115
最高裁判所　平成 25 年 9 月 3 日決定　TKC 25506428／TAINS Z263-12284

[争点]

　結婚式場，披露宴会場の運営等を目的とする株式会社である納税者が，専門結婚式場等の敷地の用に供することを目的として，事業用定期借地権設定契約を締結した際，仲介業者に対して仲介手数料を支払った。納税者は，仲介手数料の金額を平成 21 年 3 月期の損金の額に算入して法人税の確定申告をしたところ，課税庁から，仲介手数料について，契約の締結により設定された事業用定期借地権を取得するために支出したものであり，定期借地権の取得価額に含めるべきものであって，損金の額に算入されないなどとして，法人税の更正等を受けたため，その一部の取消しを求める事案である。

　法人税法施行令における，購入した減価償却資産の償却の方法に規定する取得価額は，（ア）当該資産の購入の代価（引取運賃，荷役費，運送保険料，購入手数料，関税その他当該資産の購入のために要した費用がある場合には，その費用の額を加算した金額），（イ）当該資産を事業の用に供するために直接要した費用の額と規定している（法人税法施行令 54 条 1 項 1 号）。

　税務の取扱い（法人税基本通達 7-3-8）では，借地権の取得価額には，土地の賃貸借契約又は転貸借契約に当たり借地権の対価として土地所有者又は借地権者に支払った金額のほか，借地契約に当たり支出した手数料その他の費用の額を含むものとする。

納税者の主張

① 借地権の取得価額の取扱いを定めた直接の規定はないため，法人税法施行令54条の規定によらざるを得ないが，同条1項1号は，「購入した減価償却資産の取得価額」と規定されているところ，定期借地権は，貨幣額で合理的に測定できないものであり（むしろ，定期借地権は，①契約の更新ができないこと，②建物の再築による期間延長ができないこと，③原状回復義務があること，④建物買取請求権がないこと，⑤借地における事業が制限されること，⑥契約解除等に伴う違約金が多額であることなどの普通借地権に比して大きな義務を負担しており，これらの事情からすれば，定期借地権の法人税法上の価額を零とするのも不合理ではない），法人税法上の「資産」に当たらないし，「購入」の字義的な意味からすれば，売買（事業用定期借地権設定）が約され，代金額が明示されることが不可欠な要素であるところ，契約においては借地権の対価は支払われておらず，「購入」にも当たらない。

② 施行令54条1項1号は，資産の購入のために要した費用は，購入の代価に加算すると規定しているところ，「加算」とは，取得価額に当該資産の購入のために要した費用を加えることであり，対価の支払がなく，取得価額が零の本件契約の場合には，資産の購入に要した費用が発生する余地はない。仲介手数料も当然に取得価額を構成するものではないところ，借地権の対価として支払った金額がない契約においては，加算する対象の貨幣的評価額がないので，仲介手数料は取得価額に含まれない。

課税庁の主張

① 事業用定期借地権は，法人税法2条22号及び法人税法施行令12条が定める法人税法上の固定資産のうち「土地の上に存する権利」に含まれるところ，借地権等の非減価償却資産の取得価額の範囲については，法人税法上，明文の規定がない。

② 同法22条3項及び4項は，法人の各事業年度の所得の金額の計算上当該事業年度の損金の額に算入すべき原価，費用及び損失の額について，一般

に公正妥当と認められる会計処理の基準に従って計算されるべき旨規定していることから，借地権等の非減価償却資産の取得価額についても，基準に従い解釈すべきである。そして，基準を要約したものと認められる企業会計原則第3の5によれば，貸借対照表に記載する資産の価額は，原則として，当該資産の取得原価を基礎として計上しなければならないこととし，有形固定資産の取得原価には，原則として，当該資産の引取費用等の付随費用を含めることとされている。

③　施行令54条1項1号は，会計慣行について明文をもって規定したものであり，同項は，借地権等の非減価償却資産の取得価額の範囲について規定するものではないが，取得価額の範囲について減価償却資産と非減価償却資産とで別異に解すべき理由はないし，公正妥当な会計慣行からすれば，非減価償却資産の取得価額についても，減価償却資産の取得価額に関する規定を類推適用するのが相当である。これと同様の趣旨から，法人税基本通達7-3-16の2は，非減価償却資産である固定資産の取得価額については，別に定めるもののほか，法人税法施行令54条の規定及びこれに関する取扱いの例によると定め，法人税基本通達7-3-8は，普通借地権の取得価額につき，借地契約に当たり支出した手数料その他の費用等の付随費用が含まれる旨を定めているが，この定めは趣旨に沿ったもので相当であり，事業用定期借地権についても適用されるものと解される。したがって，事業用定期借地権の取得価額には，事業用定期借地権の対価として土地所有者に支払った金額のほか，同通達7-3-8に定める付随費用も含まれると解すべきである。

裁判所の判断

①　法人税法施行令54条1項1号は，減価償却資産の償却費の計算及びその償却の方法を定めた法人税法31条6項の委任を受けて，減価償却資産の取得価額の範囲を当該資産の購入代価（引取運賃，荷役費，運送保険料，購入手数料，関税その他当該資産の購入のために要した費用がある場合には，その費用の額を加算した金額）及び当該資産を事業の用に供するために直接

要した費用の額の合計額とすると定めているが，これも，有形固定資産のう
ち減価償却資産の取得原価の取扱いに関する企業会計原則を明文で規定した
ものと解することができる。他方，施行令は，事業用定期借地権のような非
減価償却資産の取得価額の範囲については特に規定していないが，企業会計
原則にいう無形固定資産（なお，地上権は例示的列挙であって，土地利用権
という点で同様の事業用定期借地権も無形固定資産に含まれるものと解され
る）についても，取得原価についてはまず当該資産の取得のために支出した
金額を考慮するものとされていて，有形固定資産の取得価額に関する企業会
計原則と同様の考え方を採っていることや，減価償却資産と非減価償却資産
はその残存価額の点等で違いは出てくるものの，このことから取得価額の範
囲について違いを生じさせることにもならず，別異に解すべき理由も特に見
当たらないことからすれば，非減価償却資産である事業用定期借地権につい
ても施行令54条1項1号を類推適用するのが相当である。

②　事業用定期借地権を含む借地権の取得価額には，借地契約の締結に当た
り借地権の対価として借地権設定者に支払った金額のほか，借地契約締結に
当たり支出した手数料その他の費用の額も資産の購入（有償取得）のために
要した費用の額に含まれるものと解される。

③　定期借地権は事業用定期借地権であり，契約の締結に当たり借地権の設
定の対価として借地権設定者に支払った金額のほか，契約締結に当たり支出
した手数料その他の費用の額も定期借地権の購入（有償取得）のために要し
た費用の額に含まれるものと解されるところ，仲介手数料は，契約に先だっ
てその基本合意をした予約契約を媒介した業者に対し，契約成立時に契約の
成立を仲介したことに関する手数料ということができ，契約締結に当たり支
出した手数料その他の費用の額に含まれるから，仲介手数料は，定期借地権
の取得価額に含まれると解すべきであり，損金の額には算入されない。

【竹内　進】

CASE

05

臨床検査用機器の減価償却

（参考）
国税不服審判所　平成19年10月30日裁決　TKC 26012156／TAINS J74-3-16

[争点]

　臨床検査等を目的とする法人である納税者が，リースによって賃借した臨床検査で使用する減価償却資産（以下「臨床検査用機器」）は「機械及び装置」に当たるとして，中小企業者等が機械等を取得した場合等の特別償却又は法人税額の特別控除を規定する租税特別措置法（平成18年法律第10号による改正前のもの）42条の6第3項の規定を適用して平成15年4月1日から平成17年3月31日までの各事業年度について確定申告した。課税庁は，臨床検査用機器は医療用の「器具及び備品」に当たるから同法42条の6第1項1号に規定する減価償却資産に該当しないため，中小企業等投資促進税制の適用対象資産に該当せず，同法42条の6第3項の規定は適用できないとして更正処分等を行ったのに対し，納税者が，課税庁の認定に誤りがあるとして，処分等の一部の取消しを求めた事案である。

　法人税法における，減価償却資産の定義は，建物，構築物，機械及び装置，船舶，車両及び運搬具，工具，器具及び備品，鉱業権その他の資産で償却をすべきものとして政令で定めるものをいう旨規定している（法人税法2条23号）。

　政令で定める減価償却資産の範囲として，機械及び装置（法人税法施行令13条3号），工具，器具及び備品（法人税法施行令13条7号）を規定している。

　省令は，一般の減価償却資産の耐用年数について，減価償却資産のうち鉱業権及び坑道以外のものの耐用年数については，資産別に別表第一（機械及び装置以外の有形減価償却資産の耐用年数表），別表第二（機械及び装置の耐用年

数表）に規定している（減価償却資産の耐用年数等に関する省令1条1項1・2号）。

　措置法42条の6第3項は，同法42条の4第7項に規定する中小企業者に該当する法人で，青色申告書を提出するものが，平成10年6月1日から平成18年3月31日までの期間内に，その製作の後事業の用に供されたことのない同法42条の6第1項1号に掲げる減価償却資産を物品賃貸業を営む者から契約により賃借をして，これを国内にある当該中小企業者の営む製造業，建設業その他政令で定める指定事業の用に供した場合には，その指定事業の用に供した日を含む事業年度の所得に対する法人税の額からその指定事業の用に供した当該減価償却資産の当該費用の総額を基礎として政令で定めるところにより計算した金額の合計額の100分の7に相当する金額を控除する旨規定している。

納税者の主張

　①　機械及び装置と器具及び備品がどのようなものであるかは，社会通念による判断にゆだねられており，機械及び装置とは，①剛性のある物体から構成されている，②一定の相対運動をする機能を持っている，③それ自体が仕事をするとの三つの要素を充足するものとされている。各減価償却資産（臨床検査用機器）は，いずれも①から③の要素を満たすものであるから，法人税法施行令13条3号に掲げる「機械及び装置」に該当する。

　②　医療機器は，病院等が直接医療用として使用するものをいうところ，臨床検査用機器は，納税者が病院等からの検体の臨床検査を行うために使用するものであり，直接医療の用に供していないから，医療機器に該当しない。したがって，臨床検査用機器は，租税特別措置法42条の6第1項1号に掲げる減価償却資産に該当することから，中小企業等投資促進税制の適用対象資産に該当する。

課税庁の主張

　税法上の機械及び装置とは，設備という集合体として，集団的に生産手段やサービスとして用いられる総合償却資産であるところ，臨床検査用機器は，個々の機器における相互連携が極めて希薄であり，設備という集合体としての関係が成立しているとはいえず総合償却資産とは認められないから，機械及び装置ではない。また，臨床検査用機器は，検体検査を行う包括的な医療用機器であるから，耐用年数省令1条1項1号に定める別表第一の「器具及び備品」の「8 医療機器」に該当する。したがって，臨床検査用機器は，租税特別措置法42条の6第1項1号に規定する減価償却資産に該当しないため，中小企業等投資促進税制の適用対象資産に該当しない。

審判所の判断

①　法人税法2条23号及び法人税法施行令13条は，減価償却資産を形態別に分類しそれを掲げているにすぎず，減価償却資産そのものを個別具体的に明らかにしたものではないので，機械及び装置を定義付ける必要があるところ，一般的に，「機械」とは，外力に抵抗し得る物体の結合からなり，一定の相対運動をなし，外部から与えられたエネルギーを有用な仕事に変形するものをいい，「装置」とは，ある目的に合わせて設備・機械・仕掛けなどを備え付けること，又は，その設備・機械などをいうものと解されているので，かかる一般的定義を基本としつつ，耐用年数省令の別表第二に規定する「機械及び装置」の耐用年数が，同表に掲げるかん詰製造設備，自動車製造設備等のように，設備の種類ごとに標準設備を想定し，その標準設備を構成する各資産の耐用年数を見積り，これを各資産の価額により加重平均して算出していることを考慮して定義付けるのが相当である。また，施行令13条3号が，「機械」と「装置」とを区分することなく取り扱っていることからすると，両者を併せて定義付けるのが相当である。

②　施行令13条3号に規定する「機械及び装置」とは，外力に抵抗し得る物体の結合からなり，一定の相対運動をなし，外部から与えられたエネル

ギーを有用な仕事に変形するもので，かつ，複数のものが設備を形成して，設備の一部としてそれぞれのものがその機能を果たすものをいうと解するのが相当である。

③　施行令13条7号に規定する「器具及び備品」とは，耐用年数省令の別表第一が個別資産ごとに耐用年数を定めていることから判断すると，それ自体で固有の機能を果たし独立して使用されるものをいうと解するのが相当である。

④　臨床検査用機器は，①検査，分析，判定，測定等を行うことにより，その工程がすべて終了するものであること，②それ自体単体で個別に作動するものであり，他の機器と一体となって機能を発揮するものではないことなどの性質を有していることから，複数のものが設備を形成し，その設備の一部としてそれぞれのものがその機能を果たしているものということはできないので，施行令13条3号に規定する「機械及び装置」には該当しない。

⑤　臨床検査用機器は，それ自体で固有の機能を果たし，独立して使用されるものであるので，施行令13条7号に規定する「器具及び備品」に該当するが，租税特別措置法42条の6第3項の適用対象となる器具及び備品は，財務省令に定める資産に限定されているところ，減価償却資産の機能からすれば，同項に規定する「器具及び備品」のいずれにも該当しない。

⑥　施行令13条3号に規定する「機械及び装置」というためには，複数のものが設備を形成して，設備の一部としてそれぞれのものがその機能を果たしていなければならないところ，臨床検査用機器は，他の機器と一体となって機能を発揮するものではないから，同号に規定する「機械及び装置」には該当しない。

⑦　リースにより賃借した臨床検査用機器は，措置法42条の6第3項の規定を充足するための要件である耐用年数省令1条1項1号に掲げる減価償却資産に該当しない。したがって，措置法42の6第3項の規定は適用できないとの課税庁の更正処分はいずれも適法である。

【竹内　進】

CASE

06

減価償却費と損金経理

(参考)
国税不服審判所　平成 25 年 7 月 12 日裁決　TKC 26012694／TAINS J92-1-04

[争点]

　缶詰の製造工場を経営している納税者が，製缶工場の雨漏り修理工事を行い，屋根部分の修理が完了したことを根拠に，塗装工事，足場撤去工事が未了にも係わらず，全額を修繕費として計上した処理が調査で問題となった事案である。

　納税者は修繕費でないなら，資本的支出であるとして，減価償却費相当額を計算した残額を減価償却超過額として加算した修正申告書を 2 期分提出したが，課税庁は，工事契約書には工事一式となっており，全ての工事が完了した翌事業年度にそれぞれ計上されるべきであるところから，平成 22 年 3 期においては資本的支出ではなく（前渡金），平成 23 年 3 月期においても減価償却費として損金経理をしていないところから，損金算入を否認した。

　平成 23 年 3 月期には加工工場の屋根修理もほぼ前年と同時期に行っており，こちらも最終の工事が 4 月になったことから同様に否認された。

　本事案の争点は，①期ずれとなっている修繕費用について資本的支出とした上で，減価償却費相当額を損金の額に算入できるか，②修繕費用に係る消費税額を仕入税額控除できるか，③修繕費用の計上が国税通則法 68 条 1 項に規定する隠ぺい又は仮装に該当するかである。

納税者の主張

　①　修繕費用については，工事が完成しており，資本的支出に該当し減価償却資産として計上して減価償却費を損金の額に算入することができる。

② 製缶工場工事は，屋根の雨漏り対策として長尺カラー鉄板を旧屋根に上葺きをする方法で行われ，補修屋根材が屋根に設置され雨漏り対策が完了した時に，工事が完成したと認識している。工事は現に使用している工場の屋根の補修工事にすぎないのであるから，引渡しの有無は無関係である。

③ 加工工場工事は，前年の製缶工場工事と同様の工事方法で行っており，屋根の雨漏り対策として補修屋根材が屋根に設置され雨漏り対策が完了した時に工事が完成したと認識している。前年と同様に屋根の補修工事にすぎないのであるから，引渡しの有無は無関係である。

④ 製缶工場工事は平成 22 年 3 月末，加工工場工事は平成 23 年 3 月末で役務の提供を終えているので，修繕費用に係る消費税額は，消費税等の計算上控除対象仕入税額に算入できる。

⑤ 修繕費用を計上したことについては，事実の隠ぺい又は仮装の行為はない。

⑥ 製缶工場工事については，3 月末までに当該工事が完成する証として，3 月 20 日付で請求書を発行したもので，代表者が請求書の事前発行を了承した事実はなく，請求書に基づいて記載した事項は何ら虚偽記載には該当しない。

⑦ 施工業者と通謀し 3 月中に発行されるべきでない請求書を発行させたりはしていない，代表者が請求書を確認し押印しているのは，不正な支出を防止するためである。

⑧ 加工工場工事について，3 月 15 日に完成予定という条件で，申し込みをし，その後，3 月末終了の条件で雪止めの取付け追加工事を契約した。

⑨ 雨樋取替，外壁の塗装，雪止めの取付け等の雑工事の一部は積雪のために遅れたが，施工業者は，3 月末までに工事が完成する証として，3 月 20 日付で請求書を発行したもので，代表者が請求書の事前発行を了承した事実はなく，請求書に基づいて記載した事項は何ら虚偽記載には該当しない。通謀の無いこと，請求書に代表者が確認印を押していることは前年の工事と同様な理由である。

⑩　請求書の発行は通謀によるものではないから，法人税事務運営指針に定める取り扱いに該当するような事実はなく，修繕費用の繰り上げ計上も，発行された正規の請求書に基づくものであり，その経費を翌事業年度に支出しているから，法人税事務運営指針の帳簿書類の隠匿，虚偽記載等に該当しない場合に該当する。

課税庁の主張

①　修繕費用については，各事業年度末において工事が完成しておらず，減価償却資産として計上して減価償却費を損金の額に算入することはできない。

②　製缶工場工事の見積書には，屋根工事のほかに，塗装工事，雨樋工事，足場工事についても記載されており，3月20日付の請求書は，見積書に記載された全ての工事代金を含めた金額であると認められることから，全ての工事が完成したときに，資産の引渡しがあったものと判断される。

③　下請業者の日報に因れば，4月5日までは工事を行っており，足場の解体が終わったのは4月10日となっている。請負契約により減価償却資産を取得する場合は，完成した資産の引渡しを受けることによって取得があったとすることが相当であり，3月期末において工事が完成し減価償却資産を取得したとは認められない。

④　加工工場工事の見積書にも，屋根工事のほかに，同様の付帯工事が記載されており，3月20日付の請求書に記載された金額は，見積書に記載された全ての工事代金に追加工事代金を含めた金額であることから，これら全ての工事を終えたときに工事が完成し，資産の引渡しがあったものと判断される。

⑤　雨樋工事が4月7日，塗装工事が4月9日，足場撤去が4月10日に完了したものと施工業者の日報から認められるので，3月期末において工事が完成し減価償却資産を取得したとは認めることはできない。

⑥　製缶工場工事の修繕費用に係る消費税額は，平成22年3月期ではなく，平成23年3月期の課税仕入れと認められる。加工工場工事の修繕費用に係

わる消費税額は，引渡しを受けたとは認められないので，平成23年3月期の控除対象仕入税額に算入することはできない。

⑦　修繕費用を計上したことについては，国税通則法68条1項に規定する事実の隠ぺい又は仮装の行為があった。

⑧　製缶工場・加工工場どちらの工事においても，3月期末において完成したとは認められないが，3月20日付で交付された請求書には，見積書に記載された金額の全額が記載されている。施工業者は，工期末に請求を行うという条件で契約し，工事が未了でも3月中には請求する前提であったと申述しているが，見積書及び工事申込書において記載はなく，見積書には，塗装工事，雨樋工事，足場工事が明記されていることから，全ての工事が完成することが条件であると認められる。納税者において，請求書の交付を受けたとしても，3月期の損金の額に算入する合理的理由はなく，工事完成の時期に損金の額に算入すべきものであることから，納税者は，請求書の交付を受けた状況を利用し，積極的に工場の屋根工事代金を未払金として経理処理して総勘定元帳に記載し，損金の額に算入していたものと認められる。請求書ごとに作番別請求明細書を作成し，押印があることから，代表者も請求書を承認していたと認められる。

⑨　これらのことは，法人税事務運営指針の「帳簿書類への虚偽記載」及び「相手方との通謀による虚偽の証ひょう類の作成」のいずれにも該当する。

⑩　仮に，通謀の事実が認められないにしても納税者の行為は，意図的に経費の繰り上げ計上を行っていることが内部資料により明らかであり，不正事実があったと判断されるから，法人税事務運営指針の帳簿書類の隠匿，虚偽記載等に該当しない場合には該当しない。

審判所の判断

①　減価償却費の損金算入について，法人税法31条1項及び法人税法施行令58条が確定した決算において償却費として損金経理することを要件とした趣旨は，減価償却費が法人の内部計算において計上される費用であること

から，法人が，確定した決算において，減価償却資産につき償却費として費用計上する意思表示を明確にしたものに限り，課税の公平を維持する観点から，償却限度額の範囲内でその損金算入を認めたものとされる。

②　減価償却資産について支出した金額で修繕費として経理した金額のうち施行令132条の規定により損金の額に算入されなかった金額は，「償却費として損金経理をした金額」に含まれる。

③　製缶工場工事は，見積書では本体工事と附帯工事ごとに金額が計上されているものの，申込書及び請求書では工事一式として計上されていることから，工事を部分的に完成した都度引き渡すと捉えるより，工事全体を一体のものとして全部を完了させることを目的として契約されたとするのが相当である。工事が完成し，事業の用に供したのは，足場撤去工事が完了した4月10日以降であると認められ，3月期末においては工事の全部が完了していないことから，費用の全部又は一部について資本的支出としての計上はもちろん減価償却費としても平成22年3月期の損金の額に算入することはできない。

④　同費用は平成23年3月期において資本的支出として計上しなければならないが，それに対する償却費として損金経理をした金額は見受けられないため，減価償却費を平成23年3月期の損金の額に算入することはできない。

⑤　加工工場工事においても製缶工場工事の場合と同様であり，工事全体を一体のものとして，その全部の工事を完了させることが目的であり，工事が完成し，事業の用に供したのは，足場撤去工事が完了した平成23年4月10日以降である。工事に要する費用の全部又は一部について資本的支出としての計上はもちろん減価償却費として当事業年度の損金の額に算入することはできない。

⑥　納税者は，各工事は，いずれも補修屋根材を屋根に設置し雨漏り対策が完了した各事業年度末までに工事が完了したと認識しているので，各工事に要した費用は資本的支出に該当するから，その一部を損金の額に算入することができる旨主張するが，各工事については，各事業年度末までに完了して

いないと認められる。

⑦　課税仕入れを行った日がいつであるかは，請負による資産の譲渡の時期は，物の引渡しを要する契約にあってはその目的物の全部を完成して引き渡した日，物の引渡しを要しない契約にあってはその約した役務の全部を完了した日と解するのが相当である。

⑧　製缶工場工事は，平成22年4月に完了したと認められることから，工事に係る消費税額は平成22年3月期の控除対象仕入税額とすることはできない。平成23年3月期の控除対象仕入税額とされる。

⑨　加工工場工事は，平成23年4月に完了したと認められることから，工事に係る消費税額は平成23年3月期の控除対象仕入税額とすることはできない。

⑩　国税通則法68条1項は，同法65条1項の規定に該当する場合において，納税者がその国税の課税標準等又は税額等の計算の基礎となるべき事実の全部又は一部を隠ぺいし，又は仮装したところに基づき納税申告書を提出していたときは，納税者に対し，過少申告加算税に代え，重加算税を課す旨規定している。

⑪　修繕費用に関しては，手付金や中間金の支払は無く，施工業者の締日が20日であったこと，月末までに工事が終わる予定であったこと，資金繰りの都合などから請求書を3月20日付で作成した。請求書の作成・発行は，納税者からの依頼ではなく，屋根の工事が金額に占めるウエイトが高く，工事が全体として予定日までに完了していなかったとしても，製缶工場屋根工事は平成22年3月末までに，加工工場屋根工事は平成23年3月末までにそれぞれ実態としては完了していたことを併せ考えると，不自然な点は認められない。これらの事実のみからは，納税者には，事実を隠ぺいした，又は事実を仮装したと評価すべき行為は認められない。

⑫　納税者は，3月末時点において，屋根工事が完成していたことから，請求書に基づき修繕費として計上し，損金の額に算入したとみるのが自然である。

⑬　課税庁は，通謀の上，本来 3 月中に発行されるべきでない虚偽の請求書を作成し，請求書を受領したことを利用し，修繕費用を修繕費として総勘定元帳に記載した行為が，通謀による虚偽の証憑書類の作成及び帳簿書類への虚偽記載に該当する旨主張するが，納税者と施工業者とが通謀していることを証する具体的な証拠はなく，請求書のいずれにも完了日を示す記載がないことから，請求書は単なる工事代金の支払を求める書面と評価せざるを得ず，虚偽の証憑書類の作成及び帳簿書類の虚偽記載があったとは認められない。

⑭　各工場工事に係る納税者の行為は，通常の経費支払のための手続と何ら変わるものではなく，意図的に事実と異なる経理処理を行ったことはもちろん，客観的に見ても租税を免れようとする意図をうかがい得る特段の行動をしたとまでは認められない。通則法 68 条 1 項に規定する事実の隠ぺい又は仮装行為があったとは認められないから，重加算税の賦課要件を満たさないことは明らかである。

【小野木　賢司】

建具と建物本体の耐用年数との関係

（参考）
広島地方裁判所　平成 5 年 3 月 23 日判決　TKC 22005728／TAINS Z194-7102

[争点]

　納税者は，不動産の賃貸及び管理等を業とする法人である。取得したビルの減価償却費を算出するに当たり，金属製建具工事，木製建具工事，硝子工事，畳敷物，バス及びトイレユニット（以下「建具等」）は建物本体とは別個に，「器具及び備品」に該当するとして，耐用年数省令別表第一に記載されている 3 年ないし 15 年の耐用年数を適用して減価償却費を計上していたが，課税庁は，「建具等」は建物を構成しており，建物の耐用年数が適用されるから，償却限度超過額は当期の損金に算入することはできないと判断した。

納税者の主張

　建具等は，耐用年数省令別表第一に掲げる「器具及び備品」に該当し，建物とは別個のそれ自体特有の耐用年数を適用して，償却されるものであるから，処分は違法である。

課税庁の主張

①　建具等には，建物の耐用年数が適用されるから，建具等に建物の耐用年数（租税特別措置法により 36 年）を適用した処分は適法である。

②　耐用年数省令別表第一の「器具及び備品」とは，機械及び装置以外の有形減価償却資産で，耐用年数省令別表第一に掲げられた他の種類の資産である建物，建物附属設備，構築物，船舶，航空機，車両及び運搬具並びに工具

以外のものをいう。

③　建物内に設置されたものについていえば，建物とは構造上独立，可分のものであり，かつ，機能上，建物の用途及び使用の状況に即した建物本来の効用を維持する目的以外の固有の目的により設置されたもののみが「器具及び備品」に該当する。建物は，鉄筋コンクリート造6階建ての建物であるが，納税者は，建物を他の法人に賃貸し，借手は，国際観光ホテル整備法の規定に基づき，運輸大臣から登録を受けて，旅館の用に供している。同法の一定の基準を満たして登録を受けたホテル又は旅館の用に供する減価償却資産に関しては，措置法を適用して一般より短い耐用年数（旧租税特別措置法施行令30条の2別表）による償却を行うことが認められている。

④　減価償却は，企業会計上，企業が設備等に投下した資本をその設備等の効用持続年数に応じて費用配分する手続であり，その効用持続年数としての償却期間は，企業が自主的に資産毎に定めるものであるが，法人税においては，企業の恣意性の介入を排除し，租税の公平負担を実現するため，耐用年数省令別表第一によって画一的基準たる法定耐用年数が定められている。

⑤　固定資産の法定耐用年数は，原則として通常考えられる維持補修を加える場合における固定資産の通常の効用持続年数を基に定められ，この通常の維持補修の範囲は，資本的支出と修繕費の区分に関連するものであり，法定耐用年数は，この区分を具体的に想定して算定されている。

⑥　建物等のような個別的資産の法定耐用年数の具体的な算定についてみるに，資本的支出と耐用年数との関係を考慮した上で，中核部分と副次的部分とを総合して算出した年数を基礎として算定し，これに一般的な陳腐化及び現況下の技術及び素材の材質による一般的調整を加える建前がとられている。

⑦　建物の耐用年数は，このように，建物の他に，個々の内部造作それぞれの耐用年数を個別に算定した上で，それを総合して算定し，さらに建物の構造及び用途の違いを勘案して，具体的な建物の耐用年数に差を設けており，旅館用なら旅館用というように用途にふさわしい内部造作を想定して耐用年数が算定されている。

⑧　建物の耐用年数算定の趣旨からすると，耐用年数省令別表第一に掲げる「建物附属設備」に該当しない建物の内部造作には，建物の耐用年数が適用されるべきである。

⑨　建具等の内容は以下のようなものである。①金属製建具は，アルミサッシ製の窓，戸，扉及び金属製扉である。②木製建具は，室内のふます，引き戸及び開き戸である。③硝子工事は，アルミサッシ製の窓，戸及び扉にはめこまれた硝子である。④内装工事の畳，敷物は，畳及び床，壁，天井張りシートである。⑤バス及びトイレユニットは，給湯及び給排水設備工事が施工された場所に，防湿性の部材を用い，連結，結合させ，湿気，水分を漏らさないようにした浴室及び便所である。

⑩　以上によれば，建具等は，いずれも建物本体に固着し，建物と物理的に一体不可分な内部造作であり，建具等，建物本体と一体となってその効用を維持増進する以外に固有の目的を有するとは認められないので，「器具及び備品」には，該当しない。

⑪　社会通念上，建物と物理的又は機能的に一体不可分である建具等には，建物の耐用年数が適用される。

裁判所の判断

①　建具等は，建物と物理的，機能的，に一体不可分な内部造作であり，かつ，建物と一体となって，その効用を維持増進する目的を有するものと認められる。

②　耐用年数省令別表第一によれば，「器具及び備品」とは，機械及び装置以外の有形減価償却資産であって，建物，建物附属設備，構築物，船舶，航空機，車両及び運搬具並びに工具以外のものをいうことが明らかである。

③　固定資産の耐用年数は，効用持続年数という考え方を基に定められているが，これは，その固定資産の本来の用途，用法により現に通常予定される効用をあげることができる期間を想定し，かつ，通常考えられる維持補修の費用を期間的損費とする，という前提に立っている。

④　有形固定資産の形状，構造などは，種々雑多であり，固定資産の大多数のものは，数種，数十種，場合によってはより多数の単体を組み合わせてできあがっている複合体であるが，耐用年数についての効用持続年数という考え方によれば，複合体資産については，まず，固定資産としての本来の効用をあげうるか否かの基準で，減価償却の単位に分解し，単位資産とされるものについて，投下された支出を，資本的支出と修繕費の区分をして，効用持続年数という考え方に基づく耐用年数が，具体的に算定されるのである。

⑤　耐用年数省令別表第一においては，建物，建物附属設備，構築物，船舶，車両及び運搬具，工具並びに器具及び備品が資産別に掲げられているが，これらは社会的な最小効用の観点から特定された償却単位資産であり，このような社会的な最小効用の観点から，建物は，単位資産とされているのである。

⑥　建物の耐用年数は，社会的な最小効用の観点から画された建物に通常考えられる維持補修を加える場合において，その建物の本来の用途，用法により予定されている効用をあげることができる年数を基に算定されるものである。

⑦　課税実務において策定された「固定資産の耐用年数の算定方式」は，建物について，その建築構造の差異によってこれを5種類に分け，更に，各種類別に用途及び使用状況の差異による区別を設け，その細分された種類ごとに耐用年数を算定する過程を明らかにしているが，鉄筋コンクリート造の建物については，建物を構造上，「防水」，「床」，「外装」，「窓」，「構造体その他」に区分して，それぞれの耐用年数を個別に算定した上で，それを総合して耐用年数を算定し，これに一般的な陳腐化及び現況下の技術及び素材の材質による一般的調整を加えている。

⑧　ホテル，旅館，料理店，劇場等特殊の用途に使用されるものは，比較的に命数の短い床，窓，壁等に多額の資金を要しているのみならず，しばしば改造が行われ，客引きの競争もあってその有効使用期間は，一般建物の10％ないし15％減と見積もるのが適当と認められるので，一般の耐用年数より短縮した耐用年数を定めるものとされている。

⑨　以上の事実を総合すると，建物の耐用年数は，建物の他に，個々の内部造作（建物附属設備に該当するものは除く）を総合して算定した上，更に，建物の構造及び用途の違いを勘案して，具体的な建物の耐用年数に差を設けており，旅館用なら旅館用というように用途にふさわしい内部造作を想定して算定されているものと認められる。このような建物の耐用年数算定の趣旨からすると，耐用年数省令別表第一所定の「建物附属設備」に該当しない建物の内部造作のうち，建物と物理的・機能的に一体となったものについては，建物の耐用年数が適用され，他方，構造上建物と独立・可分であって，かつ，機能上建物の用途及び使用の状況に即した建物本来の効用を維持する目的以外の固有の目的により設置されたものについては，同所定の「器具及び備品」に関する耐用年数が適用される。

⑩　建具等は，建物と物理的又は機能的に一体不可分な内部造作であり，かつ，建物と一体となって，その効用を維持増進する目的を有するものであるから，いずれも「建物」の耐用年数が適用される。

⑪　建具等の耐用年数につき，建物と同一の 36 年を適用したことは正当であり，処分は適法である。

【小野木　賢司】

CASE 08

通脱事件における一部簿外資産の償却費

（参考）
東京地方裁判所　昭和 53 年 11 月 20 日判決　TKC 21063730

[争点]

　納税者は玩具の製造及び販売を事業目的とする株式会社である。被告人は，納税者の専務取締役として，同社の業務全般を統轄しているものであるが，専務は法人税を免れようと企て，売上の一部除外及び架空給与などの費用を計上して，簿外預金を蓄積するなどの方法により所得を秘匿し，3 カ年で 1 億 110 万円ほどの法人税を免れたことで，起訴された事件である。

　専務は，売上を除外したことにより，純資産のバランスが崩れるのを防ぐため，経費の一部も簿外で処理していた。

　納税者は，工場等の床をコンクリートでかさ上げした工事代金 1,700 万円を支払っていたが，そのうち 600 万円を修繕費として損金経理し，残額の 1,100 万円は簿外預金から支払い，何ら経理処理を行わなかった。

　法人税法施行令 132 条 2 号は資本的支出について，「当該支出する金額のうち，その支出により，当該資産の取得の時において当該資産につき通常の管理又は修理をするものとした場合に予測されるその支出の時における当該資産の価額を増加させる部分に対応する金額」と規定している。通常のいわゆる，取消訴訟の場合においては，簿外資産の償却費等は論点にもならないが，通脱事件であるこの事例においては，同号による資産の取得とその償却費を認容すると判断した。

納税者の主張

　工場等の床をかさ上げした工事に関しては，公表上600万円を修繕費とし
たが，構築物の舗装路面として資産に計上すべきであるので，減価償却費を
認めていただきたい。裏にて支払った1,100万円は，構築物の舗装路面とし
て公表に計上した600万円と同一の工事であるから，資産として処理してい
ただきたい。600万円のみを修繕費として公表に計上したことについては，
資本を圧迫してはいけないと思って，このような処理をした。資本的支出と
か構築物とか税務経理上のことはよくわからないが，600万円を費用として
引いて貰いたいと思って計上したものである。

検察官の主張

①　修繕費として処理していた600万円の支出は，資本的支出と考えられる
ので，一時の損金ではなく，減価償却費として15年の耐用年数を適用し，
定率法で償却限度額を計算した減価償却費を認容することとする。
②　簿外処理していた1,100万円部分の支出は，資本的支出であり，損金経
理を行っていないので，減価償却費として損金に算入することはできない。

裁判所の判断

①　関係者の供述によれば，工事内容は，工場内床面に水気が浸入するのを
防止するため，工場内の床に土砂を35cm入れ，その上から10cmに及ぶ工
場全体の床を，工場外側防水コンクリート枠の高さ（約45cm）までかさ上
げをしたものであることが認められる。したがって，工事によって造成され
た工場の床部分は，事業の用に供する工場建物に附属する一部として，法人
税法上は減価償却資産（法人税法施行令13条，132条2号）に該当する。
②　工事費用の税法上の処理は，資本的支出として，工場用建物につき法定
の減価償却費分を損金に算入することになる。
③　工場建物の床上浸水の防止のために要した金額1,700万円のうち，
1,100万円を簿外支出により，600万円を公表決算により修繕費として損金

計上したことが認められるが，それは換言すれば，1,700 万円の減価償却資産が一体の工事であるところから，当該資産の一部について損金経理をしたものということができる。

④　それは，まさに法人税法 31 条 1 項の規定による「償却費として損金経理をした金額」に当たるものというべきである。ある支出が修繕費となるか資本的支出となるかは同項によって定まっており，勘定科目の記載の仕方如何によって定まるものではないから，同条の適用につき，必ずしも「償却費」という名目のみによって損金経理をした場合に限ると解すべきではない。減価償却資産が一体の工事によって取得され，600 万円の外に 1,100 万円の資産が別個独立に存在しないような場合には，資産の一部につき，費用として損金経理をしたものとみることができるからである。

⑤　1,700 万円の支出は，工場建物の基礎の床部分をかさ上げするために費用を投じた金額の一部であるから，その金額は工場建物の取得価額とすべきものである。

⑥　課税庁は納税者が 600 万円を修繕費として公表計上したことから，公表帳簿に計上した金額のみにつき減価償却費を認めるとの前提に立って，600 万円の構築物が存在するものとして減価償却費を計算しているが，600 万円の費用計上額は工場建物の一部を構成するものであって，工場建物と別個に独立に存在するものではなく，計算上の数額にすぎないから，検察官の主張する 600 万円に対する減価償却資産は認めることができない。

⑦　1,700 万円の減価償却資産に対し，法定の減価償却費を認めるのが相当である。

⑧　償却限度額の計算については，償却率につき，減価償却資産の耐用年数省令別表第一の工場用建物に係る「15 年」の定率法による償却率を適用した各金額を認め，逋脱所得金額については，各金額を減価償却として損金控除した残額についてのみ認める。

【小野木　賢司】

CASE 09

複数の取得資産と圧縮損

(参考)
東京地方裁判所　平成 24 年 5 月 10 日判決　TKC 25494081／TAINS Z262-11947
東京高等裁判所　平成 25 年 5 月 30 日判決　TKC 25506384／TAINS Z263-12225
最高裁判所　平成 25 年 12 月 20 日決定　TKC 25506477／TAINS Z263-12360

[争点]

　納税者はテレビ放送事業を行う法人である。国交省及び山形県の道路改良事業に伴う収用が行われ，所有していた土地，建物，建物付属設備，造作，構築物，工具器具備品，機械装置等のテレビ放送事業の用に供していた資産を平成 19 年 3 月 20 日に譲渡した。同社は平成 15 年 4 月から平成 19 年 3 月までの間に 38 億 7,000 万円の対価補償金を取得し，同期間に 75 億 4,000 万円の代替資産を取得した。

　国等からの収用事業に係る資産の買取りの申し出に応じて，事業用資産を譲渡し，その補償金をもって資産を取得した納税者が，租税特別措置法 64 条 1 項の規定に基づき，圧縮記帳の特例を適用して法人税の確定申告をしたところ，課税庁から圧縮限度額の計算に誤りがあるとして更正を受けた。

　納税者は，受け取った補償金に倍する額の代替資産を取得していたため，そのうちの一部に圧縮記帳を適用したが，圧縮記帳をしていない資産も含めた合計金額で圧縮限度額を計算していた。

　本事案の争点は，①代替資産の取得価額について，租税特別措置法施行令 39 条 4 項の規定の適用により複数の取得資産をもって代替資産とした場合において，帳簿価額を損金経理により減額していない資産の取得価額は，圧縮限度額の計算の基礎となる代替資産の取得価額となるかどうか，②圧縮限度額の計算方法について，措置法施行令 39 条 4 項の規定の適用により複数の取得資産をもって代替資産とした場合において，圧縮限度超過額は，個々の代替資産の取得価額の合計に差益割合を乗じて計算した圧縮限度額を，個々の代替資産

の圧縮損計上額を合計した金額が超過した額なのか，個々の代替資産の取得価額にそれぞれ差益割合を乗じて計算した個々の代替資産の圧縮限度額を当該代替資産の圧縮損計上額が超えた金額の合計であるのか，③先行取得資産の圧縮限度額の調整について，当期に取得した資産のみの取得価額でも差引補償金の額を上回る場合，先行取得資産に圧縮限度額の調整（租税特別措置法関係通達64（3)-1）をする必要があるのか，である。

納税者の主張

①　租税特別措置法施行令39条4項の規定の適用により複数の取得資産をもって代替資産とした場合には，圧縮記帳をした資産の取得価額だけではなく，圧縮記帳をしていない資産の取得価額も，圧縮限度額の計算の基礎となる代替資産の取得価額となる。

②　租税特別措置法64条1項は，圧縮限度額の計算の基礎となる代替資産の取得価額について，帳簿価額を損金経理により減額した資産の取得価額に限定していない。措置法施行令39条4項の規定の適用により複数の取得資産をもって代替資産とした場合には，複数の取得資産は全体として一つの「代替資産」となる。

③　税務の取扱い（租税特別措置法関係通達64（3)-1）にも代替資産につき同項の規定の適用を受けるときの差益割合は対価補償金の額の合計額と譲渡資産の譲渡直前の帳簿価額の合計額とにより計算することとしている。

④　差益割合の計算について，このように取り扱う以上，圧縮限度額の計算についても，代替資産とは当該複数の代替資産の資産群全体をいうものとするのが自然である。そうすると，譲渡資産群及び代替資産群をそれぞれ一体と捉えて，譲渡資産群全体について差益割合を計算した上，代替資産群全体の圧縮限度額を計算することになるから，納税者は，代替資産群全体に対する圧縮限度額の範囲内で任意の方法により圧縮記帳をすることができるのであって，帳簿価額を損金経理により減額した資産の取得価額だけではなく，

帳簿価額を損金経理により減額していない資産の取得価額も，圧縮限度額の計算の基礎となる代替資産の取得価額となる。

⑤　措置法64条1項は，圧縮限度額について，個々の資産ごとに計算する方法により求められるべきものとはしていない。

⑥　措置法施行令39条4項の規定の適用により複数の取得資産をもって代替資産とした場合には，複数の取得資産は全体として一つの「代替資産」となるものと解するのが相当であることからすると，圧縮限度額は個々の資産の取得価額を合計して計算する方法により求められるべきものであり，圧縮限度超過額は個々の代替資産の取得価額の合計に差益割合を乗じて計算した圧縮限度額を個々の代替資産の圧縮損計上額の合計が超えた金額となる。

⑦　取得資産の一部には先行取得資産が含まれるが，取得資産のうちの当期取得資産のみでもその取得価額は差引補償金の額を上回るから，税務の取扱いによる圧縮限度額の調整をする必要はない。

課税庁の主張

①　帳簿価額を損金経理により減額していない資産は代替資産として選択されているものではなく，その取得価額は圧縮限度額の計算の基礎となる代替資産の取得価額とならない。

②　租税特別措置法64条1項は，法人の有する資産が収用されるなどし，法人が差引補償金の額の全部又は一部に相当する金額をもって収用等により譲渡した資産と同種の資産その他これに代わるべき複数の資産の取得をした場合について，法人が差引補償金の額に達するまでの範囲内で代替資産として選択した資産の取得価額に差益割合を乗じて計算した金額をもって圧縮限度額とするものである。

③　法人がどの資産を代替資産として選択したかは，どの資産の帳簿価額を損金経理により減額したかによって明らかになるのであって，帳簿価額を損金経理により減額していない資産は代替資産として選択されているものではなく，その取得価額は圧縮限度額の計算の基礎となる代替資産の取得価額と

ならない。

④　租税特別措置法施行令 39 条 4 項の規定の適用により複数の取得資産を
もって代替資産とした場合の圧縮限度額は，個々の資産ごとに計算する方法
により求められるべきものであり，圧縮限度超過額は，個々の代替資産の取
得価額にそれぞれ差益割合を乗じて計算した個々の代替資産の圧縮限度額を
当該代替資産の圧縮損計上額が超えた金額の合計となる。

⑤　圧縮限度額は個々の代替資産についての損金経理の限度額になるもので
あり，取得価額及び帳簿価額はいずれも個々の資産ごとに付されるものであ
って，これを減額するためには個々の資産について個別に処理する必要が
あることからすれば，複数の取得資産をもって代替資産とした場合の圧縮限
度額は個々の資産ごとに計算する方法により求められるべきものである。

⑥　措置法 64 条 1 項の規定に基づく課税の特例は，本来，収用等があった
日以後に代替資産を取得した場合に適用されるものであるが，事業所等の移
転を円滑に行うためには収用等に先立って土地，建物等を取得するなどして
おく必要があることから，収用等があることをあらかじめ了知することがで
きるような場合には，先行取得資産であっても，一定の要件に該当するもの
については代替資産として圧縮記帳をすることができる（租税特別措置法関
係通達 64（3）-6）とするとともに，既往の事業年度において圧縮前の取得
価額を基礎として減価償却が行われている資産については調整のための算式
を用意しているところ，納税者は，取得資産の一部には先行取得資産が含ま
れるが，取得資産のうちの当期取得資産のみでもその取得価額は差引補償金
の額を上回るから，通達による圧縮限度額の調整をする必要はないと主張す
る。しかし，帳簿価額を損金経理により減額していない資産の取得価額は圧
縮限度額の計算の基礎となる代替資産の取得価額とならないから，損金経理
をした資産のうち既往の事業年度において減価償却をした先行取得資産につ
いては圧縮限度額の調整をすべきである。

裁判所の判断

①　法人の有する資産が土地収用法等の規定に基づいて収用され，補償金等を取得した場合において，法人が差引補償金の額に相当する金額をもって複数の資産を取得し，租税特別措置法施行令 39 条 4 項の規定の適用により複数の資産をもって代替資産としたときは，租税特別措置法 64 条 1 項所定の圧縮限度額は，その帳簿価額を損金経理により減額し又はその帳簿価額を減額することに代えて積立金として積み立てる方法により経理した代替資産につき，各資産の取得価額にそれぞれ差益割合を乗じて個別的に計算されるべきものである。

②　措置法 64 条 1 項所定の圧縮限度額は，その帳簿価額を損金経理により減額し又はその帳簿価額を減額することに代えて積立金として積み立てる方法により経理した代替資産の取得価額を基礎として計算されるべきものであって，そのような減額又は経理をしていない資産の取得価額は圧縮限度額の計算の基礎となる代替資産の取得価額とはならない。

③　納税者は，措置法 64 条 1 項は圧縮限度額の計算の基礎となる代替資産の取得価額について帳簿価額を損金経理により減額した資産の取得価額に限定しておらず，同項が定める課税の特例の制度趣旨及び課税の公平の観点からすれば圧縮限度額は一義的に計算されるべきと主張するが，法人は，代替資産につきその帳簿価額を損金経理により減額するなどするかどうかを自由に選択することができるのであるから，個々の資産につき損金経理をしたかどうかにより圧縮限度額が変動しても何ら不都合は生じない。

④　納税者は，差益割合は対価補償金の額の合計額と譲渡資産の譲渡直前の帳簿価額の合計額とにより計算することとしていることを根拠として，同項の規定の適用により複数の取得資産をもって代替資産とした場合には，複数の取得資産は全体として一つの「代替資産」となると主張するが，通達は，複数の資産についてそれぞれ差益割合を個別的に計算することによる煩瑣を避けるための取扱いを定めたものにすぎないのであって，通達の取扱いや措置法施行令 39 条 4 項の規定が複数の取得資産が全体として一つの「代替資

産」となると解する根拠となるものではない。

⑤　措置法64条1項所定の圧縮限度額は，その計算の基礎となる各代替資産の取得価額にそれぞれ差益割合を乗じて個別的に計算されるべきものである。このときの圧縮限度超過額は，個々の代替資産の取得価額にそれぞれ差益割合を乗じて計算した個々の代替資産の圧縮限度額を当該代替資産の圧縮損計上額が超えた金額の合計となる。

⑥　納税者は，取得資産の一部には先行取得資産が含まれるが，取得資産のうちの当期取得資産のみでもその取得価額は差引補償金の額を上回るから，通達による圧縮限度額の調整をする必要はないと主張する。しかし，圧縮限度額は，その帳簿価額を損金経理により減額するなどした代替資産の取得価額を基礎として計算されるべきものである。

⑦　取得資産のうちの当期取得資産の中でその取得価額が圧縮限度額の計算の基礎となるのは代替資産として挙示したものに限られるところ，その取得価額の合計は9億8,000万円であると認めることができるが，これは差引補償金の額を上回るものではなく，差引補償金の額に達するまで措置法64条1項の規定の適用を受けるためには，代替資産のうちの先行取得資産についても措置法64条1項の規定の適用を受けるものとするほかないから，圧縮限度額の調整をする必要はないということはできない。

⑧　先行取得資産についても圧縮記帳による課税の特例を認めていることそのものが同特例の適用対象を拡張する取扱いに他ならず，圧縮限度額の調整は課税の繰延べの範囲を合理的なものとするためのものである。

【小野木　賢司】

CASE 10 ばい煙処理用施設と減価償却

（参考）
津地方裁判所　平成 19 年 6 月 21 日判決　TKC 25463398／TAINS Z257-10731
名古屋高等裁判所　平成 21 年 9 月 25 日判決　TKC 25500732／TAINS Z259-11277
最高裁判所　平成 22 年 9 月 7 日決定　TKC 25501165／TAINS Z260-11502

［争点］

　納税者は廃棄物の収集運搬及び処理処分業等を目的とする株式会社である。新たに取得した廃棄物処理用施設に関し，ばい煙処理用の施設であり，一体の減価償却資産であるとして，耐用年数省令 2 条別表第六（旧：ばい煙処理用減価償却資産の耐用年数表）を適用して 7 年で減価償却をした。

　課税庁は，廃棄物ピットや再燃焼室ピットは，建物の基礎であるので，建物として別表第一の耐用年数，35 年（平成 10 年），31 年（平成 11 年以降）が適用されるとし，耐用年数省令 2 条を適用し，別表第六に規定されるばい煙処理用設備に該当するか否かは装置を個別に判定する必要があるとし，ばい煙処理を直接行っていない，運搬等に利用しているクレーン等の付随設備に関しては，通常の機械及び装置として，別表第二の耐用年数，17 年が適用されるとした。

　また，課税庁は，租税特別措置法による特別償却（公害防止装置）も行っていたが，適用は一部の装置に限定されるとして課税処分をした。

　耐用年数省令 1 条には，所得税法又は法人税法に規定する減価償却資産のうち鉱業権及び坑道以外のものの耐用年数は，別表第一ないし第四に定めるところによるとしており，機械及び装置以外の有形減価償却資産については別表第一により（同条 1 号），機械及び装置については別表第二により（同条 2 号），それぞれ減価償却資産の種類ごとに耐用年数を定めている。

　耐用年数省令 2 条には，特殊の減価償却資産の耐用年数として，1 号として，公害防止用減価償却資産（現：別表第五），2 号として，開発研究用減価償却資産（現：別表第六）を定めている。

　この事例においては，ピットがばい煙処理用設備に該当するのか建物の基礎に該当するのかが訴訟で争われた。

　廃棄物ピットは，外部から搬入された廃棄物のうち焼却処理可能として選別された廃棄物を一時貯留するものであり，深さ約 10m，容積約 1,270m³ の施設である。構造は鉄筋コンクリート造で，内壁はコンクリート打ち放しである。廃棄物ピットは，地上及び地下部分に凹形状で設置されており，その上部空間は屋根まで吹き抜けで，廃棄物クレーン及び投入ホッパと併せ，それらも覆うように，高さ約 12m の工場棟が建てられている。

　再燃焼室ピットは，再燃焼室，後燃焼ストーカ，ガス冷却室の真下に位置し，内部に灰出コンベヤが設置されている。凹形状の鉄筋コンクリート製のピットである。

納税者の主張

①　施設は減価償却資産として 1 つの機械及び装置であり，一体として稼働することで黒煙・すす，一酸化炭素，窒素酸化物，ダイオキシン類等のばい煙処理の用に供されているから，耐用年数省令 2 条 2 号により，ばい煙処理用機械装置として別表第六が適用され，その耐用年数は 7 年である。

②　仮に，施設が減価償却資産として 1 つの機械及び装置ではないとしても，各部分は，ばい煙処理における重要な機能を果たしているから，ばい煙処理用機械装置として別表第六が適用される。

③　施設は，物理的，機能的，経済的に一体不可分のものであり，減価償却資産としてこれを区分することはできない。

④　施設は，廃棄物の焼却処理に伴うダイオキシンをはじめとする有害物質の発生防止を特に重視し，周辺環境に悪影響を及ぼさないことに配慮して全体を設計・建設した施設である。施設の各部分は，相互に連動して一連の処理を行うべく設計され，一体として 1 箇所に設置され，これらが連動して機能する。各部分を単独で作動させることはできず，汎用性は全くない。各部

分で共通に利用している設備も多数存在し，その一部でも所与の機能を発揮しなければ，排出ガスに関する法令の規制を満たすことができない。

⑤　処分は，施設を細分化して一部についてのみ別表第六の適用を認め，その余の部分について別表第二を適用した誤りがある。

⑥　廃棄物ピットは，内部でクレーンによる解砕・撹拌・混合作業を行い，施設の連続運転を可能とするため，容量が大きいという特徴がある。廃棄物ピットがない状態では炉内の安定的な完全燃焼の維持が困難となり，黒煙・すす，一酸化炭素，ダイオキシン類及び窒素酸化物が大量に発生することになる。廃棄物ピットは，機械及び装置であり，直接ばい煙処理の用に供されているから，ばい煙処理用機械装置に当たる。

⑦　課税庁は，廃棄物ピットを建物の基礎としているが，建物部分の基礎は，柱の真下の部分で，それぞれ1m³もあれば十分であるが，ピットは巨大であり，建物の基礎として必要なコンクリートの何十倍ものコンクリートを使用している。仮に，建物が廃棄物ピットの一部を基礎として利用しているとしても，極めてわずかの部分の利用により，廃棄物ピット全体の減価償却資産としての性質が変化することはありえない。廃棄物ピットは機械及び装置として設置されたものであり，建物基礎と評価すべきでない。再燃焼室ピットも同様に建物基礎と評価すべきでない。

⑧　廃棄物クレーン，投入ホッパ，ロータリーキルン，再燃焼室，後燃焼ストーカ，廃油処理装置及び廃液処理装置，汚泥乾燥装置，蒸気タービン等は施設の不可分な一部として，全体でばい煙の処理に供されているから，ばい煙処理用機械装置である。

課税庁の主張

①　施設は，単一の減価償却資産であるということはできず，施設のうち廃棄物ピット及び再燃焼室ピットはそもそも「機械及び装置」ではなく「建物」であるから別表第一が，その他の各設備部分は，ばい煙処理用機械装置あるいは汚水処理用機械装置ではないから別表第二が，それぞれ適用される。

②　法人税法施行令 13 条の規定を償却単位の観点から見た場合には，耐用年数省令に定める減価償却資産の種類を償却単位とするということである。

③　施設は，焼却施設本来の基本的機能である焼却処理の機能を果たす設備と，焼却処理に伴い生じ得る公害を防止するための排ガス処理の機能を果たす設備などにより構成されており，それぞれ独立の機能・効用を営み得る建物，構築物及び複数の機械装置という多数の資産により構成されている。

④　耐用年数の判断に当たっては，これらの多数の資産につき，規定に基づいて，償却単位を検討していく。具体的には，まず，建物，構築物，機械及び装置等の該当性を判断し，機械及び装置の耐用年数の適用においては，特則である耐用年数省令 2 条が適用されるのか，それとも，同 1 条 1 項が適用されるのかにより，耐用年数省令のいずれの別表の適用を受けるか（別表第五ないし八か，別表第二か）を検討し，その結果，別表第二に属するものについては，同表の設備の種類欄のいずれに該当するかを検討していくべきである。

⑤　別表第六のばい煙処理用減価償却資産とは，物の燃焼等に伴って発生した物質を，重力沈降等の方法により処理するために直接供される減価償却資産のことをいう。

⑥　廃棄物ピット及び再燃焼室ピットの減価償却資産の種類は，そもそも「機械及び装置」ではなく「建物」であるから，ばい煙処理用機械装置には該当しない。

⑦　廃棄物ピットは，その構造から工場棟の基礎部分をなしており，工場棟上屋と一体不可分なものである。したがって，廃棄物ピットは，「機械及び装置」には該当せず，工場棟の床及び基礎としての機能を有しており，工場棟の一部を構成するものであって，建物に該当する。

⑧　再燃焼室ピットは，再燃焼室の下部の地下 1 階部分であり，再燃焼室が天井部分に当たる部屋状の設備である。ピットには，床及び内壁が存在し，天井部分としての再燃焼室が設置されているので，建物としての構造を有している。しかも，ピットには，照明設備，排水設備及び階段が設置され，内

部に相当の空間もあり，人が入ってメンテナンス等の作業をすることも予定されている。再燃焼室ピットは，機械及び装置の一部ではなく，建物に該当する。

⑨ 廃棄物クレーン等の設備は，機械及び装置ではあるものの，別表第六のばい煙処理用機械装置あるいは別表第五の汚水処理用機械装置ではなく，いずれも別表第二の番号369「その他の金属製機械装置」に該当し，耐用年数は17年となる。

裁判所の判断

① 耐用年数省令は，機械及び装置については別表第二を，無形固定資産については別表第三を，生物については別表第四を，その余の減価償却資産については別表第一を，それぞれ適用することを原則としつつ（同令1条1項），汚水処理の用に供されている減価償却資産，ばい煙処理の用に供されている減価償却資産，農林業用の減価償却資産及び開発研究の用に供されている減価償却資産については，上記原則にかかわらず，それぞれ，別表第五，別表第六，別表第七及び別表第八の適用があるものとしている（旧同令2条）。

② 別表第六には，ばい煙処理用減価償却資産が記載されているが，同表は，別表第二のように工場設備を構成する資産を一体として規定するのではなく，機械及び装置として，これと一体と認められる排気管及び放出筒も含むとあえて規定し，個別の資産単位で適用する趣旨を明らかにしている。これらに照らせば，ある資産がばい煙処理用減価償却資産に該当するかどうかは，個別の資産ごとに検討すべきであり，その上で，ばい煙を公害の生ずるおそれのない状態で排出するため特に設けられた構築物並びに機械及び装置と認められるものについてのみ別表第六の適用があると解すべきである。

③ 廃棄物ピットは，外部から搬入された廃棄物を一時貯留する鉄筋コンクリート造の設備であり，廃棄物ピットそれ自体は廃棄物に対し何らかの作用を加えるものではない。ピットは施設の建屋の床部分を掘り下げて設置されており，建屋を支える基礎の一部でもある。その上部空間は，屋根まで吹き

抜けで，建屋とともに，外界と遮断する役割を果たしている。その形状や機能からして，それ自体で単一の資産と評価するのではなく，施設の建屋と一体をなす建物として評価するのが相当である。

④　再燃焼室ピットは，地面と同一レベルから掘り下げられ，施設の地下1階部分に相当するレベルに設置されており，床及び壁面を有し，天井部分が再燃焼室の下部となっていることで，独立した空間が確保されている。内部には，灰出コンベヤ及びケーシングが設置されているほか，照明器具，排水装置及び階段が設置され，メンテナンス等のために人が出入りすることが想定されている。

⑤　これらの事実を総合すると，再燃焼室ピットは，その形状や機能からして，灰出コンベヤ，後燃焼ストーカ及び再燃焼室の機械基礎とみるべきではなく，建物として評価するのが相当である。

⑥　機械及び装置について，別表第六が適用されないものには，通常の法定耐用年数を定めた別表第二が適用される関係にあることからすると，ある工場設備がばい煙処理を有している場合に，当該設備を構成する個別の資産のうち，ばい煙処理用機械装置に該当する資産には別表第六を適用し，残りの資産には別表第二を適用していくことになる。

⑦　廃棄物クレーン，投入ホッパ等の諸機械装置に関しては，これらの各機械装置においてばい煙の重力沈降等による処理をしていると認めるに足りる証拠はないから，ばい煙処理用機械装置に該当するということはできない。

⑧　これらは産業廃棄物の焼却処理を行う機械及び装置ではあるが，別表第二の番号369「その他の金属製機械装置」として，17年の耐用年数が適用されるというべきである。

⑨　廃棄物ピット，再燃焼室ピット，蒸気タービン等及び汚泥乾燥設備に関しては，告示別表一において指定された公害防止用設備には該当しないので，特別償却を適用することはできない。

【小野木　賢司】

法定耐用年数と見積耐用年数

（参考）
国税不服審判所　平成 11 年 8 月 27 日裁決　TKC 26011395／TAINS J58-3-13

［争点］

　納税者は，土木建築の設計施工業を営む法人である。社宅用に鉄筋コンクリート造の建物を建築し，事業の用に供したが，建物の減価償却費の計算に当たっては，耐用年数を 30 年であるとして減価償却費を計算し，法人税の確定申告書を提出していた。

　建築後 4 年程が経過した時期に，所轄税務署の税務調査を受けた際，建物の耐用年数を 30 年ではなく 40 年であるとして減価償却費を計算した修正申告書を 3 期分提出した。

　次いで，納税者は，建物に適用すべき法定耐用年数 60 年は長すぎることから，納税者が別途見積もった耐用年数 40 年を適用すべきであるとして，国税局長に「耐用年数の短縮の承認申請書」を提出したところ，却下処分となった。

　課税庁は，調査に基づき建物の法定耐用年数は 60 年であるとして，修正初年度を除く各事業年度の更正処分を行った。

　耐用年数の採用に当たっては，耐用年数省令の別表第一に規定される，法定耐用年数によるべきなのか，納税者が別途見積もった耐用年数によるべきなのかが争点となった事案である。

納税者の主張

　①　建物は，別表一に掲げる「鉄筋コンクリート造のもの」に該当しないことから，別途耐用年数の見積りをせざるを得ず，国税局長が行った却下処分

は，違法，不当である。

②　建物は，不動産登記簿上「鉄筋コンクリート造，瓦葺，2階建，共同住宅」となっているが，いわゆる「総鉄筋」と言われるものではなく，鉄筋コンクリート造となっているのは，外壁及び内壁の一部だけであり，1階床全面，内壁の一部，階段等は木造であり，また，屋根も一般木造住宅と同じ瓦葺きであり，その構造様式は，鉄筋コンクリート造と木造との折衷様式となっている。建物は一般に「壁式構造」と呼ばれ，この製作方法は，柱・梁を使用せず，鉄筋コンクリートの壁を組み立てたものであり，構造体部分に旧来の木造住宅の製作方法も随所に採り入れた折衷方法である。

③　壁式構造の建物自体が最近の製作方法であることを考慮すると，建物は，別表一に掲げる「鉄筋コンクリート造のもの」に該当しない。

④　構造体が鉄筋コンクリート造と木造との折衷様式になっているものにまで，別表一における「鉄骨鉄筋コンクリート造又は鉄筋コンクリート造のもの」の耐用年数を適用することには無理がある。不動産登記簿上の構造にとらわれることなく，建物の実体に即して判断すべきは自明の理であり，構造体を一義的に決めつけることができない建物の場合には，別途，耐用年数の見積りが必要である。

⑤　短縮の承認申請に際しては補足説明資料として，「建物の耐用年数の見積り」，「建物の建築価額」，「建物の建築価額の按分」及び「鉄筋コンクリート造建物の耐用年数の算定方式」を提出しているが，それによると，建築価額に占める構造体の工事費の割合はかなり少なく，鉄筋コンクリートに重点を置くのではなく，木造部分に重点を置くべきである。

⑥　国税局長は，壁式鉄筋コンクリート造の建物が建築基準法等の要求する技術的な基準にも合致しているものであることから，従来の鉄筋コンクリート造の建物に比し，その耐用年数が著しく短くなるとは認められないと主張するが，建築基準法等の要求する技術的な基準は，立法趣旨が税法あるいは会計理論とは異なるものであり，力学的な安全性，耐久性は，法定耐用年数の決定において，考慮されていないはずである。

⑦　建物の耐用年数を別途見積もらざるを得ず，35年となるが，算定過程における防水，床，外装，窓，構造体及びその他に適用している耐用年数及び建築価額の誤差を考慮すると，40年とするのが相当である。

⑧　税務調査に基づき，建物の耐用年数を30年としていたのを40年として減価償却費を計算し直し，3期分の法人税の修正申告書を提出したところ，修正申告では建物の耐用年数40年を是認しておきながら，更正処分ではこれを60年としており，課税庁の主張は，首尾一貫していない。

課税庁の主張

①　耐用年数の短縮の承認申請書を審査するに当たり，資産を実地に調査しなければならない旨を定めた法令上の規定はなく，却下処分に係る審理は，法人税法施行令57条の規定により適法に行われている。審査過程においては，建物の所在地や課税庁において納税者関係者から説明を受けており，審理は十分に尽くしている。

②　耐用年数の判定に当たり，建物を構造様式により区分する場合において，どの構造様式に属するかは，一般的にその主要柱，耐力壁又は梁等その主要部分により判定することになるが，建物は，その構造の主要部分である耐力壁が鉄筋コンクリート造であり，木造建は主に内部造作に採用されたもので，構造体を構成するものとは認められないことから，折衷様式ではなく，鉄筋コンクリート造のものと判定するのが相当である。

③　減価償却費の計算に当たっては，法定耐用年数を適用することで著しく実態とかい離する場合を除き，法定耐用年数を適用すべきである。

④　壁式工法は，経済性を目的としたものであり，建築価額全体に占める鉄筋コンクリート工事価額の割合は低下するものと考えられる。加えて鉄筋コンクリート工事価額以外の内部造作等に投下する資本が相対的に増加すれば，その割合は低下することから，価額割合が低いとの理由で耐用年数を見積もることは妥当性に欠ける。

⑤　却下処分は，建物が建築基準法等の要求する技術的な基準に合致してい

ることのみを基として行ったものではない。

⑥　納税者の承認申請に係る説明において，建築価額の按分については工事の内容により資産ごとに区分しているが，「建物の耐用年数の見積り」と「耐用年数の算定方式」とでは，型枠工事を「構造体」でなく「その他」に，鋼製建具工事を「窓」ではなく「その他」に，床材を除く木工事，金属工事，木製建具工事，内装工事及び雑工事をすべて「その他」に区分している等の相違が見られ，見込耐用年数についても「床」については鉄筋コンクリート造の床30年と木造の建具20年の平均値を適用し，「窓」について，スチールサッシ30年を参考にアルミサッシについて20年を適用し，「その他」について，木造のその他50年を適用していること等の相違が見られる。

⑦　建物価額の按分及び見込耐用年数の誤差を考慮し，建物の見積耐用年数を35年から40年に切り上げていること等の各事実関係から，納税者が算定した使用可能期間には合理的な理由がなく，建物の使用可能期間が法定耐用年数に比較して著しく短いとは認められない。

⑧　却下処分は，適法であることから，納税者は，短縮の承認を受けていないことになるので，建物の減価償却費の計算に当たっては，法定耐用年数が適用される。

⑨　修正申告書の初年度分については，国税通則法70条の規定に該当し，更正処分ができなかったのであり，課税庁の主張が首尾一貫していない旨の納税者の主張には理由がない。

審判所の判断

①　法人税法施行令57条3項には，耐用年数の短縮の承認申請書の提出があった場合には，遅滞なく，これを審査し，その申請に係る減価償却資産の使用可能期間を認め，若しくはその使用可能期間を定めて承認をし，又はその申請を却下する旨規定されている。

②　審査とは，証拠資料の収集，証拠の評価，要件事実の認定，税法その他の法令の解釈を経て，却下処分に至るまでの思考，判断を含む包括的な概念

である。国税局の職員は，建物の建設に係る工事見積書及び設計図等の検討，建物の外観調査等を行っていることが認められ，却下処分に係る審理は適法に行われている。仮に，建物の実地調査がなかったとしても，却下処分が違法となるものではない。

③　減価償却費を計算するに当たり，適用する耐用年数は，本来，企業の自主的な判断による合理的な基準に基づき，資産の実態に即して算定されるべきものであるが，建物の建造様式は種々雑多であって，その耐用年数を的確に算定することは非常に難しく，企業の自主的算定が困難であること及び仮に企業の自主的算定によることとした場合には，企業の業態，規模，経営方針等により千差万別となり，恣意的になりやすいこと等から，法人税法では，課税の公平の点から耐用年数を含む減価償却要素が法定されている。

④　法人税法 31 条では，減価償却資産につきその償却費として所得の金額の計算上損金の額に算入する金額は，その償却費として損金経理をした金額のうち，法人が当該資産について選定した償却の方法に基づき政令で定めるところにより計算した金額に達するまでの金額とする旨規定され，法定耐用年数により償却することとされている。

⑤　法定耐用年数は，原則として通常考えられる維持補修を加える場合において，その固定資産の本来の用途用法により現に通常予定される効果を挙げることができる年数，すなわち通常の効用持続年数によると解され，通常予定される効果と通常考えられる維持補修とを基本的観念としている。

⑥　税法上，建物の法定耐用年数の算定において，その構造体が中核となっているので，構造様式の判定においても，構造体に着目して判定するのが相当であり，社会通念上，建物の構造様式は主要構造部により判定することとされていることからすれば，建物は，屋根を含め内部造作に木造が主体となっていることが認められるものの，主要構造体である耐力壁が鉄筋コンクリートで造られていることから，別表一に掲げられる「鉄筋コンクリート造のもの」に該当するというべきである。

⑦　法定耐用年数は，あくまで細密な個別性を捨象して普遍的に総括してい

ることから，取得の態様，構成，材質，製作方法等が通常の場合と著しく異なるときは，その緩和策として国税局長への承認申請により耐用年数の短縮の道が開かれている。

⑧　法定耐用年数は合理的に算定されており，課税の公平の点から法定耐用年数によることが要請されていることから，耐用年数の短縮の承認を得るには，科学的な実験の結果又は過去の経験に基づく資料により，その個別的，特殊的条件等を反映した使用可能期間を算定した上で，使用可能期間が法定耐用年数に比して著しく短いことを明らかにしなければならない。

⑨　納税者が，建物の耐用年数の短縮を主張するのであれば，その個別的，特殊的条件を反映させるために，科学的な実験の結果又は過去の経験に基づく資料により見込耐用年数を算定すべきであるところ，このような算定をせず，個別性，特殊性を捨象した「耐用年数の算定方式」における普遍的な見込耐用年数を適用している。そして，これらの見込耐用年数の算定根拠について合理性は認められない。

⑩　承認申請は，規定される要件を充たしていないことになり，他にこれらの認定を覆す証拠もないことから，法定耐用年数を適用すべきである。

⑪　納税者は，耐用年数の短縮の承認申請書を国税局長に提出しているが，同局長は却下処分を行っていることから，少なくとも処分時点では同局長の耐用年数の短縮の承認を受けていないこととなる。

⑫　施行令57条の規定は適用できないこととなり，建物の耐用年数は法定耐用年数である60年とすべきである。

⑬　課税庁は，修正初年度については国税通則法70条の規定により，更正処分をすることができない期間に該当することから，この事業年度を除いて更正処分をしたことが認められるので，違法，不当な点はない。

【小野木　賢司】

建具の建物該当性

(参考)
国税不服審判所　平成 2 年 1 月 30 日裁決　TKC 26010602／TAINS J39-3-04

[争点]

　納税者は，不動産賃貸業を営む同族会社であり，昭和 60 年 4 月に，マンションを取得し，そのうち，鋼製建具，木製建具，硝子工事，畳敷物及びユニットバスについては，耐用年数省令別表第一に掲げる「器具及び備品」に該当するとして，①鋼材建具は「1 家具，電機機器，ガス機器及び家庭用品」「その他のもの」「主として金属製のもの」として 15 年，②木造建具，硝子工事及び畳敷物は「1 家具，電機機器，ガス機器及び家庭用品」「その他のもの」の「その他のもの」として 8 年，③ユニットバスは「11 前掲以外のもの以外のもの」の「その他のもの」として 5 年，の年数を適用した。

　これに対し，課税庁は，建具は全て建物を構成するとして，建物等に耐用年数 60 年を適用して償却限度額を計算し，所得金額の計算上損金の額に算入しないとする更正をした。

　争点は，納税者が器具及び備品に該当するものとして，償却限度額の計算を行った資産について，建物に該当するか否かである。

納税者の主張

①　建具等は，建物の耐用年数を適用するのではなく，資産の性質によってその耐用年数を適用すべきである。

②　建物の定義について，不動産登記事務取扱手続準則 136 条 1 項の定めによれば，建物とは「屋根及び周壁又はこれに類するものをいう。」とされて

おり，「その目的とする用途に供し得る状態」とは，従物たる建具・畳等の存否について言及しているのではなく，主物たる建物そのものを指していることは，過去の事例等において，屋根及び周壁を有し，土地に定着する一個の建造物として存在するに至ったときは，床及び天井を備えていなくても建物として登記できるとされていることからも明らかである。

課税庁の主張

①　鋼製建具としたものは，アルミサッシ製の窓，戸及び扉並びに鋼製扉である。

②　硝子工事としたものは，上記鋼製建具としたもののうち，アルミサッシ製の窓，戸及び扉にはめ込まれた硝子である。

③　木製建具としたものは，室内のふすま，引き戸及び開き戸である。

④　畳敷物としたものは，床に貼り付けられたシート及び畳である。

⑤　ユニットバスとしたものは，建物内の浴室を形成するものである。

⑥　建物とは不動産登記事務取扱準則136条において，屋根及び周壁又はこれに類するものを有し，土地に定着した建造物であって，その目的とする用途に供し得る状態にあるものと定められていることから，納税者が「器具備品」とした建具等がなければ建物としての用途に供し得る状態にあるものということにはならず，建具等は当然に建物を構成するものと認められる。

⑦　納税者が器具及び備品として区分したものは，それぞれ建物を構成するものと考えられている。

⑧　納税者が鋼製建具及び硝子工事としたものは，建物の本体に固着し一体をなすとともに不可分のものである。

⑨　木製建具及び畳敷物としたものは，建物の従物たる内部造作物である。

⑩　ユニットバスとしたものは，建物の本体に組み込まれ一体をなしつつ，その本来の効果を発揮するものである。

審判所の判断

①　耐用年数省令別表第一の「器具及び備品」とは，機械及び装置以外の有形減価償却資産で，同表第一に掲げられた他の種類の資産（建物，建物附属設備，構築物，船舶，航空機，車両及び運搬具並びに工具）以外のものをいい，とりわけ建物内に設置されたものについていえば，建物とは構造上独立・可分のものであり，かつ，機能上建物の用途及び使用の状況に即した建物本来の効用を維持する目的以外の固有の目的により設置されたものであることを要するものと解するのが相当である。

②　建具等のうち，鋼製建具，木製建具，硝子工事及び畳敷物は，建物と構造上独立・可分のものとは認められないから，「器具及び備品」に該当しないことは明らかであり，ユニットバスについては，建物内の浴室と予定され，給湯及び給排水設備が施工された場所に浴室ユニット部材を結合させて一個の浴室を形成しているもので，建物の部屋の一つであるから，「器具及び備品」に該当しないことは明らかである。

③　納税者は，建物とは主たる建物本体を指すものであり，過去の事例において，屋根及び周壁を有し，土地に定着する一個の建造物として存在するに至ったときは，床及び天井を備えていなくても建物として登記できると示されていることからも明らかである旨主張する。しかしながら，同内容は，第三者への対抗要件を具備するための建物として登記し得る状態について示したものであって，償却限度額を計算する上での建物とは何ら関係はないから，納税者の主張には理由がない。

【四方田　彰】

CASE
13

納品書の日付と引渡し日

（参考）
国税不服審判所　平成 18 年 5 月 22 日裁決　TKC 26012007／TAINS J71-3-17

[争点]

　プラスチック製品の精密加工業を主として営む同族会社である納税者は，平成 14 年 12 月 16 日ころ，G 社から自動旋盤 5 台（平成 14 年旋盤）を代金 3,900 万円（別途消費税 195 万円）で発注し，減価償却費として合計 1,251 万 2,500 円（普通償却限度額 81 万 2,500 円及び特別償却限度額 1,170 万円）を損金の額に算入し，確定申告を行った。

　翌年の平成 15 年 11 月 17 日ころ，G 社から自動旋盤 10 台（平成 15 年旋盤）を代金 7,540 万円（別途消費税 377 万円）で発注し，減価償却費として合計 2,419 万 830 円（普通償却限度額 157 万 830 円及び特別償却限度額 2,262 万円）を損金の額に算入し，確定申告を行った。

　それぞれの年度において，納税者が機械を取得したとして，減価償却費を損金の額に算入して法人税並びに同機械に係る消費税額を課税標準に対する消費税額から控除して消費税及び地方消費税の申告を行ったところ，同算入及び同控除はいずれもできないとして課税庁が行った処分に対し，その全部の取消しを求めた事案である。

　争点は，平成 14 年旋盤及び平成 15 年旋盤について，納税者の決算期末である平成 14 年 12 月末及び平成 15 年 12 月末までに納税者に引渡しがされていたか否かである。

納税者の主張

①　平成14年旋盤は平成14年12月末までに，平成15年旋盤は平成15年12月末までに，いずれも納税者に引き渡された。それぞれの旋盤について，切削用の刃を取り付けるための部品や刃の取付けが完了していないことをもって，完成していないとすることは相当ではない。

②　納税者はG社から平成14年旋盤については，平成14年12月とする納品書を受領し，製造会社であるH社の工場に保管することを依頼し，H社は納税者に対し預り書を発行した。また，平成15年旋盤についても，平成15年12月とする納品書を受領し，同様にH社の工場に保管することを依頼し，H社は納税者に対し預り書を発行した。

課税庁の主張

　平成14年旋盤は平成14年12月末において，平成15年旋盤は平成15年12月末において，いずれも製造過程にあり，納税者に出荷されたのは，平成14年旋盤については平成15年2月14日，平成15年旋盤については平成16年1月14日及び同月15日であるから，平成14年旋盤及び平成15年旋盤は，それぞれ平成14年12月末及び平成15年12月年末までに，いずれも納税者に引き渡されていない。

審判所の判断

①　自動旋盤は，標準本体を顧客先の仕様にしないと現実には顧客において使用できない形態のものであり，H社において，顧客仕様の特別附属品及び特注品の取付けを行い，各種性能検査を実施した上，G社の社内手続に従って，顧客立会いの上で検査し，その立会議事録を作成して，H社の製造工場から顧客先に直送されていた。

②　G社に平成14年旋盤を発注するに先立ち，標準機本体に納税者仕様にするための特別附属品及び特注品を取り付ける仕様とされていた。H社において作成された試験報告によれば，平成15年1月29日，同月30日にそれ

ぞれ性能検査を行った旨記載されている。立会検査は，納税者のN副社長立会の下平成15年2月7日に実施されている。H社において作成された受注マスターリスト及び機番台帳によれば，出荷年月日として平成15年2月14日と記載されている。

③　G社に平成15年旋盤を発注するに先立ち，標準機本体に納税者仕様にするための特別附属品及び特注品を取り付ける仕様とされていた。H社において作成された試験報告書によれば，平成16年1月12日から同月14日にかけてそれぞれ性能検査を行った旨記載されている。H社において作成された受注マスターリストによれば，平成15年旋盤の出荷年月日として平成16年1月12日及び15日と記載されている。以上のそれぞれの事実からすると，納税者は平成14年旋盤については平成15年2月14日，平成15年旋盤については，平成16年1月14日及び同月15日に，それぞれ現実の引渡しを受けたものとみるのが相当である。

④　納税者は，平成14年旋盤は14年12月に納品され，平成15年旋盤についても平成15年12月に納品されていると主張しているが，その趣旨は納税者仕様の特別附属品及び特注品を取り付けた状態に至らなくとも足りるものとされており，G社及びH社においても，平成14年旋盤については平成14年12月中の，平成15年旋盤については平成15年12月中の売上として会計処理していたことが認められる。しかし，G社の営業担当であったKは，納税者に対し平成14年旋盤は平成14年末までに，平成15年旋盤は平成15年末までにそれぞれ納品することができない旨伝えたところ，納税者のR課長から納品書の交付請求があり，納税者は大口の顧客であったため，これを断ることができなかったが，平成14年旋盤については平成14年12月30日に，平成15年旋盤については，平成15年12月15日に立会いを実施したとする事実とは異なる立会議事録を作成し，それぞれ納品書を発行した旨申述している。

⑤　H社工場管理本部次長Lは，平成14年旋盤は平成14年12月31日現在，平成15年旋盤は平成15年12月31日現在いずれも完成しておらず，H

社の売上計上基準は出荷基準であるが，営業上の配慮から，平成14年旋盤の預り書，平成15年旋盤の預り書を作成した旨申述している。これらのそれぞれの申述は，その内容自体合理的である上，それぞれの事実とも符合するとともに，申述相互も高い整合性を有する上，納税者は大口の顧客であるという両者の置かれた立場からしても，その信用性は非常に高いものというべきである。そうすると，納税者の主張するような引渡しがあったと認定することはもちろん，認定を覆すにたりるものとはいえず，結局，納税者の主張は採用できない。

⑥　以上により，平成14年旋盤及び平成15年旋盤は，それぞれ，平成14年12月末及び平成15年12月末までに，いずれも納税者に引き渡されていない。

【四方田　彰】

CASE 14　資本的支出と修繕費の区分

(参考)
国税不服審判所　平成 24 年 2 月 6 日裁決　TKC 26012545／TAINS J86-3-15

[争点]

　印刷業を営む納税者が工場移転に伴い新工場の用に供するために賃借した建物にエレベーター工事，高圧受電設備工事等を施し，その工事費用を雑損失として損金の額に算入したところ，課税庁が，当該工事費用は，減価償却資産の取得価額に該当し損金の額に算入できないとして法人税の更正処分等を行った。これに対し，納税者が，当該工事費用は，移転前の工場と同等の稼動を可能とするための機能復旧工事に係る費用であり，その全額が損金の額に算入されるべきであるなどとして同処分等の全部の取消しを求めた事案である。

　納税者は，建物の一部を賃借して本社事務所兼工場（旧工場）として使用していたが，平成 19 年 11 月 6 日付で，J 社との間において，肩書地所在の建物（新工場）を賃貸借物件とし，当該建物を印刷・製本業事務所及び作業所として賃借する旨の建物賃貸借契約を締結した。なお，新工場は，鉄筋コンクリート造り 5 階建ての建物であり，納税者は，1 階を製本・印刷工場，2 階を製本工場，3 階を製版・印刷工場，4 階を制作・事務所及び 5 階を会議室・倉庫として使用している。

　そして，平成 19 年 11 月 9 日付で，旧工場の賃貸人である K 社との間において，賃貸借契約を同日付で合意解除し，納税者が賃貸借合意解約金の支払を受けることを条件に旧工場を明け渡す旨を約した賃貸借合意解約書を取り交わした。納税者に支払われる当該賃貸借合意解約金は 1 億円であり，納税者は，解約金の一部の 4,000 万円を平成 19 年 11 月 16 日に，残金の 6,000 万円を平成 20 年 4 月 7 日に受領した。

　納税者は，新工場において，納税者が旧工場で使用していた印刷設備及び製本設備を移設するなどして旧工場と同様に稼動できるよう工事を行った。

　本事案の争点は，工場移転に伴い新工場の用に供するためのエレベーター工事，高圧受電設備工事費用が，機能復旧工事に係る費用として修繕費等として損金の額に算入することができるか否かである。

納税者の主張

　新工場への移転は，旧工場の賃貸人からの立ち退き要求によるものであり，解約金は，機能復旧補償金及び損害賠償金として当該賃貸人から受領したものであるから，各工事費用の実態は，解約金をもって旧工場と同等の工場の稼動を可能とするための機能復旧工事に充てた支出である。したがって，各工事費用は，法人税基本通達7-8-7の定めにより修繕費等として損金の額に算入すべきである。

課税庁の主張

　各工事費用が新工場の円滑な稼動に必要なものであったとしても，解約金は，納税者が賃借していた旧工場の賃貸人からその賃貸借契約の解除の際に受領したものであり，法人税基本通達7-8-7に定める，納税者が有する固定資産について電波障害等による機能の低下があったことにより，その原因者からその機能を復旧するための補償金として交付されたものには該当しない。したがって，各工事費用は，同通達7-8-7の定めにより修繕費等として損金の額に算入することはできない。

審判所の判断

①　法人税基本通達7-8-7は，法人が，その有する固定資産について電波障害や騒音等による機能の低下があったことによりその原因者からその機能を復旧するための補償金の交付を受けた場合において，その補償金をもってそ

の交付の目的に適合した固定資産の取得又は改良をしたときは，その補償金は収益とされる一方，その補償金で固定資産の取得をしたことになり，法人税の課税関係が生じてしまうことになるが，法人がその有する固定資産の通常の維持管理又は災害等によりき損した固定資産を原状回復するための費用が修繕費として損金算入が認められていることからすると，かかる電波障害や騒音等により機能低下した固定資産についてその機能を従前の状態に復せしめるための費用支出は，たとえ外形上は資本的支出に当たる資産の取得又は改良であったとしても，その固定資産にとっては単なる修繕費又はこれに類する経費にすぎないということができ，このような考え方に立って，かかる場合に受ける補償金のうちその固定資産の機能復旧のために支出した部分の金額につき，税務上は修繕費等として損金算入を認めることとして，結果として課税の生じないように定められているものである。

②　納税者は，旧工場の賃貸人との間において，旧工場の賃貸借契約を合意解除し，納税者が解約金を受領することを条件に旧工場を明け渡すことを約した賃貸借合意解約書を取り交わして解約金を受領しているところ，当該賃貸借合意解約書に，解約金が旧工場において納税者が有する固定資産について同通達 7-8-7 に掲げられているような電波障害や騒音等により機能の低下が生じたことにより支払われるものである旨の記載はなく，当審判所の調査の結果によっても，旧工場において納税者が有していた固定資産について電波障害や騒音等により機能の低下が生じていた事実を認めるに足りる証拠もない。

③　解約金は，旧工場の賃貸人からの立ち退き要請を受け，納税者がこれに合意して旧工場に係る賃貸借契約を解約したことにより受領したものと認めるのが相当であり，解約金の受領は，同通達 7-8-7 に定める「固定資産について電波障害，日照妨害，風害，騒音等による機能の低下があったことによりその原因者からその機能を復旧するための補償金の交付を受けた場合」に当たらないというべきである。

④　各工事費用は，高圧受電設備の設置，エレベーター設備の設置，その他

機械設備等の移設のための改良等に係るものであり，機能の低下した固定資産を従前の状態に復せしめるために支出したものであるとも認められないから，同通達 7-8-7 に定める「その機能復旧のために支出した」金額にも当たらない。したがって，各工事費用は，同通達 7-8-7 の定めにより修繕費等として損金の額に算入することはできないというべきである。

【角田　敬子】

CASE 15　特別償却の対象となる鋳型造型機の取得価額

（参考）
国税不服審判所　平成 11 年 3 月 26 日裁決　TKC 26011366／TAINS J57-3-26

[争点]

　鋳物金網製造業を営む納税者が取得した鋳型造型機及びその附属機器等について，租税特別措置法 42 条の 5《エネルギー需給構造改革推進設備等を取得した場合の特別償却又は法人税額の特別控除》に規定する特別償却の対象に鋳型造型機本体のみが該当するか，それともその附属機器等も含むのかを主たる争点とした事案である。

　措置法 42 条の 5 第 1 項 5 号の規定の適用を受ける減価償却資産には，通商産業省告示 145 号の別表一の 23（平成 8 年 4 月 1 日改正前のもの）で「プレーン型高圧式鋳型造型機」が規定されている。

　平成 8 年 5 月 20 日付で日本鋳造機械工業会が発行した，エネルギー需給構造改革推進設備仕様等証明書では，納税者が取得した静圧造型機が，通商産業省告示 145 号の別表一の 23 に規定する「プレーン型高圧式鋳型造型機」に該当することを証明している。

　納税者は，造型機を含む機械・装置等（鋳型製造設備）を平成 8 年 2 月に 3 億 6,195 万 2,173 円で取得し，その鋳型製造設備の全てが耐用年数省令の別表第二の 214「連続式鋳造鋼片製造設備」に該当し，耐用年数が 12 年であるとして，普通償却限度額を計算し，3,167 万 815 円を平成 8 年 3 月期の減価償却費として，損金の額に算入した。

　なお，納税者は，平成 8 年 3 月期には，法人税法施行令 59 条（平成 10 年政令第 10 号による改正前のもの）《事業年度の中途で事業の用に供した減価償却資産の償却限度額の特例》2 項に規定する償却限度額の計算方法（簡便償却）

を適用している。

　納税者は，鋳型製造設備の全てが措置法 42 条の 5 に規定する特別償却の対象となるものとして，当該設備の取得価額 3 億 6,195 万 2,173 円の 100 分の 30 に相当する金額 1 億 858 万 5,651 円を特別償却限度額として平成 8 年 3 月期の減価償却費として損金の額に算入した。

　造型機の購入価額は，D 株式会社の見積書の 4,390 万円から最終精算において値引きを差し引いた後の 3,643 万 7,000 円である。

　納税者は，鋳型製造設備について，普通償却限度額を計算し，3,879 万 6,748 円を平成 9 年 3 月期の減価償却費として損金の額に算入している。

　本事案の争点は，納税者が取得した造型機及びその附属機器等について，措置法 42 条の 5 に規定する特別償却の対象に，造型機本体のみが該当するか，それともその附属機器等も含むか否かである。

納税者の主張

①　減価償却費については，鋳型製造設備に係る平成 8 年 3 月期に損金の額に算入されるべき減価償却費の償却限度額は次のとおりである。

②　通産省告示 145-1-23「プレーン型高圧式鋳型造型機」とは，造型機のみを指すのではなく，その機能を満足させるために必要な装置，機器及び取付け費用等を含めたものであり，その内訳及び取得価額は，1 億 511 万 6,000 円であるから，租税特別措置法 42 条の 5 規定による特別償却額は，3,153 万 4,800 円となる。

③　納税者は，当初の申告において，生砂試験装置 380 万円及び発光分光分析器 700 万円を耐用年数省令の別表第二の 214「連続式鋳造鋼片製造設備」に該当する資産として鋳型製造設備の取得価額に算入していたが，生砂試験装置及び発光分光分析器は，機械及び装置ではなく，耐用年数基本通達 2-6-1 に定める測定工具及び検査工具に該当し，耐用年数は 5 年であるので，普通償却限度額を再計算すると，199 万 2,600 円となる。

④　連続式鋳造鋼片製造設備に該当する部分の取得価額は，鋳型製造設備の取得価額3億6,195万2,173円から試験・分析装置1,080万円を除くと，3億5,115万2,173円となるから，普通償却限度額は，3,072万5,815円となる。

⑤　以上により，鋳型製造設備に係る減価償却費の償却限度額は，6,425万3,215円となり，当該金額を減価償却費として損金の額に算入すべきであるから，更正処分は違法である。

⑥　平成9年3月期の鋳型製造設備に係る減価償却費の償却限度額は，5,380万5,952円となり，当該金額を減価償却費として損金の額に算入すべきであるから，更正処分は違法である。

課税庁の主張

①　租税特別措置法42条の5の適用を受ける減価償却資産は通産省告示145で指定されているが，例えば，同告示の別表一の24「せん断機」は，特別償却の対象として，せん断機本体以外に，これと同時に設置する専用の集積装置を含むと規定され，附属機器等を含む場合には，その対象となる範囲が明確に指定されている。

②　通産省告示145-1-23「プレーン型高圧式鋳型造型機」には，本体以外の附属機器等が含まれる旨の規定がなく，その造型機本体のみが特別償却の対象であることは明らかである。そうすると，造型機のみが特別償却の対象となる。

③　法人税法施行令54条1項1号において，購入した減価償却資産の取得価額は「当該資産の購入の代価（引取運賃，荷役費，運送保険料，購入手数料，関税）その他当該資産の購入のため要した費用がある場合には，その費用の額を加算した金額」と「当該資産を事業の用に供するために直接要した費用の額」との合計額と規定されている。

④　この規定により，特別償却の対象となる造型機の取得価額は，4,320万335円となる。

⑤　特別償却限度額は，1,296万100円となり，償却超過による損金不算入額9,562万5,551円は，更正処分の損金不算入額を上回るから，更正処分は適法である。

審判所の判断

①　造型機は，通産省告示145-1-23に該当する「プレーン型高圧式鋳型造型機」であると認められる。

②　同告示145では，別表一において，いわゆる中小企業者用エネルギー有効利用等設備の特別償却の対象となる機械その他の減価償却資産について規定しているが，この規定は，特に，エネルギー需給構造の改革を推進するためのものであり，その対象となる資産の範囲は，限定的に列挙されている。

③　附属機器等が対象となる場合には，その機械又は装置と同時に設置することを条件として，明示的に対象となる旨を規定しており，その旨の規定がない場合には，機械又は装置のみに限定され，附属機器等については，特別償却の対象とならないと解される。

④　納税者が主張する装置・機器等については，同告示145-1-23に附属機器等として指定されていないことから，租税特別措置法42条の5に規定する特別償却の対象とはならない。よって，装置・機器等のうち特別償却の対象となるのは，造型機のみである。

【角田　敬子】

CASE
16
消費税額が明らかな場合の
建物取得価額

（参考）
大阪地方裁判所　平成 30 年 10 月 25 日判決　TKC 25565518／TAINS Z268-13202

[争点]

　不動産の賃貸，売買，仲介及び管理等を業とする株式会社である納税者は，財務局による国有財産の一般競争入札において，土地及び同土地上の建物（附属設備を含む。）を 3 億 6,222 万円で落札し，平成 25 年 7 月 23 日，土地及び建物を上記金額で買受ける旨の契約を締結した。納税者が，建物の取得価額は 1 億 9,516 万 3,594 円であるとして，平成 25 年度の法人税等並びに消費税等の確定申告をしたところ，課税庁から，売買契約において合意された建物の内訳価格は 4,116 万円であったとして，平成 25 年度の法人税等及び消費税等の各更正処分並びに過少申告加算税の各賦課決定処分を受けたため，各更正処分及び各賦課決定処分の取消し等を求めた事案である。

　敷地及び建物の価格を区別せずに土地建物が一括して売買された場合，建物の取得価額の算出については，法人税法施行令 54 条 1 項 1 号は「当該資産の購入の代価」及び「当該資産を業務の用に供するために直接要した費用の額」の合計額とする旨定めるにとどまり，その算出方法について何ら規定していない。建物取得価額が明らかでない場合には，租税負担の公平及び実質主義の観点から，租税法の基本原則に合致する合理的な方法により，取得価額を算出することが必要となるが，売買契約書に購入代価の記載があれば，取得価額は原則として契約書記載の金額となる。

　平成元年に消費税が導入されて以来，不動産取引においては契約書に消費税額を明示することが通例となった。これにより，建物の譲渡価額が逆算できるため，契約書に基づく区分ができないケースは減少した。本事案では，建物の

内訳価格は表示されていないが，売買契約書に記載のあった「うち消費税及び地方消費税相当額，金196万円」によって，建物の内訳価格を4,116万円とする合意があったといえるのか否かが争われた。

納税者の主張

① 売買契約書には，「売買代金は，金362,220,000円とする。（うち消費税及び地方消費税相当額　金1,960,000円）」との記載があるのみであり，建物の内訳価格は表示されていない。建物付き土地の取引実務においては，土地及び建物の内訳価格がある場合にはこれを契約書に明記するのが常識であり，かっこ書の消費税等の金額から建物の内訳価格を算定することを買主に要求するのは社会通念上不当である。売買契約書の消費税等相当額の金額は，財務局が備忘的に記載したものにすぎないというべきである。

② 建物の価格を4,116万円とすることは，建物の市場価格の約5分の1，固定資産評価額の約4分の1であり，実勢価格との乖離が甚だしく，適正な価格とは到底いえない。

③ 一般競争入札における最低売却価格と落札価格との差額の取扱いについて，一律に建物先取法を採用することは，不動産売買における通常の当事者の合理的意思に反するものであり，取引上の社会通念に照らして極めて不合理である。

④ 納税者は，売買契約の締結の際，建物の内訳価格が4,116万円であることを認識していなかったが，消費税等の金額がかっこ書で記載されている売買契約書の様式は，建物付き土地の売買契約書として特異なものであること，納税者は財務局から建物の内訳価格について説明を受けていないこと，土地建物を落札した後，金策に忙殺されていたことなども考慮すると，納税者が建物の内訳価格を認識していなかったのは納税者の不注意とはいえず，納税者がその責めを負うべきものではない。

課税庁の主張

①　売買契約書は，財務局長と納税者の代表者が自らの意思に従って記名押印をしたものであるから，真正に成立している。したがって，売買契約における契約当事者の契約意思は，売買契約書に記載されたとおりであると認められる。売買契約書には，土地建物の売買代金が総額 3 億 6,222 万円，うち消費税等相当額が 196 万円と記載されている。この消費税等相当額から逆算すれば，売買契約における建物に係る購入代価は，消費税等相当額抜きで 3,920 万円，消費税等相当額込みで 4,116 万円と定められていることが認められる。

②　納税者は，豊富な不動産取引経験を有しており，その知識経験上，建物付き土地の売買において土地は消費税等の課税対象とならず，建物だけがその課税対象となることを認識していた。また，納税者は，財務局から売買契約書案の送付を受け，契約内容の確認を求められているところ，売買代金の記載に誤りがないかは売買契約書において最も重要な事項というべきであるから，納税者は，売買契約書案にある土地建物の売買代金 3 億 6,222 万円の記載及びその直下にある消費税等相当額 196 万円の記載を当然確認したと推認される。そして，上記消費税等相当額から建物の価格を計算することは極めて簡単であること，納税者は建物価格と土地価格の内訳が減価償却費の算定等に関わる重要な事項であると認識していたことをも踏まえると，納税者は，売買契約書案の消費税等相当額 196 万円の記載から，建物の内訳価格が 4,116 万円であることを当然に認識していたと認められる。

③　以上によれば，売買契約は，建物の内訳価格を 4,116 万円として成立していることが明らかである。

裁判所の判断

①　売買契約は，財務局長と納税者の代表者が売買契約書に記名押印することによって締結されたものであり，売買契約書が真正に成立していることにつき当事者間に争いはないから，売買契約の内容の解釈に当たっては，原則

として，処分証書である売買契約書に記載されている文言に即して，客観的に判断すべきものと解される（契約内容の解釈に係る表示主義ないし客観的解釈説。なお，表示行為と表意者の内心の意思との不一致は，民法 95 条の錯誤の問題である。）。

②　売買契約書の第 2 条（売買代金）には，「売買代金は，金 362,220,000 円とする。（うち消費税及び地方消費税相当額　金 1,960,000 円）」との記載があり，建物付き土地の売買においては，建物だけが消費税等の課税対象となり，土地は消費税等の課税対象とはならないから（消費税法 6 条 1 項，別表第 1 の 1 号），売買契約においては，土地及び建物についてそれぞれ内訳価格が定められており，かつ，当時の消費税率 5 ％を前提とすると，建物の内訳価格は 4,116 万円（消費税等相当額 196 万円を 100 分の 5 で割り戻した 3,920 万円に，同 196 万円を加算した金額）と定められていると認められる。

③　売買契約締結当日，納税者が財務局の主任収入官吏から受領した領収証書に「建物売払代￥41,160,000」「（うち消費税及び地方消費税相当額）￥1,960,000」と記載されていることも考慮すると，売買契約においては，建物の内訳価格が定められており，その金額は 4,116 万円であったものと認められる。

④　確かに，売買契約書に売買代金の総額のみが記載されていたのであれば，土地建物につき内訳価格を定めない趣旨であると理解するのが自然である。しかし，本事案の売買契約書には，売買代金の総額に続き，かっこ書きで「うち消費税及び地方消費税相当額　金 1,960,000 円」との記載があるのであるから，土地は消費税等の課税対象とはならないことからすれば，土地と建物には内訳価格が設けられていると理解するのが自然であり，そのような解釈は一般的な取引通念にもかなうというべきである。

⑤　仮に，納税者の主張のとおり建物の内訳価格が定められていないとすると，消費税等相当額に係る記載は，契約内容とは関係がないばかりか，むしろ積極的に矛盾する記載ということとなる。しかし，この記載が売買契約書

第 2 条において売買代金額に続けて記載されていること，消費税等相当額の
金額部分が下線により強調されていることなど，その外形や体裁等をみる限
り，記載は売買契約に係る合意の一部を成しているとみるほかはなく，納税
者が主張するような無関係かつ無意味な記載とみるのは困難である。

⑥　契約内容の解釈は，当事者が合意した表示の客観的意味を明らかにする
ことであって，当事者の内心の意思を探求することではないのであり，表示
行為と表意者の内心の意思との間に食い違いがあるとしても，それは民法
95 条の錯誤の問題であるとするのが一般的な理解である。したがって，仮
に納税者が建物に内訳価格は存在しないと認識していたとしても，それは納
税者の内心の意思にすぎないのであって，民法 95 条の錯誤の主張としては
ともかく，そのことが売買契約の内容の解釈に直接影響するものではないと
いうべきである。

⑦　建物付き土地の売買契約において，建物の内訳価格が固定資産評価額等
よりも低い金額となることはあり得るというべきであり（競売や一般競争入
札のような場合にはなおさらである。），建物の内訳価格が低額すぎるからと
いって直ちにその合意が違法無効とされるものでもないのであり，単に実勢
価格との乖離があることのみをもって，売買契約の内容を納税者の主張のよ
うに修正解釈（契約内容が合理的でない場合にこれを合理的な内容に修正す
る解釈のこと。）すべき必要があるとは認められない。

⑧　建物付き土地の一般競争入札においては，中古の建物よりも土地の価値
を重視して落札する例も比較的多いと考えられることからすると，建物の内
訳価格を固定する建物先取法にも一定の合理性があるといえる。しかも，財
務局は，一般競争入札において，建物先取法をもって土地と建物の内訳価格
を定める運用を一貫して行っていることが認められ，納税者が建物を賃貸物
件として利用することから減価償却費等の関係で不利益な結果が生ずるから
といって，あえて他の物件と異なる取扱いを行うことはかえって公平性を欠
くことにもなりかねない。したがって，建物先取法をもって内訳価格を算出
することにも一定の合理性があり，少なくとも，これにより売買契約の内容

を修正解釈する必要があるとはいえない。

⑨　以上によれば，本事案の売買契約においては，建物の内訳価格が定められており，その金額は 4,116 万円であったと認められる。

【有賀美保子】

CASE

17

太陽光発電設備及び周辺施設の
事業供用日

（参考）
国税不服審判所　平成 30 年 6 月 19 日裁決　TKC 26012964／TAINS J111-3-12
東京地方裁判所　令和 2 年 1 月 17 日判決　TKC 25565136（CASE39）

［争点］

　一般区域貨物自動車運送事業並びに太陽光発電及び売電に関する事業を目的とする法人である納税者が，太陽光発電設備等を取得した事業年度において当該設備等に係る償却費の額を損金の額に算入して法人税等の確定申告をしたところ，課税庁が，当該設備等は当該事業年度において事業の用に供していないから当該設備等に係る償却費の額を損金の額に算入することはできないなどとして，法人税等の更正処分等をしたのに対し，納税者が，原処分の全部の取消しを求めた事案である。

　なお，審判所が納税者の審査請求を棄却したことから，納税者は出訴した（CASE39 参照）。

　旧租税特別措置法 42 条の 12 の 5《生産性向上設備等を取得した場合の特別償却又は法人税額の特別控除》第 1 項は，法人が産業競争力強化法の施行の日（平成 26 年 1 月 20 日）から平成 29 年 3 月 31 日までの期間内に，特定生産性向上設備等の取得等をして国内にある当該法人の事業の用に供した場合に，その事業の用に供した日を含む事業年度（又は平成 26 年 4 月 1 日を含む事業年度）において，特別償却又は税額控除を認めるものであり，産業競争力強化法の施行の日（平成 26 年 1 月 20 日）から平成 28 年 3 月 31 日までの期間内に，取得等をして，国内にある当該法人の事業の用に供した特定生産性向上設備等については，特別償却又は税額控除の上乗せ措置があった。

　減価償却資産の事業供用日については，法人税法上明確な定めはなく，業種・業態・その資産の構成及び使用の状況を総合的に勘案して判断することと

なる。納税者は，平成27年4月1日から平成28年3月31日の事業年度において，工期を平成27年8月6日着手，平成28年3月引き渡しとする請負契約を締結し，平成28年3月28日までに発電システム本体及びフェンス等の設置工事の引き渡しを受けたが，系統連系工事は平成28年9月28日に行われ，同日から電気事業者へ売電を開始した。

　この制度は，適用期限（平成29年3月31日）をもって中小企業経営強化税制として改廃され，上記の特別償却又は税額控除の上乗せ措置も適用期限（平成28年3月31日）をもって終了している。本事案では，発電システム本体とフェンス等が事業年度内（平成27年4月1日から平成28年3月31日）に事業の用に供したと認められるか否かについて争われた。

納税者の主張

　①　国税庁のホームページには，「賃貸マンションの場合には，建物が完成し，現実の入居者がなかった場合でも，入居募集を始めていれば事業の用に供したものと考えられます。」との例示が掲載されている。太陽光発電設備は第三者との売電契約により売電の対価をもって収益を上げるものであるから賃貸不動産と同様の収益構造であり，かつ，太陽光発電設備は具体的な売電契約の締結が未了でも，発電を開始し，売電の申込みをしていれば第三者に売電が可能な状態となるから，発電システム本体は，引渡日において，上記賃貸マンションの例示と同様の状況にある。

　②　法人税基本通達7-1-3の定め及びその趣旨に照らせば現実に稼動していなくても，必要な維持管理が行われ，いつでも稼動し得る状況である資産は減価償却資産に該当する。発電システム本体は，引渡日以後，必要な維持管理が行われ，売電契約の申込みに対する承諾を待っている状態であったのであるから，引渡日において，いつでも稼動し得る状況にあった。

　③　租税特別措置法38条の6《事業用資産の買換えの場合の譲渡所得の金額の計算》第1項規定の譲渡資産の要件である「事業の用に供しているも

の」に関し，広島高裁昭和63年5月30日判決は，「譲渡の当時，現に事業の用に供している資産だけでなく，たまたま現に事業の用に供していなくとも，事業の用に供する意図の下に所有している資産も含むが，その意図は近い将来において実現されることが客観的に明白なものでなければならない」と判旨している。発電システム本体は，引渡日において，試運転を完了し，売電契約の申込みに対する承諾を待っていた状態にあり，相当の対価を得て売電行為を継続的に行うことを意図し，その意図が，近い将来において実現することが客観的に明白であった。したがって，発電システム本体は事業年度内に事業の用に供したと認められる。

④　フェンス等は，隣地との境界を画するとともに，発電所に対する不法侵入又は動物などによる侵害を防いで発電設備の財産的価値を維持するために設置されたものであるから，引渡日から，その属性に従って本来の目的のために使用を開始したと認められる。よって，フェンス等は事業年度内に事業の用に供したと認められる。

課税庁の主張

①　電気事業者による電力の買取りは，送配電事業者の電力系統に供給された電力について行われることからすると，納税者が発電システム本体の属性に従ってその使用を開始したのは，発電した全電力を売電するための系統連系が完了し，電気事業者に対して電力の供給を開始した平成28年9月28日であると認められる。よって，同日が発電システム本体を事業の用に供した日に当たり，発電システム本体は事業年度内に事業の用に供したとは認められない。

②　フェンス等は，平成28年3月28日までに工事を完了し，納税者に引き渡されているが，納税者は，フェンス等を含む発電所が生産性の向上に資する設備であることの確認を受けていること，単独では生産活動等の用に直接供される減価償却資産とは認められないことから，発電システム本体と一体として取得し，一体として事業の用に供したものとみるのが相当である。

したがって，フェンス等は，発電システム本体の事業供用日である平成 28 年 9 月 28 日に事業の用に供したものであるから，事業年度内に事業の用に供したとは認められない。

審判所の判断

①　減価償却資産（法人税法 2 条 23 号，法人税法施行令 13 条）とは，事業の経営に継続的に利用する目的をもって取得される固定資産で，その用途に従って利用され，時の経過によって価値が減少するものをいい，その取得に要した価額（取得価額）は，将来の収益に対する費用の前払の性格を有し，資産の価値の減少に応じて減価償却費として徐々に費用として計上されるものである。

②　租税特別措置法が規定する特別償却は，一定の政策目的を達するために，法人税法上認められる普通償却限度額を超えて減価償却を認めるものであり，特定の資産を取得し，それを事業の用に供した場合に，その事業の用に供した日を含む事業年度において，普通償却限度額に加えて取得価額の一定割合を償却することを認める制度である。

③　法人税法 2 条 23 号の委任を受けた法人税法施行令 13 条は，事業の用に供していないものを減価償却資産から除く旨規定しており，旧措置法 42 条の 12 の 5 第 2 項は，同項に規定する特別償却が認められるための要件として，特定期間内に特定生産性向上設備等の取得等をして，これを事業の用に供したことを要求しているところ，上記の減価償却資産の意義等に照らせば，当該資産を事業の用に供したと認められるか否かは，業種，業態，その資産の構成及び使用の状況を総合的に勘案し，その資産をその属性に従って本来の目的のために使用を開始したといえるか否かによって判定するのが相当である。

④　発電システム本体により発電された電力は，発電及び売電のための微量以外に自己消費に使用することなく，全て売電に充てる配線構造であり，実際に，納税者は，系統連系が行われた後，電気事業者に対して発電システム

本体により発電した全電力を売電していること，及び，納税者が，系統連系が行われるまでに発電システム本体により発電した電力を使用した事実も認められないことからすると，発電システム本体は発電した電力を売電することにより収益を稼得することをその本来の目的とする設備であると認められる。

⑤　発電システム本体は，系統連系のための工事が完了しなければ，物理的に発電した電力を送配電事業者の電力系統に供給することができず，電気事業者への売電による収益を上げることができない状態であったと認められるところ，発電システム本体に係る系統連系のための工事が完了して系統連系が行われたのは平成 28 年 9 月 28 日であり，事業年度の末日において，電気事業者へ売電していなかったのであるから，発電システム本体は，事業年度内にその属性に従ってその本来の目的のために使用を開始したとは認められない。したがって，納税者が，発電システム本体を事業年度内に事業の用に供したとは認められない。

⑥　旧措置法 42 条の 12 の 5 が規定する特別償却制度は，特定生産性向上設備等に該当する減価償却資産について，法人税法 31 条の規定による普通償却限度額を超えて特別償却等を認める制度であって，当該資産が特定生産性向上設備等に該当するか否かによって，同法 2 条 23 号及び施行令 13 条が規定する減価償却資産に係る法令解釈が異なるものではない。したがって，生産等設備が複数の減価償却資産によって構成され，それらの資産がそれぞれ特定生産性向上設備等に該当する場合においても，それぞれの減価償却資産ごとに，事業の用に供した日を判断すべきである。

⑦　発電システム本体とフェンス等は，それぞれが発電所を構成する減価償却資産であるところ，発電システム本体は，太陽光電池モジュール群，パワーコンディショナー，受変電設備の各機械装置が電線ケーブルによって物理的に連結され，それらが一体となって，発電，変電及び送電といった売電のために必要な機能を発揮するのに対し，フェンス等は，発電システム本体から物理的に独立した構築物であり，発電，変電及び送電といった機能はな

く，発電システム本体と一体となって売電のための機能を果たすものでもない。そして，発電システム本体が高圧の機械装置であって，法令により安全上適切な措置を講ずることが義務付けられ，第三者による感電等の事故，発電システム本体の盗難や毀損を避ける必要性がある機械装置であることからすると，フェンス等は，外部からの侵入等を防止することにより発電システム本体を保護することをその属性に従ってその目的のために設置され，使用されたと認められる。そうすると，発電システム本体とフェンス等は，物理的にも機能的にも一体とはいえないから，別個の減価償却資産であると認められる。

⑧　フェンス等が事業の用に供された日を検討するに，納税者は，引渡日に発電システム本体及びフェンス等の引渡しを受けているところ，引渡日から平成28年9月28日に系統連系が行われて売電を開始するまでの間も，発電システム本体への接触による感電等の事故，発電システム本体の盗難や毀損を避ける必要性があり，実際にフェンス等はその目的に沿った機能を発揮していたと認められる。

⑨　以上によれば，フェンス等は，引渡日から，その属性に従ってその本来の目的のために使用を開始されたと認めるのが相当である。したがって，納税者は，フェンス等を事業年度内に事業の用に供したと認められる。

【有賀美保子】

CASE

18

産業廃棄物焼却施設の
減価償却資産一体性と耐用年数

(参考)
津地方裁判所　平成 23 年 1 月 27 日判決　TKC 25501831／TAINS Z261-11601

[争点]

　産業廃棄物処理業を営む納税者が，取得した産業廃棄物焼却施設について，減価償却費限度額を超えて損金に算入するなどしたとして，課税庁から更正処分及び過少申告加算税賦課決定処分を受けたことから，納税者が，施設のうち減価償却資産である機械及び装置を一体として 1 個の減価償却資産として扱うべきであるのに，課税庁は減価償却の対象となる機械及び装置を過度に細分化して評価した上で，より長期の耐用年数を適用したとして処分の取消しを求めた事案である。

　法人税法上の規定として，法人税法施行令 48 条以下においては，減価償却資産の償却の方法を規定するとともに，施行令 56 条においては，減価償却資産の耐用年数，当該耐用年数に応じた償却率及び残存価格については財務省令で定めるところによると規定し，同条による委任を受けた耐用年数省令は，施行令 13 条の各資産の区別を前提として，各資産について更にその構造又は用途，細目に応じたそれぞれの耐用年数を定めており，機械及び装置については別表第二を，無形固定資産については別表第三を，生物については別表第四を，その余の減価償却資産については別表第一を，それぞれ適用することを原則としている（耐用年数省令 1 条 1 項）。なお，汚水処理用減価償却資産やばい煙処理用減価償却資産等の公害防止用減価償却資産等については，上記原則にかかわらず，それぞれ，別表第五の適用があるものとしている。

　納税者は，平成 10 年 1 月，C 株式会社に対し，施設の設計及び建設工事を，D 株式会社に対し，除鉄及び除マンガンろ過装置の設置工事を，株式会社 E に

対し，取付工事をそれぞれ請け負わせ，同年4月30日に施設の引渡しを受けた。

　納税者は，施設の全てが「ばい煙処理用減価償却資産」に該当し，当時の耐用年数7年で償却すべき資産である等と主張していた。

納税者の主張

①　減価償却資産の範囲をどのように捉えるかについては，当該資産の機能や経済的効用を十分に勘案して判断すべきである。

②　我が国の税法は個別の機械及び装置ではなく「設備の種類」ごとに耐用年数を決定するものとし，総合償却を採用しており，有機的に結合して特定の目的に向けて稼働を行う集合体は，これらが一体として設置され，一体として廃棄されることを予定しているときは，単一資産として評価し，会計上も税法上も，これを分解して減価償却することは予定されていない。

③　施設については，その全体が，一体として発注，設計，設置され，将来の廃棄時には一体として廃棄せざるを得ないという物理的・場所的な要素，各部分が有機的に関連して初めて稼働することができるという稼働実態，C社の仕様書等を前提とすると，欧米及び我が国の会計理論，我が国の税法の基本姿勢のいずれを前提としても，単一資産として理解されるべきこととなる。

④　異なる機能を有する複数の部分が存在しても，これらの部分が相互に連動して一連の処理を行うべく設計され，一体として設置され機能する場合には，一つの機械と評価されるところ，施設の各部分は，相互に連動して一連の処理を行うべく設計され，一体として一箇所に設置され，これらが連動して機能するものであり，各部分を単独で作動させることはできず，また，各部分は相互に入り組んで設置され，一体的に組み立てられたシャーシによって固定されており，さらに，各部分相互に利用関係があり，各部分に共通に利用している設備も多数存在し，その一部でも所与の機能を発揮しなければ，

排出ガスに関する法令の規制をクリアできないのであって，減価償却資産として一つの固定資産と評価されるべきである。

⑤　施設は，その全体について「ばい煙処理用減価償却資産」に当たるものであって，その耐用年数は 7 年であり，予備的に一部の設備については別表第二「前掲の機械装置以外のもの並びに前掲の区分によらないもの」のうち「その他のもの」として，耐用年数は 8 年である。

課税庁の主張

①　減価償却資産の単位は，現実に各減価償却資産がどのように利用されているかを前提にするのではなく，通常であれば別々の効用を果たし得る限度において細分化された単位を基準に判断されるべきである。

②　固定資産の大多数のものは複数の単体が組み合わさってできている複合体であるが，耐用年数は，原則として，通常考えられる維持補修を加える場合における当該固定資産の通常の効用持続年数という観点から定められているのであって，複合体資産については，まず，固定資産としての本来の効用を上げ得るか否かとの基準により，減価償却の単位に分解し，単位資産とされているものについて耐用年数が算定されるものである。

③　減価償却資産は，固定資産としての本来の効用を上げ得るか否かという観点から，その社会的な最小効用を基準に分解された上で，分解後のそれぞれの単位資産について，それぞれの効用とその持続年数から耐用年数が決せられるべきである。

④　施設のうち「廃棄物ピット」は別表第一の「建物」に該当し耐用年数は 31 年であり，その他廃棄物クレーン，投入ホッパ及び医療系廃棄物コンベヤなどそれぞれ細分して検討するに，別表第二の「その他の機械装置」に該当し，耐用年数は 17 年である。

裁判所の判断

①　各関係法令の規定ぶりからすると，法令の規定を離れて減価償却資産の

一体性の有無を検討することには意味がなく，減価償却資産とその耐用年数については，当該資産が法人税法施行令 13 条各号のいずれに該当するかをまず定める必要があり，その上で，同条各号にいう構築物又は機械及び装置に該当するものについて，耐用年数省令の規定する各資産への適用を検討すべきである。

②　「機械及び装置」の償却単位は，別表第二の「設備の種類」に規定されている程度に，通常であれば別々の機能や用途を果たし得る単位といえるかどうかを考慮し，その限度に細分化された単位を基準として判断をするのが相当である。

③　施設は，受入供給，燃焼，燃焼ガス冷却，排ガス処理，余熱回収，通風，灰出し，給排水，余熱利用など各種の機能を有する設備部分及び建物部分から構成され，各設備部分ごとに仕様が定められていることからすれば，単一の機械装置ではなく，複数の機械装置等が複合して形成されている設備及び建物というべきである。

④　その構成要素である個別の資産のうち，「建物」に該当するものと「機械及び装置」に該当するものとを区別した上，「機械及び装置」に該当する資産については，どの資産（機械及び装置）が，「ばい煙処理用減価償却資産」等に該当するかを検討するべきである。

⑤　納税者は，施設の各部分は相互に連動して一連の処理を行うべく設計され，一体として一箇所に設置され，各部分相互に利用関係があるなどとして，主張する。

⑥　施設は，多数の設備が相互に関連し合って作動し，廃棄物を処理した上，その中途で発生するばい煙等や可燃性ガスを化学反応させて，大気汚染防止を目的とする法令が規制する基準を満たすよう処理するものであるとはいえる。

⑦　法人税法上，様々な機能を有する設備が複合して作動しているある機械装置について，どの範囲ないし単位で減価償却資産として損金計上ができるかについては，通常，別々の機能や用途を果たし得る単位といえるかどうか

を考慮し，その限度に細分化された単位を基準として判断すべきであること
に照らすと，施設が現実に前記のような機能を有する設備であるからといっ
て，直ちに，施設全体が単一単位としての減価償却資産であるということは
できない。

⑧　施設には，社会通念上建物と評価されることが明らかな工場棟が存在し，
また，廃棄物の処理及び作業工程においても廃棄物を受け入れる設備，これ
を焼却する設備，給排水設備，電気設備，運搬設備等それぞれ異なる機能や
用途を有する諸設備が存し，各設備ごとに，通常，別々の機能及び用途に供
することができると認められる上，施設の製造者が作成した確定仕様書や製
造費用等の詳細見積書の記載に照らすと，各設備ごとに，修繕をし，取り替
えあるいは廃棄等の処分をすることも物理的には可能であって，実際上も，
各設備ごとに耐用年数は異なるものと推認される。

⑨　納税者は，通常であれば別々の効用を果たし得る単位に細分化すべき，
といった解釈は，課税要件明確主義に反することなどを指摘する。

⑩　租税法規においては，恣意的な課税の防止や国民の予測可能性の確保の
観点から，課税要件の明確性が要求される（課税要件明確主義）としても，
減価償却資産の単位を，通常であれば別々の効用を果たし得る限度に細分化
して捉えるということは，当該設備の構造，機能・用途や，設計仕様書等の
資料等により客観的に判断することが可能であり，一般人にとって十分に明
確な基準ということができるのであって，何ら上記要請に反するものではな
い。

⑪　別表第五「公害防止用減価償却資産」のうち耐用年数省令2条1号の
「ばい煙処理用減価償却資産」の耐用年数は，政策目的のための特別優遇措
置として定められたものであること，機械及び装置として，これと一体と認
められる排気管及び放出管も含むと敢えて規定していることなどに照らせ
ば，ばい煙処理の用に供されているといえるためには，ばい煙処理の用に直接供
されている設備のほか，生産設備等により生じたばい煙を，ばい煙処理用設
備に導入するための送配管など，ばい煙処理に直接関係がある機械及び装置

等であることを要すると解するのが相当であるから，納税者の施設すべてが
「ばい煙処理用減価償却資産」であるとの主張は採用できない。

⑫　施設を構成する設備で耐用年数に争いのあるもののうち，廃棄物ピット
のみは，別表第一の「建物」に該当し，耐用年数は 31 年であり，その他の
資産は，いずれも別表第二の「その他の機械装置」に該当し，耐用年数は 17
年である。

【茂垣　志乙里】

CASE

19

土地建物を一括取得した場合の あん分方法の合理性

（参考）
国税不服審判所　平成 27 年 6 月 1 日裁決　TKC 26012837／TAINS J99-3-10

[争点]

　飲食店の経営等を行う法人である納税者が，競売により土地とともに一括取得した建物等について，落札金額を路線価及び類似建物の価額などであん分して算出した取得価額を基に法人税の減価償却費の額を計算して申告したところ，課税庁が，建物等の取得価額は，固定資産税評価額による土地と建物等の評価額の比率に基づき算出すべきであるとして，法人税並びに消費税及び地方消費税の各更正処分等を行ったのに対し，納税者が，不動産鑑定士の鑑定評価による土地と建物等の評価額の比率によるべきであるなどとして，これらの処分の一部の取消しを求めた事案である。

　法人税法施行令 54 条 1 項 1 号は，購入した減価償却資産の取得価額は，当該資産の購入の代価（引取運賃，荷役費，運送保険料，購入手数料，関税その他当該資産の購入のために要した費用がある場合には，その費用の額を加算した金額）及び当該資産を事業の用に供するために直接要した費用の額の合計額とする旨規定しているところ，土地と建物等を一括して購入した場合の取得価額については，売買契約書等によりそれらの購入代価等が明らかな場合には，通常，その購入代価等が取得価額となるが，それが明らかでない場合には，租税負担の公平ないし実質主義の観点から，租税法の基本原則に合致する合理的な方法によって土地と建物等の取得価額を区分する必要があるものと解される。

　不動産鑑定士が作成した不動産に関する不動産鑑定書（A 評価書）に記載された土地の評価額は，原価法による積算価格と直接還元法による収益価格との加重平均額により求められていた。納税者は，この土地の評価額は，土地の比

準価格及び収益価格と関連付けて求めた価格との均衡も得ていることから，部分鑑定評価の観点からも妥当であると判断したが，本事案ではＡ評価書による取得価額の算出方法の合理性について争われた。

納税者の主張

① 法人税法上，一括取得した土地及び建物の価額が区分されていない場合の区分方法について，明文の規定が設けられておらず，第三者である不動産鑑定士の鑑定評価による土地及び建物の評価額の比率により区分を行うことが客観的であり，かつ，合理的である。

② 固定資産税評価額は，３年ごとに見直しが行われる上，競売建物に係る家屋の固定資産税評価額には内部造作の価額が含まれないから，鑑定評価による価額に比べて合理的ではない。

③ 不動産の取得時期は東日本大震災直後で土地の価格は下落を重ねていた時期であるから，東日本大震災の前に評価が行われている固定資産税評価額を安易に用いるべきではない。

④ 固定資産税評価額の算出機関において「評価額の修正」等が発生し，正確性に欠けるとの報道も行われていることからみても，鑑定評価による価額を用いる方法に比べてより合理的な算出方法であるとは認められない。

課税庁の主張

① 代金総額を土地及び建物の価額比であん分する場合において，価額比の基礎となる土地及び建物の価額については，①土地及び建物の販売価額が区分されている類似物件の売買実例価額，②鑑定評価による価額，③土地及び建物の相続税評価額，④土地及び建物の固定資産税評価額などを用いることが考えられる。①及び②による方法は，その算出に多大な費用を要するものであり，納税者間の公平，納税者の便宜及び徴税費用の節減の観点から合理的とはいえず，また，③による方法は，相続税評価額が，土地は国税局が算

出した路線価を，建物は地方公共団体が算出した固定資産税評価額をそれぞれ基礎としており，土地と建物とで算出機関及び算出時期が異なるため，土地及び建物の適切な価額比を導き出すのに必ずしも適当ではない。

②　④による方法は，特に中古物件の場合は，簡易，迅速に土地及び建物の価額を把握してあん分することができること，固定資産税評価額は，土地の場合は地価公示価額や売買実例等を基に評価し，建物の場合は再建築価額に基づいて評価されているから，土地及び建物ともに時価を反映していると考えられること，土地及び建物の算出機関及び算出時期が同一であるから，いずれも同一時期の時価を反映しているものと考えられることに照らして，より実態に近い合理的な算出方法であると認められる。

③　不動産評価書では，土地及び競売建物の積算価格の構成比を基に算定されており，同積算価格が土地及び建物の価格に敷地利用権等価格を加減算して，それぞれの価格が算出されていることからすると，土地及び競売建物が別々の者に譲渡されることを前提に算出されているものと認められることから，土地及び建物の適切な価額比を導き出すのに適当とは認められない。

④　納税者が主張するA評価書における鑑定評価額を基に算出する方法は，その算出に多大な費用を要するものであり，納税者間の公平，納税者の便宜及び徴税費用の節減の観点から合理的とはいえず，固定資産税評価額を用いる方が鑑定評価による価額を用いる方法に比べ合理的な算出方法であると認められる。

審判所の判断

①　一括して購入した土地及び建物等の取得価額については，売買契約書等によりそれらの購入代価等が明らかな場合には，通常，その購入代価等が取得価額となるが，それが明らかでない場合には，合理的な方法によってそれらの取得価額を区分する必要がある。

②　土地と建物等の取得価額を区分する方法として，売買の場合を例に取ると，①それぞれの資産の売買価額を直接算出する方法，②一方の資産の売買

価額を算出して売買総額からその一方の資産の売買価額を差し引いた残額を
他方の資産の売買価額として算出する方法，③何らかの価額比により算出し
たそれぞれの資産の価額比で売買総額をあん分してそれぞれの資産の売買価
額を算出する方法（あん分法）等の方法があると考えられるが各資産の譲渡
価額が区分されることなく一括で譲渡される場合においては，その譲渡価額
は競売という特別の事情によって定まり，落札に当たっては，対象となる物
件に係る権利関係や物件に係る瑕疵などの確認が困難な点や落札が短期間に
行われる点など特殊な事情があり，その価格は通常の第三者間の売買等にお
ける取引価格に比して低い価格となることが通例であることから，当該各資
産の価額比によるあん分法は，競売によって一体として譲渡される取引の実
態に合致し，最も合理的であると解される。したがって，落札金額の区分方
法については，競売によって取得した各資産の価額比によるあん分法を用い
ることが合理的である。

③　納税者は，落札金額を不動産鑑定士の鑑定評価による土地と建物の評価
額による比率により区分することが客観的であり，かつ，合理的であると主
張するところ，確かに，鑑定評価による価額を用いたあん分法も土地と建物
等の取得価額を区分する方法として，一応の合理性が認められる方法である。

④　A評価書における評価額は，査定において競売建物が鉄筋コンクリート
造であるのに対して，これと異なる構造である鉄骨造の建物が選定されてい
ることや，競売建物の新築請負代金の合計額や競売評価書の積算価格の基礎
とされた価格と離れた額の評価がされていることから，必ずしも合理性のあ
る算出価額とはなっていないものと認められる。

⑤　納税者は，固定資産税評価額を用いる方法が，鑑定評価による価額を用
いる方法に比べてより合理的な算出方法であるとは認められない理由として，
①3年ごとに見直しが行われる，②内部造作が含まれない，③東日本大震災
前の評価である，④算出機関の「評価額の修正」等が発生し，正確性に欠け
る旨主張する。

⑥　①の主張については，固定資産税評価額は3年ごとに見直しが行われる

ものであるとしても，本事案のように時点修正が行われる限りにおいて，3年ごとに見直しが行われるという事実のみをもって，直ちに固定資産税評価額を用いる方法が鑑定評価による価額を用いる方法に比べ合理的な算出方法ではないということはできない。

⑦　②の主張については，内部造作を含めた家屋を対象として固定資産税評価額が評価されており，内部造作についても競売建物に係る家屋の固定資産税評価額に含まれていないといえないところ，仮に，内部造作が評価対象にされていなかったとしても，そのことのみをもってＡ評価書による価額が固定資産税評価額より客観的で合理的であるとまではいえず，土地と建物等の価額の客観的なバランスという観点からは，なお競売建物に係る家屋の固定資産税評価額が合理的であるというべきである。

⑧　③の主張については，固定資産税評価額に相当する額は，その評価の時点が東日本大震災前の時点ではあったとしても，いずれも同一時期の時価を反映し，均衡があり，合理的に算出されたものであり，これらの金額に基づき算出された比率に合理性があると認められるところ，仮に，東日本大震災により影響を受けるとしても，土地及び建物の双方に及ぶものといえる中，納税者からは，その後に発生した東日本大震災等により，土地及び競売建物の価額の比率が当該震災以前と大きく異なったというような特段の事情を客観的に認めるに足りる証拠の提出はない。

⑨　④の主張については，納税者が審判所に対して提出した報道資料によると，税額修正のあった人数が納税義務者数に占める割合は，土地及び家屋のいずれも平均で0.2％である旨の記載があるところ，当該報道資料は土地及び競売建物に係る固定資産税評価額に修正があったことを示したものではなく，また，そのような事実があったことを認めるに足りる証拠等もないことから，当該報道資料をもって納税者が主張する鑑定評価による価額が固定資産税評価額より合理的であることを証することにはならない。

⑩　課税庁は，土地と建物の固定資産税評価額の比率により区分することが合理的である旨主張するところ，固定資産税評価額は，総務大臣の告示によ

る固定資産評価基準に基づき，土地の場合は路線価と同様に地価公示価格や売買実例等を基に評価され，家屋の場合は再建築価額に基づいて評価されているから，土地及び家屋の時価を反映していると考えられる上，土地と家屋の価額の算出機関及び算出時期が同一であるから，土地及び家屋の固定資産税評価額はいずれも同一時期の時価を反映しているものと考えられ，合理的であると認められる。

【茂垣志乙里】

CASE
20
臨床検査用リース資産の減価償却

(参考)
東京地方裁判所　平成 23 年 9 月 14 日判決　TKC 25501961／TAINS Z261-11765

[争点]

　臨床検査データの販売等を目的とする株式会社である納税者が，臨床検査を行う際に使用するリース資産につき，「中小企業者等が一定の減価償却資産を賃借した場合の法人税額の特別控除」を定めた租税特別措置法 42 条の 6 第 3 項（当時）の規定が適用されるとして，平成 17 年 3 月期及び平成 18 年 3 月期の法人税の確定申告をしたところ，課税庁から，いずれも同規定の適用を否定する内容の更正処分及び過少申告加算税賦課決定処分を受けたことから，各処分の取消しを求めた事案である。

　措置法 42 条の 6 第 1 項は，法人税法 31 条が規定する減価償却の特例である特別償却の 1 つについて定めるものであるところ，当時の措置法 42 条の 6 第 1 項 1 号は，同項のいわゆる柱書きの「次に掲げる減価償却資産」として，「機械及び装置」，「器具及び備品」等を掲げ，また，法人税法 2 条 2 項 25 号は，措置法 42 条の 6 を含む第 3 章における減価償却資産の意義について，法人税法 2 条 23 号に規定する減価償却資産をいう旨を定めている。そして，同法 2 条 23 号は，減価償却資産の意義について，建物，構築物，機械及び装置，船舶，車両及び運搬具，工具，器具及び備品，鉱業権その他の資産で償却をすべきものとして政令で定めるものをいう旨を定めており，同号による委任に基づき定められた規定である法人税法施行令 13 条は，3 号において「機械及び装置」を，7 号において「器具及び備品」を掲げている。

　さらに，施行令 56 条は，施行令 48 条 1 項等に規定する耐用年数等については財務省令で定めるところによる旨を定めているところ，上記の委任に基づ

き定められた耐用年数省令1条1項において，鉱業権及び坑道以外の減価償却資産の耐用年数につき，①1号において，施行令13条1号，2号，4号から7号までに掲げる資産は別表第一に定めるところによるとして，別表第一において，「器具及び備品」をその構造又は用途に応じて12に区分した上，更に細目を設け，②当時の2号において，同令13条3号に掲げる資産は別表第二に定めるところによるとして，別表第二において，「機械及び装置」を設備の種類に応じて369に区分し，その一部については更に細目を設けていた。

　納税者は，平成17年及び平成18年3月期内に，リース資産について，それぞれの資産に対応する各リース会社との間で，いずれもリース契約期間を5年とするリース契約を締結した上，これらの各資産を臨床検査業の用に供し，これら各資産を，「機械及び装置」として計上し，措置法42条の6第3項に規定していた「中小企業者等が一定の減価償却資産を賃借した場合の法人税額の特別控除」を適用して，確定申告を行った。

　これに対し課税庁は，各資産は「器具及び備品」に該当するため，措置法42条の6第3項の規定の適用はないことを指摘したため，各資産が同法42条の6第1項1号にいう「機械及び装置」に該当するか否かについて争われた。

納税者の主張

①　租税特別措置法42条の6及びその関連法規に「機械」，「装置」，「器具」及び「備品」に関する定義規定はないことから，措置法42条の6第1項1号等にいう「機械」は，通常の機械を意味すると解するのが自然である。したがって，「機械及び装置」を一体のものとして扱うことにより新たな概念を構築し，特別な意味を持たせようとする課税庁の解釈は，納税者の予測可能性を奪うものである。

②　ある資産が耐用年数省令別表一又は別表二のいずれに該当するかが検討される場合には，まずは「機械」及び「装置」に該当するかが検討されなければならず，これらに当たる以上は，他の別表中の項目に当たるか否かを検

討するまでもなく，同耐用年数省令別表第二の「機械及び装置」の項目のいずれかに該当することとなるというべきである。

③　耐用年数省令の記載に従うものとし，その定めに基づいて「機械及び装置」といえるためには，標準設備（モデルプラント）を形成していなければならず，資産の集合体が集団的に生産手段やサービスを行っていなければならないとしても，各資産を含む納税者の臨床検査設備は，納税者の各拠点に設置された複数の検査機械等が連携連動し，全体として一体となって，納税者の臨床検査サービスを提供するもので，明らかに設備を形成しているから，耐用年数省令別表第二が掲げる「機械及び装置」，具体的には，番号369の「前掲の機械及び装置以外のもの並びに前掲区分によらないもの」（当時）に該当し，措置法42条の6第1項1号の「機械」及び「装置」に該当する。

④　各資産を含む納税者の臨床検査設備は，納税者の各拠点に設置された複数の検査機械等が連携連動し，全体として一体となって，納税者の臨床検査サービスを提供するものである。

⑤　耐用年数省令別表第一の「器具及び備品」にいう「医療機器」とは，直接医療の用に供されるものをいうと解すべきところ，納税者は医療機関ではなく，納税者の営む臨床検査業は，医療機関から送られてきた検体の検査を行うものであって，医療行為でも医療類似行為でもないから，各資産は同省令別表第一にいう「医療機器」には該当しない。

課税庁の主張

①　「機械及び装置」並びに「器具及び備品」の意義について，現行法上，これを一義的に定義する規定はないが，法令上の用語であるから，その解釈に際しては，関連法規との整合性を重視する必要がある。

②　租税特別措置法42条の6第1項1号及びその関連規定においては，「機械及び装置」並びに「器具及び備品」をそれぞれ一体のものとして扱うのが相当であり，また，これらの規定にいう「機械及び装置」並びに「器具及び備品」の意義は，それぞれ整合するように解釈されるべきである。

③　ある減価償却資産が「機械及び装置」並びに「器具及び備品」のいずれに該当するかを判断するに当たっては，当該資産が，耐用年数省令別表第二に掲げる「機械及び装置」と，同省令別表第一に掲げる「器具及び備品」のいずれに該当するかを検討すべきである。

④　各資産は，その機能及び用途からすれば，検査，分析，判定，測定等を行うことにより，それらの工程がすべて終了するものであり，それぞれの資産ごとに単体で個別に作動するものである。また，臨床検査業の用に供する一般的な検査機器等を取り扱う業界では，耐用年数省令の適用上，当該検査機器等は，別表第二の「機械及び装置」ではなく，別表第一の「器具及び備品」に該当するものと広く認識されている。さらに，同別表の「医療機器」は，それを用いる者の事業内容にかかわらず医療の用に用いられるものをいうと解されるところ，各資産は，医療機関が自ら検査をする方針を採った場合に医療機関としても購入できるものである。以上によれば，各資産が同別表の「医療機器」に該当することは明らかである。

⑤　ある資産が耐用年数省令別第二・番号369の資産に該当するか否かの判断は，当該資産が最初の工程から最後の工程に至るまで有機的に牽連結合させて用いられるものか否か，同別表に特掲される各設備と異質なものでないか否かということを視点として検討されなければならない。

⑥　各資産は，その機能，用途に照らせば，それぞれの資産ごとに単体で個別に作動するものであると認められることに鑑みると，全体で1つの設備を形成していると認めることができないのは明らかであるから，耐用年数省令別表第二・番号369の資産にも該当しない。

裁判所の判断

①　「機械及び装置」又は「器具及び備品」という用語は，法人税法，措置法及びその他の関連法規において，「機械」，「装置」，「器具」及び「備品」としてそれぞれが別個に規定されるのではなく，「機械及び装置」又は「器具及び備品」というそれぞれ1組のまとまりとして規定されていることからすれ

ば，租税特別措置法 42 条の 6 第 1 項 1 号にいう「機械及び装置」又は「器具及び備品」については，「機械」，「装置」，「器具」及び「備品」のそれぞれを別個の法律用語として見るのではなく，「機械及び装置」と「器具及び備品」をそれぞれ一体のものとして扱うのが相当であるというべきである。

②　措置法 42 条の 6 第 1 項が，法人税法 31 条が規定する減価償却の特例である特別償却につき規定するものであり，措置法 42 条の 6 第 1 項に掲げる「機械及び装置」及び「器具及び備品」について，償却限度額の特例として，法人税法 31 条 1 項等の規定による普通償却限度額と特別償却限度額との合計額とされていることや，同項の規定による償却限度額の算出に際しては，耐用年数省令が定める耐用年数が用いられること，さらに措置法 42 条の 6 第 1 項 1 号，法人税法 31 条及び耐用年数省令 1 項にいう減価償却資産は，いずれも法人税法 2 条 23 号に規定する減価償却資産をいうものであることに加えて，法的安定性の観点からは，ある法令上の用語は，関連法規における同一の用語と整合的に用いられるべきことが要請されることからすれば，措置法 42 条の 6 第 1 項 1 号，法人税法 31 条及び耐用年数省令 1 条 1 項にいう「機械及び装置」及び「器具及び備品」は，いずれも，法人税法 2 条 23 号による委任に基づき定められ，同規定と一体を成すというべき法人税法施行令 13 条が掲げる「機械及び装置」及び「器具及び備品」を意味するものというべきである。

③　耐用年数省令別表第一には，種類を「器具及び備品」とする区分の中に構造又は用途を「医療機器」とする区分が置かれているところ，各資産は，その機能及び用途に照らせば，耐用年数省令別表第一に「医療機器」として掲げられているものの範ちゅうを超えるものとは認め難いというべきである。

④　耐用年数省令別表第二は，「機械及び装置」を「設備の種類」に応じて 369 に区分し，これらの各区分においては，「機械及び装置」として，個別の資産を掲げるのではなく，設備の全体をひとまとまりの減価償却資産として掲げた上で，このような「機械及び装置」については，当該設備を一体となって構成する資産の全部につき当該設備の種類ないしその細目に係る耐用

年数（総合耐用年数）を適用することとしている。

⑤　各資産の機能及び用途並びに設置場所に照らせば，各資産は，個々の資産が基本的には単体で個別に作動し，その結果生ずる直接の成果（検査データ等）も個々の資産ごとに異なるものであるというべきであって，その全体が，最初の工程から最後の工程に至るまで有機的に牽連結合されて用いられる性質を有するものであるとは認め難いというべきであり，また，耐用年数省令別表第二の番号1から368までに掲げられた特掲設備及び特掲その他装備の内容に照らせば，各資産をもって，耐用年数省令別表第二・番号369の資産に該当するものと解することは，同別表に掲げられた減価償却資産の中に，これらの特掲設備及び特掲その他装備とは異質なものを含ませる結果となるものといわざるを得ないというべきである。したがって，各資産は，同別表・番号369の資産には該当しないものというべきである。

⑥　以上によれば，各資産は，耐用年数省令別表第二の「機械及び装置」（具体的には同別表・番号369の資産）には該当せず，耐用年数省令別表第一の種類を「器具及び備品」とし，構造又は用途を「医療機器」とする区分に該当するものというべきである。

【茂垣志乙里】

CASE

21

エントランス回線の
少額減価償却資産の判断における一体性

(参考)
東京地方裁判所　平成 17 年 5 月 13 日判決　TKC 28101934／TAINS Z255-10022
東京高等裁判所　平成 18 年 4 月 20 日判決　TKC 28111428／TAINS Z256-10372
最高裁判所　平成 20 年 9 月 5 日決定　TKC 25470910／TAINS Z258-11017
最高裁判所　平成 20 年 9 月 16 日判決　TKC 28141988／TAINS Z258-11032

[争点]

　携帯・自動車電話事業等を営む株式会社である納税者は，平成 10 年 12 月 1 日，A 社から簡易型携帯電話（PHS）事業の営業譲渡を受けるとともに，A 社が B 社との間で締結していた電気通信設備の相互接続に関する協定（接続協定）における A 社の地位を引き継いだ。

　納税者は，A 社から，接続協定上の地位を譲り受けるに際して，B 社の通信用建物に設置する PHS 接続装置又は B 社が指定する加入者交換機と活用型 PHS 事業者の設置する無線接続装置（基地局）との間に設置される端末回線（基地局回線又はエントランス回線）に関する施設利用権を 15 万 3,178 回線，譲渡価格合計 111 億 5,135 万 8,400 円と定めた（1 回線当たり 7 万 2,800 円。一括する場合には「資産」，1 回線当たりの費用については「設置負担金」）。

　納税者は，平成 11 年 3 月期の決算において，資産の取得価額及び同年度中に B 社に支払った設置負担金の全額を「施設保全費」として損金経理し，損金の額に算入して法人税の確定申告をし，平成 12 年 3 月期の決算においても，各年度中に B 社に支払った設置負担金の全額を「施設保全費」として経理して，損金の額に算入して確定申告をした。

　課税庁は，納税者の平成 11 年 3 月期，平成 12 年 3 月期の各法人税について，それぞれ更正及び過少申告加算税の賦課決定（各取消前）をし，納税者が平成 12 年 3 月期についてした更正の請求に対し，更正すべき理由がない旨の通知をした。

　法人税法施行令 133 条は，取得価額が 10 万円未満又は 20 万円未満である

かどうかは，通常1単位として取引されるその単位，例えば，機械及び装置については1台又は1基ごとに，工具，器具及び備品については1個，1組又は1そろいごとに判定し，構築物のうち例えば枕木，電柱等単体では機能を発揮できないものについては一の工事等ごとに判定する旨を規定している。

　本事案の争点は，資産が，施行令13条8号ソの「電気通信施設利用権」に該当する減価償却資産ではあるが，その全体が1単位の減価償却資産と判断すべきものであって，同令54条1項1号イによってその購入価額の全額が取得価額となるか，若しくは資産は，相互接続のためのエントランス回線を利用する権利であって，1回線を1単位とする資産であり，権利の取得価額（1回線当たり）は，10万円未満であるから，同令133条の少額減価償却資産に該当し，事業の用に供した事業年度の損金の額に算入することができるかである。

納税者の主張

①　活用型PHS事業者のみが，個々の相互接続点における接続に際して，B社に設置負担金を支払うのは，相互接続のためには，エントランス回線という特別の設備が必要であり，しかもそれがB社所有の設備として工事されるため，活用型PHS事業者の側でも応分の負担をしなければならないからである。そうすると，納税者又はA社が設置負担金の支払により取得する権利は，相互接続のためのエントランス回線を利用する権利であるというべきである。そして，納税者は，A社から，権利15万3,178回線分をまとめて資産として譲り受けたものである。

②　権利は，エントランス回線という有体物のみを対象とするものであり，エントランス回線という物理的設備の存する単位，機能，独立性，個別性等によれば，権利は1回線を単位とする資産であるというべきである。

③　以上によれば，納税者がA社及びB社から取得した権利の取得価額は，エントランス回線1回線当たりの7万2,800円であって，10万円未満であるから，資産は，法人税法施行令133条の少額減価償却資産に該当し，事業

の用に供した事業年度に損金の額に算入することができる。

課税庁の主張

①　資産は，接続協定に基づきＢ社のネットワークを利用してＢ社から電気通信役務の提供を受けることができるという一個の権利，すなわち接続協定上の地位であり，Ａ社が，このような地位の取得費用である権利金的な性格を有する設置負担金を支払い，納税者が設置負担金相当額の対価を支払ってＡ社から一個の地位の譲渡を受けたことにより，Ｂ社から電気通信役務の提供を受けることができるようになったものであるから，資産の取得価額，すなわち一個の地位の取得価額は，これを基地局回線（エントランス回線）の数によって算定した 111 億 5,135 万 8,400 円である。

②　ある減価償却資産の取得価額が 10 万円未満であるか否かを判断するに当たって，当該資産が当該企業の事業活動において収益を生み出し得る資産として機能を発揮することができる単位，より具体的にいえば，当該事業活動における資産の利用目的に照らして，社会通念上機能を発揮していると認められる単位が基準とされるべきである。

③　PHS の最大の特色は，移動しながらの通話が可能であることであり，PHS 加入者（エンドユーザー）は，当然，移動しながらの通話をするために PHS 契約を締結するのであって，納税者もその加入者に対して移動しながらの通話を提供するために資産を取得しているのである。そうすると，納税者の事業活動に不可欠な電気通信機能を発揮し得ると社会通念上認められる単位を基準とする限り，少額減価償却資産の該当性を判断する単位は，相互接続協定に基づきＢ社から電気通信役務の提供を受ける総体としての権利（地位）とみるべきものである。

裁判所の判断

東京地裁の判断

①　法人税法 31 条に規定する減価償却の方法による減価償却資産の費用配

分は，当該減価償却資産の取得価額を企業の事業活動の用に供した各事業年度に適正に配分することにより，毎期の損益計算を正確にするとともに，投下資本の回収を図ることを目的とするものである。そうすると，減価償却資産としての費用配分を行うためには，当該資産の事業への供用ができる状態，すなわち，当該企業の事業活動において，当該資産がその用役を提供し得る状態，更に正確に言えば，その資産としての機能を発揮することができる状態にあると評価できることが必要である。

②　法人税法施行令133条に規定する少額減価償却資産の損金算入の制度も，減価償却の費用配分の方法の特則である。したがって，少額減価償却資産の損金算入についても，当該減価償却資産が，当該企業の事業活動において，資産としての機能を発揮することができる状態にあると評価できることが必要であると解すべきである。

③　少額減価償却資産に該当するか否かについても，一般的・客観的に，資産としての機能を発揮することができる単位を基準にその取得価額を判断するのが最も自然な考え方であるというべきである。そして，事業活動において資産としての機能を発揮することができる状態にあると評価し得る物は，通常，その物単体で譲渡，取得等の取引が行われることがあるであろうから，このような機能の発揮を基準として資産の単位を判断することは，取引実態にもそぐいやすい上，恣意的な取扱いを排して，一般的・客観的な会計処理をすることを行いやすくするという意味でも，合理的である。

④　納税者がＡ社から取得した権利は，接続約款及び接続協定を前提とするものではあるが，接続協定上の地位などといった抽象的ないし包括的なものではなく，Ａ社又は納税者がＢ社に対して有する，ＰＨＳサービス契約を締結した自社の契約者に，個別の当該エントランス回線を利用して，Ｂ社のＰＨＳ接続装置，共同線通信網等と相互接続し，Ｂ社のネットワークを利用して電気通信役務を提供させる権利であり，この権利を得るための対価として，Ａ社及び納税者は，エントランス回線一回線につき，7万2,800円の工事費（施設設置負担金）及び手数料（契約料）を支払っている。

⑤　エントランス回線は，一定の範囲内をカバーする一基地局のみを対象としてその機能を発揮するものであり，一個のエントランス回線があれば，当該基地局のエリア内において PHS 利用者が PHS 端末から固定電話又は携帯電話に通話することに支障はないし，また，固定電話又は携帯電話から当該エリア内の PHS 端末との間で通話することにも支障はないと認めることができる。設置負担金を B 社に支払って取得したエントランス回線利用権の機能は，単体のエントランス回線の利用によって発揮することができる。

⑥　エントランス回線利用権は，A 社又は納税者の事業活動において，一般的・客観的には，一回線で，基地局と PHS 接続装置との間の相互接続を行うという機能を発揮することができるものであるから，その取得価額は，エントランス回線一回線の単価である 7 万 2,800 円である。

東京高裁の判断

①　接続協定を締結することにより A 社又は納税者が資産を取得するのでなく，1 回線ごとに個々のエントランス回線を用いて B 社のネットワークと相互接続し，B 社をして，エンドユーザーに電気通信役務を提供させる権利（エントランス回線利用権）を取得したとみるのが相当である。

②　このことは，設置負担金の支払によりエントランス回線の追加設置を受けた場合について検討することからも裏付けられる。すなわち，納税者は，A 社から資産の譲渡を受けたが，納税者が資産のみで PHS 事業を行うことができることは明らかである。したがって，納税者が設置負担金を支払うことにより新たに取得する権利（エントランス回線利用権）は，資産とは別個の資産の取得とみるほかはないが，これは，接続協定上の地位を一つの資産とみる見解と矛盾するものといわなければならない。

③　少額減価償却資産に該当するか否かを判断するに当たっては，業務の性質上基本的に重要であったり，事業の開始や拡張のため取得したものであったり，多数まとめて取得したものであるなどといったことを当該取得資産の取得価額を判断する上であえて考慮すべき事項ではないというべきである。

最高裁の判断

①　減価償却資産は法人の事業に供され，その用途に応じた本来の機能を発揮することによって収益の獲得に寄与するものと解されるところ，一般に，納税者のようなB社網依存型（B社の設置するPHS接続装置，電話網等の機能及びデータベースを活用する方式）PHS事業者がエントランス回線利用権をそのPHS事業の用に供する場合，当該事業におけるエントランス回線利用権の用途に応じた本来の機能は，特定のエントランス回線を用いて当該事業者の設置する特定の基地局とB社の特定のPHS接続装置との間を相互接続することによって，当該基地局のエリア内でPHS端末を用いて行われる通話等に関し，B社をして当該事業者の顧客であるPHS利用者に対しB社のネットワークによる電気通信役務を提供させることにあるということができる。

②　エントランス回線が1回線あれば，当該基地局のエリア内のPHS端末からB社の固定電話又は携帯電話への通話等，固定電話又は携帯電話から当該エリア内のPHS端末への通話等が可能であるというのであるから，権利は，エントランス回線1回線に係る権利一つでもって，納税者のPHS事業において，機能を発揮することができ，収益の獲得に寄与するものということができる。

③　エントランス回線1回線に係る権利一つをもって，一つの減価償却資産とみるのが相当であるから，施行令133条の適用に当たっては，権利一つごとに取得価額が10万円未満のものであるかどうかを判断すべきである。

④　納税者は，エントランス回線1回線に係る権利一つにつき7万2,800円の価格で取得したというのであるから，権利は，その一つ一つが同条所定の少額減価償却資産に当たるというべきである。

【茂垣志乙里】

CASE

22

自走式駐車場設備の耐用年数

(参考)
国税不服審判所　平成 10 年 10 月 8 日裁決　TKC 26011325／TAINS J56-3-15

[争点]

　パチンコ業を営む同族会社である納税者は平成 5 年 2 月，自走式立体駐車場設備を取得し，駐車場設備の耐用年数を平成 5 年 3 月 1 日から平成 6 年 2 月 28 日までの事業年度については 28 年，平成 6 年 3 月 1 日から平成 7 年 2 月 28 日まで及び平成 7 年 3 月 1 日から平成 8 年 2 月 29 日までの各事業年度については 15 年として減価償却費を計算し損金の額に算入して法人税の確定申告をした。これに対して，課税庁は，駐車場設備は減価償却資産の耐用年数省令別表第一に掲げる「構築物」の「金属造のもの（前掲のものを除く。）」の「その他のもの」に該当し，耐用年数は 45 年であるとして，これにより計算した償却限度額を超える金額は損金の額に算入できないとして法人税の更正処分をしたことから，納税者はこれを不服として審査請求をしたものである。

　駐車場設備は，納税者が経営するパチンコ店舗に隣接する土地に設置され，来店客用の駐車場として使用されていた。

　駐車場設備は，土地に定着する自走式立体駐車場設備であり，駐車場全体は，屋根，壁ともなく外界とは隔絶しておらず，吹き抜け構造で 2 階部分の床がむき出しとなっており，屋外露天式で，自走式の立体駐車場であり，機械及び装置により車両等を搬送するものではなく，また，生産工程の一部としての機能も有していない。そして，構造は，基礎部分，鉄骨製の主体部分，床のコンクリート敷部分，スロープ部分で構成されており，主要部分は，鉄骨（鋼材）を組み合わせたもので，鉄骨部材の全てについて亜鉛メッキが施されている。また，1 階及び 2 階の床部分は，コンクリート敷であり，2 階部分へ駐車する場

合は，車両がスロープを利用して移動する構造となっている。

　納税者は，平成 7 年 2 月期及び平成 8 年 2 月期には，耐用年数省令別表第二の 339 の 3（当時）の「機械式駐車設備」に該当するとして 15 年で確定申告をしていた。

納税者の主張

①　減価償却資産の耐用年数は，本来その資産の物理的な意味での使用可能期間を表すものであるから，駐車場設備が耐用年数省令別表第一の細目に特掲されていないからといって，一律に「その他のもの」の範ちゅうに含めてしまうのは，耐用年数の本来の意味を表しているとはいず，耐用年数省令別表第一に掲げる構造又は用途の「構築物」に元来，特掲すべき資産である。

②　駐車場設備は，屋外露天式であること，自動車の排気ガスと空気中の浮遊じんとの結合により劣化が進みその使用可能期間が法定耐用年数に比べて著しく短くなることから，納税者は，これらを理由として平成 9 年 1 月 22 日付で耐用年数を 15 年とする耐用年数の短縮承認申請を国税局長に対して行い，同年 2 月 27 日付の耐用年数の短縮承認申請の承認通知書を受け取り承認されているところではあるが，そもそも駐車場設備は劣化が早いと認められるものであり，本来，特別な使用状況等を理由として耐用年数の短縮承認申請をし，承認を受ける制度には馴染まない減価償却資産であることから，当該制度を経由することなく耐用年数を 15 年として認めるべき資産である。

③　納税者は，平成 6 年に区役所から駐車場設備は償却資産として固定資産税の対象となる旨の指摘を受け，その際，区役所の実地調査により駐車場設備の耐用年数は，耐用年数省令別表第二の 339 の 3 の「機械式駐車設備」の 15 年を準用するとの回答を得たので，平成 7 年 2 月期以降の法人税の確定申告においても，駐車場設備の耐用年数を 15 年としたものである。

④　納税者は，平成 5 年 2 月期及び平成 6 年 2 月期においては，駐車場設備の耐用年数を耐用年数省令別表第一の「建物」の「金属造のもの（骨格材の

肉厚が3ミリメートルを超え4ミリメートル以下のものに限る。)」の「車庫用のもの」の28年として減価償却費を計算し損金の額に算入して法人税の確定申告をしたが，納税者に対し平成5年9月ころに行われた平成5年2月期に係る税務調査において，課税庁は駐車場設備の耐用年数について何ら指摘をすることなく，容認してきたものであるから，それを変更してなされた更正処分は不当である。

課税庁の主張

① 耐用年数通達1-3-1によれば，構築物については，まず，その用途により判定し，用途の特掲されていない構築物については，その構造の異なるごとに判定することとされているが，駐車場設備の場合，耐用年数省令別表第一に掲げる構築物の用途に駐車場用のものの掲載はなく，その構造により判定することとなる。

② 駐車場設備の主要構造は鋼材であることから，耐用年数省令別表第一に掲げる「構築物」の「金属造のもの（前掲のものを除く。）」の「その他のもの」に該当し，法定耐用年数は45年となる。

③ 法人税法施行令57条1項によれば，当該資産がその使用される場所の状況に基因して著しく腐しょくしたことなどにより，その使用可能期間が法定耐用年数に比して著しく短くなった場合等，その該当する減価償却資産の使用可能期間を基礎としてその償却限度額を計算することについて，納税地の所轄税務署長を経由して所轄国税局長の承認を受けたときは，当該資産のその承認を受けた日の属する事業年度以後の各事業年度の償却限度額の計算については，その承認に係る使用可能期間をもって大蔵省令で定める耐用年数とみなすこととされている。しかしながら，納税者が平成8年2月29日までにその耐用年数を15年とする承認を受けた事実は認められない。

④ 駐車場設備は，自走式立体駐車場であり生産工程の一部としての機能を有していないこと，また，機械及び装置により車両等を搬送するものでないことから耐用年数省令別表第二の339の3の「機械式駐車設備」を適用する

ことはできない。

⑤　区役所が駐車場設備の耐用年数を15年であるとの取扱いをしたことについては，固定資産税の課税上のことであり，そのことが法人税における減価償却費の計算上，何ら影響を与えるものではない。

⑥　前回の調査において減価償却資産の耐用年数の是正が求められなくても，その減価償却資産の耐用年数に誤りがあることが明らかになったときには，その段階で是正を求めることは何ら不当なこととはいえない。

審判所の判断

①　減価償却は，減価償却資産の取得価額を毎期計画的に，規則的に費用化する手続であるが，その減価償却の基本は，法人税関係については，法人税法31条に規定されており，その減価償却費の計算方法等についての具体的な内容はすべて政令等に定められている。

②　減価償却の制度は，税法に減価償却計算に必要な耐用年数，残存価額，償却方法及びその手続について詳細な規定を設けているが，特に耐用年数は，千差万別の器具備品等についてそれぞれ個々各別にこれを定めることは不可能であるから，一定の基準の下に画一的に定められている。これは，適正な課税所得を計算して課税の公平を図るためのものであるから，減価償却資産の耐用年数や残存価額を独自に見積もることは認められておらず，また，減価償却の方法は，あらかじめ選定して届出を要し，その届け出た償却方法を変更する場合には税務署長の承認が必要であるとされている。

③　法定耐用年数は，通常の維持補修を行うとした場合の通常の効用持続年数，つまり，通常の維持補修下での物理的使用可能期間を想定した考え方を基に規定されており，その効用持続年数は，減価償却資産に原則として通常考えられる維持補修を加える場合において，その減価償却資産の本来の用途及び用法により，現に通常予定される効果を挙げることができる年数とされている。

④　個別の減価償却資産の材質，製作方法，使用場所等が著しく異なる等の

ため，法定耐用年数と比較してその耐用年数が著しく短く，法定耐用年数によることが実情に合致せず不適当であるときには，別途耐用年数の短縮等の制度によって解決を図ることとされ，法人税法施行令57条はその旨の規定を定めるとともに，この制度を適用する場合には，事前に所轄国税局長の承認を受ける必要があるとしている。

⑤　納税者は，駐車場設備を取得してから平成8年2月29日までの間，国税局長に対して，施行令57条2項に基づき，駐車場設備に係る耐用年数の短縮の承認申請書を提出し，その耐用年数の短縮承認申請の承認を受けた事実は認められない。

⑥　固定資産税の償却資産に係る耐用年数は，国税と同様の取扱いをするものとされているところであり，両者の間に整合性が取れていることが望ましいが，区役所が駐車場設備の耐用年数を15年とした取扱いをしたことは固定資産税の課税上のことであり，その取扱いが同区役所の指導によるものなのか，あるいは，納税者自身の判断によるものなのかを問うまでもなく，法人税に係る減価償却資産の耐用年数の適用の取扱いに影響を及ぼすものではない。

⑦　過去の税務調査の際において，課税上の誤りについて指摘がなかったとしても，その後の税務調査等でその誤りが明らかになった時点において，その是正を求めることは税務行政上，至極当然のことであり何ら不当であるとはいえず，前回の調査の際，課税庁の調査担当職員が駐車場設備に係る耐用年数の適用誤りについて指摘をしなかったとしても，これをもって各事業年度の更正処分が違法となるものではない。

⑧　駐車場設備は，耐用年数省令別表第一の「構築物」の「金属造のもの（前掲のものを除く。）」に該当し，その細目が特掲されていない資産については，「その他のもの」に該当するとして取り扱うことになるから，駐車場設備の細目は「その他のもの」に該当することになり，駐車場設備の法定耐用年数は45年となる。

【茂垣志乙里】

パチンコ器の使用可能期間

（参考）
東京地方裁判所　平成 23 年 4 月 20 日判決　TKC 25501885／TAINS Z261–11672
東京高等裁判所　平成 23 年 11 月 29 日判決　TKC 25502007／TAINS Z261–11820
最高裁判所　平成 25 年 6 月 7 日決定　TKC 25506388／TAINS Z263–12231

［争点］

　パチンコ等の遊技場の経営する納税者が，パチンコ器及びスロットマシンの取得価額の全額を損金の額に算入し申告したところ，課税庁が，パチンコ器等を固定資産に計上し減価償却をするべきであるとして，更正処分等を行った。これに対して，納税者は，パチンコ器等は法人税法施行令 133 条にいう「使用可能期間が 1 年未満である」減価償却資産に該当する等と主張した事案である。

　内国法人が事業の用に供した減価償却資産で，施行令 132 条 1 号に規定する使用可能期間が 1 年未満であるもの又は取得価額が 10 万円未満であるものを有する場合において，内国法人が当該資産の当該取得価額に相当する金額につきその事業の用に供した日の属する事業年度において損金経理をしたときは，損金経理をした金額は，当該事業年度の所得の金額の計算上，損金の額に算入する旨規定している（施行令 133 条）。

　耐用年数省令別表第一は，その（種類）「器具及び備品」中の（構造又は用途）「9　娯楽又はスポーツ器具及び興行又は演劇用具」の項の「細目」欄に「パチンコ器，ビンゴ器その他これらに類する球戯用具及び射的用具」を掲げ，その耐用年数を 2 年と定め，同項の「細目」欄に他に掲げる「スポーツ具」については，その耐用年数を 3 年と定めている。

　税務上の取扱い（法人税基本通達 7-1-12）では，施行令 133 条の使用可能期間が 1 年未満である減価償却資産とは，①法人の属する業種において種類等を同じくする減価償却資産の使用状況，補充状況等を勘案して一般的に消耗性のものとして認識されている減価償却資産で，②法人の平均的な使用状況，補

充状況等から見てその使用可能期間が 1 年未満であると定めるとともに，この場合において，種類等を同じくする減価償却資産のうちに材質，型式，性能等が著しく異なるため，使用状況，補充状況等も著しく異なるものがあるときは，当該材質，型式，性能等の異なるものごとに判定することができると定めている。また，注として，平均的な使用状況，補充状況等は，おおむね過去 3 年間の平均値を基準として判定するものと定めている。

　納税者は，平成 18 年 1 月 1 日から同年 12 月 31 日までの事業年度に事業の用に供したパチンコ器及びスロットマシンについて，施行令 133 条にいう「使用可能期間が 1 年未満である」減価償却資産に該当するとして，同条を適用し取得価額の全額を事業年度の所得の金額の計算上，損金の額に算入し，確定申告をした。

納税者の主張

①　法人税法施行令 133 条の「使用可能期間」とは，減価償却資産の通常の効用持続年数を基礎に，行政的便宜の観点から耐用年数省令により資産の種類ごとに画一的に定められている法定耐用年数とは異なり，法人において，通常の管理又は修理をするものとした場合に予測される使用を開始してから廃棄するまでの期間，すなわち当該法人が現実に当該減価償却資産を使用できると予測される期間を指す。この「使用可能期間」は，恣意的な税務処理を許さないために，税務上の取扱いに定めるように，当該法人の属する業種及び当該法人における当該減価償却資産の使用実績等から客観的に判断される。

②　「使用可能期間」は資産を取得し事業の用に供する法人自体が当該資産を更新又は廃棄するまでの期間を指すことは明らかであり，転売先における使用実績等については，一切考慮されることはない。

③　税務上の取扱い要件①にいう「消耗性」には，物理的な消耗だけではなく，経済的に消耗する場合も含まれる。

④　パチンコ器は，発売から数か月で使用価値が低下するだけでなく，処分価値までもが低下し，1年未満で資産としての価値を失うのであり，経済的に消耗する資産というほかない。

⑤　納税者がパチンコ器を設置する各店舗において，平成15年から平成17年までに導入した各店舗のパチンコ器の総台数は6,979台であり，当該パチンコ器の延べ使用日数（パチンコ器1台ずつの使用日数の合計）は170万781日であるから，パチンコ器1台当たりの平均使用日数は約244日となる。平成15年から平成17年までに納税者が導入した各店舗のパチンコ器6,979台のうち，約81％を占める5,657台は1年未満しか使用されていない。納税者は，平均的に1年未満しかパチンコ器を使用せず，新機種を補充している。

課税庁の主張

①　法人税法施行令133条所定の「使用可能期間」は，当該資産を事業の用に供して通常の維持補修を行いながら使用し，使用により滅失し，又は効用が失われ廃棄されるまでの期間である「効用持続期間」をいうものと解すべきである。

②　税務上の取扱いにおける「使用可能期間」も，「効用持続期間」と同様，当該資産を事業の用に供した時から滅失又は廃棄されるまでの期間を指すものであって，当該資産を事業の用に供した「特定の」法人のみの使用による使用期間を指すものでない。

③　ある減価償却資産の「消耗性」の認識は，業種ごとに業種単位により使用状況等から判定するのであり，法人単位に判定するものではなく，仮に，法人の属する業界において，当該減価償却資産が，中古市場などを介して同業者間で転売されることが通例である場合，当該減価償却資産の消耗性の認識を判定するに際しては，転売後の使用状況等をも勘案して判定する必要がある。

④　パチンコ器については中古市場が確立されており，しかも，パチンコ

ホールの経営上中古パチンコ器の活用は重要な要素となっていることに加え，パチンコ器の使用期間は，機種等及びパチンコホールによって相当程度の差異が認められることからすると，パチンコホール業界において，パチンコ器が一般に消耗性のものと認識されていない。

⑤　パチンコ器のように，同種の減価償却資産であっても，実際の使用期間に大きな幅が認められる資産の使用期間の算出は，単に平均使用日数によるのではなく，使用状況，補充状況等を総合的に考慮し，使用可能期間が1年未満であるか否かを判断すべきである。

⑥　納税者は，事業年度前3年間に導入した全パチンコ器の使用期間の延べ日数をパチンコ器等の台数で除すことにより，事業年度前3年間に導入したパチンコ器1台当たりの平均使用期間を算出し，これをもって使用可能期間が1年未満であるとしている。一定期間内において，長期間使用されるパチンコ器の台数よりも，短期間で交換されるパチンコ器の台数が多くなるのは当然であり，納税者の算定方法によれば，パチンコ器の平均使用期間が短くなるのは当然であり，算定の結果は，必ずしも，使用期間の実態を反映したものとはいえない。

裁判所の判断

①　法人税法施行令133条の「使用可能期間」についても，物理的な減価だけに着目するのでなく，経済的にどれだけの効果があるかということが考慮された効用持続期間を定める趣旨のものである。

②　減価償却資産に係る耐用年数については，法人税法及び施行令の規定による委任に基づき，耐用年数省令において，当該減価償却資産の種類，構造及び用途に応じ各資産ごとに定めるものとされていて，定められた耐用年数の間におけるそれを使用する主体の変動等は格別考慮に入れられていない。施行令133条は，同条の「使用可能期間」について，施行令132条1号の「使用可能期間」，すなわち「当該資産の取得の時において当該資産につき通常の管理又は修理をするものとした場合に予測される当該資産の使用可能期

間」をいうものと定めており，その文理に照らし，また，それが耐用年数省令等の定めによる原則に対する例外を定めるもので，その基本の考え方は共通のものであることを考慮すると，それにつき上記と異なって解すべき根拠等は見当たらない。

③　税務上の取扱いは，その文言によれば，同条の「使用可能期間が1年未満である」減価償却資産に該当するかの判断に係る要件①について，「法人の属する業種において」「一般的に消耗性のものとして認識されている」か否かを判断すべき旨定めている。税務上の取扱いの要件②については「その法人の平均的な使用状況，補充状況等から見て」と定めていることに照らすと，要件①については，当該法人が属する業種を基準に判断するべきものである。

④　パチンコホールの業種においては，事業年度の前後において，おおむね295万台程度のパチンコ器が設置されて事業の用に供されていたものであるが，年間に多数発売される新機種を含めてパチンコ器により売上げに相当の差があり，また，一般に時間の経過に伴いいわゆる集客力が低減する傾向にあること等の事情を受けて，主として集客上の考慮から，特定の店舗に設置するパチンコ器について新機種の導入を優先に比較的短期間で内容を変更する対応を採ることが広く見られているところ，この際には，当該事業主体の他の店舗にパチンコ器を移動させて設置することや，いわゆる人気機種を中心に中古市場において取引がされることも定着しており，例えば，事業年度に相当する平成18年度においては，前者が約80万台，後者が約64万台であり，そのような中古市場の流通の安全等の確保に当たる業界団体も存在しているほか，中古市場における取引の価格も事情に応じいわゆる新台並みとなることもあるとされる。

⑤　人気機種の中には最初に事業の用に供されてから3年以上にわたり使用されているものも少なからずあり，例えば，平成16年ないし17年においては，設置台数が300万台前後であったのに対し，約70万台が風営法所定の手続を経て3年以上にわたり使用されていたことがうかがわれ，このような

事情が事業年度において急激に変更したことをうかがわせる証拠は見当たらない。

⑥　特定のパチンコ器を特定の店舗に設置してからいかほどの期間事業の用に供するか等は，個々の事業主体のその事業規模等に応じてのいわゆる経営判断によって左右される事柄であって，中小規模の事業主体にあっては中古のパチンコ器を活用するものも相当数存在するとされていること等も考慮すると，パチンコホールの業種を通じてのパチンコ器一般に係る資産としての共通の性質についての認識として，取得の時においてそれにつき通常の管理又は修理をするものとした場合に事業の用に供されてから 1 年未満の期間内に経済的にみて使用することができなくなり使用を廃することとなるものと予測されていたとの事実までを認めるには足りない。

⑦　パチンコ器については，税務上の取扱いの要件①を満たすものとは認め難い。

⑧　スロットマシンは，耐用年数省令が定める「細目」上「スポーツ具」として扱われ，耐用年数は 3 年とされているのであり，減価償却につきパチンコ器とは別異の取扱いがされているから，パチンコ器に係る事情をもって当然に同様に考えることができるということには問題がある上，パチンコ器について既に認定判断したところに照らすと，パチスロ機についても，施行令133 条の規定の適用があるとは認め難い。

【谷口　智紀】

CASE 24　電波暗室の耐用年数

(参考)
東京地方裁判所　平成 17 年 1 月 21 日判決　TKC 25420084／TAINS Z255-09904
東京高等裁判所　平成 17 年 10 月 27 日判決　TKC 25420310／TAINS Z255-10178
最高裁判所　平成 19 年 7 月 3 日決定　TKC 25463407／TAINS Z257-10745

[争点]

　電気通信機器及び電気用品の製造販売等を主たる業とする株式会社である納税者が，電波暗室工事請負契約の工事代金等を資産に計上し，耐用年数 10 年を適用し申告したところ，課税庁が，当該金額の一部は「建物」として耐用年数 31 年を適用し，その他は「建物附属設備」として耐用年数 15 年を適用するとして更正処分等を行った。これに対して，納税者は，電波暗室は，構造上，建物と一体不可分のものではなく，減価償却の資産区分上，「機械及び装置」に該当する等と主張した事案である。

　減価償却資産の償却の方法に規定する耐用年数，当該耐用年数に応じた償却率及び残存価額については，財務省令で定めるところによると規定している（法人税法施行令 56 条）。

　所得税法及び法人税法に規定する減価償却資産のうち鉱業権及び坑道以外のものの耐用年数については，「建物及びその附属設備」を含む施行令 13 条 1 号，2 号及び 4 号から 7 号（減価償却資産の範囲）までに掲げる資産について，別表第一（機械及び装置以外の有形減価償却資産の耐用年数表）によるとし，「機械及び装置」を意味する施行令 13 条 3 号に掲げる資産について，別表第二（機械及び装置の耐用年数表）による旨規定している（耐用年数省令 1 条 1 項柱書）。

　耐用年数省令別表第一（機械及び装置以外の有形減価償却資産の耐用年数表）は，種類「建物」のうち，構造又は用途「金属造のもの（骨格材の肉厚が 4 ミリメートルを超えるものに限る。）」，細目「工場（作業場を含む。）用又は

倉庫用のもの」のうち「その他のもの」のうち「その他のもの」の耐用年数を
31 年と規定している。種類「建物附属設備」のうち，構造又は用途「電気設備
（照明設備を含む。）」，細目「その他のもの」の耐用年数を 15 年と規定してい
る。種類「器具及び備品」のうち，構造又は用途「事務機器及び通信機器」，細
目「インターホーン及び放送用設備」の耐用年数を 6 年と規定している。

　耐用年数省令別表第二（機械及び装置の耐用年数表）の 268 番は，設備の種
類「電気計測器，電気通信用機器，電子応用機器又は同部分品（他の号に掲げ
るものを除く。）製造設備」の耐用年数を 10 年と規定している。

　納税者は，B 社との間で，平成 9 年 1 月，工事代金を 15 億 3,280 万円とす
る工場の工事請負契約を締結し，その後，追加変更工事を 1,800 万円で発注し
た。また，納税者は，C 社との間で，平成 9 年 7 月，工事代金を 1 億 1,000 万
円とする工場内の建物の一つに電波暗室を 3 室設置する工事の請負契約を締結
し，その後，同年 12 月，シールド測定料追加のため，電波暗室工事請負契約
の工事代金を 1 億 1,150 万円と変更した。納税者は，工場工事請負契約及び電
波暗室工事請負契約に基づき，工場及び電波暗室 3 室の引渡しを受け，各工事
代金を支払った。納税者は，電波暗室工事請負契約の工事代金 1 億 1,150 万円
及び B に対して支払った工場工事請負契約の追加工事代金 1,800 万円のうち
400 万 5,600 円の合計 1 億 1,550 万 5,600 円を，電波暗室の設置に必要な金
額として資産に計上した。その上で，電波暗室を耐用年数省令別表第二（機械
及び装置の耐用年数表）の 268 番，設備の種類「電気計測器，電気通信用機器，
電子応用機器又は同部分品（他の号に掲げるものを除く。）製造設備」に該当
するとして，耐用年数を 10 年とし，償却率 0.206 の定率法により減価償却額
を算定し，確定申告をした。

納税者の主張

　①　建物の耐用年数とは，その建物自体を使用する上での効用持続年数であ
るから，建物自体の本来の効用維持のために附属された内部造作であれば，

当該建物の予定された耐用年数の範囲に含まれ，そうではなく建物自体の本来の効用維持とは別個の目的のために附属された内部造作は，これに含まれない。

②　電波暗室は，シールドルーム，その内部の電波吸収体及び測定器が全体として一体となった「一つの箱状の電波測定装置」である。電波暗室のシールドルームの壁面と建物の壁面の間には空間があり，それぞれが独立した六面体の箱を構成し，二つの箱が重なり合っているにすぎない。

③　電波暗室は，構造的に，建物に渡した梁にボルト等で固定してつるすなどの支持を受けているものの，その支持は，電波暗室の構造の本質ではない。この程度の支持は，加工機械や工場内クレーン等を建物の躯体に固定して支持を受ける場合にも通常見られるものであって，殊更に建物から支持を受けている点だけに執着して，建物本体と機械装置を一体視するのは妥当ではない。電波暗室を物理的に移設することも可能であり，電波吸収体を移設するには特段の費用も要しない。

④　電波暗室の性能保証期間は 10 年であり，耐用年数の算定が効用持続年数によるものであることからすると，電波暗室を建物と一緒の 14 年の耐用年数で減価償却すべきであるとするのは余りに乱暴である。

⑤　電波暗室は，建物が工場用建物として使用される上で，建物自体の効用の持続にとっては，何らの効用も発揮しておらず，電波暗室があるからといって建物の効用持続年数に差異が生じるとか，建物の工場用建物としての建物自体の使用上の効用が維持されたり，改善されたりする関係にはない。電波暗室は，建物の効用維持にとって何らの関係もないものであって，建物本来の効用を維持する目的以外の固有の目的，すなわち製品の試験検査のためにする電波測定の目的により設置されたものである。

⑥　電波暗室は，減価償却の資産区分上，「建物」ではなく，「機械及び装置」に該当する。

課税庁の主張

①　電波暗室は，建物の柱及び梁等に多数の固定ボルト及びつり下げボルトによりシールドを固定し，また，建物の床に直接シールドを貼り付けた上，電波吸収体が接着剤によりシールドと接着され，これらが一体となっているものである。電波暗室を建物から容易に取り外すことはできず，特に，電波暗室のシールドは，建物に固着していなければ独立して存在することは不可能な構造で，建物と不可分一体のものである。

②　建物は，そもそも試作品の作成，製品の組立てを前提とした建物であって，当初より電波暗室を設置することを予定していたものであるから，建物と電波暗室は，機能的な面で一体である。

③　電波暗室は，屋内に設置されなければその効能を持たず，外界からの電波の侵入を防ぐなどの目的でシールドを設置し，さらに，電波の反射を防ぐために電波吸収体を貼り付けたもので，納税者の製造するアンテナ等の電波測定を行うための特別な内装を施した部屋である。シールド自体が，建物の部屋の天井，壁及び床そのものであり，出入口として扉が設けられ，建物に固着され，容易に取り外すことはできず，建物と構造上一体不可分である。

④　納税者が電波暗室の取得価額とした金額のうち1億1,307万5,600円は，建物及びその内部造作に該当するから，これを建物の取得価額に含めて，建物の耐用年数31年を適用して減価償却費を算定する。

⑤　電源盤及び絶縁トランス設置費用93万円は，電波暗室の電気設備と認められるから，耐用年数15年を適用する。

裁判所の判断

①　耐用年数省令における建物の耐用年数の算定の趣旨によると，建物附属設備として独立の償却単位とされているものではない建物の内部造作であって，当該建物と物理的・機能的に一体となったもの，例えば，温湿度の調整制御，無菌又は無じん空気の汚濁防止，防音，遮光，放射線防御等のために設置された工場用の建物の内部造作のようなものについては，当該建物に含

まれ，当該建物の耐用年数により減価償却される。

②　建物の内部造作とは，建物の内部に設置されたもので，建物と物理的・機能的に一体となって，建物のそれぞれの用途における使用のために客観的な便益を与えるものである。

③　建物附属設備とは，建物に固着されたもので，その建物の使用価値を増加させるもの又はその建物の維持管理上必要なもので，特に建物から分離して償却すべきものとして，耐用年数省令別表第一に建物附属設備として掲げられたものである。

④　耐用年数省令別表第二の「機械及び装置」については，耐用年数省令の規定の内容及び通常の用語の意味に照らすと，機械とは，①剛性のある物体から構成され，②一定の相対運動をする機能を持ち，③それ自体が仕事をするもので，航空機及び車両等の耐用年数省令別表第一に該当する機器を除いたものであり，装置とは，剛性のある物体から構成されており，機械と一体となって，又は機械の補助用具として，工場等の設備を形成し，総合設備の一部として用役の提供を行うもので，耐用年数省令別表第一の工具等に該当するものを除いたものである。

⑤　建物のうち，電波暗室の設置されている区画は，当初からアンテナ等の性能を測定するため電波暗室を設置することを目的とした工場用の建物であり，温湿度の調整制御，無菌又は無じん空気の汚濁防止，防音，遮光，放射線防御等のために工場用の建物に特別な内部造作を設置した場合と同様に，建物と電波暗室は，アンテナ等の性能を測定するという機能の点から見ると一体不可分のものであって，電波暗室が設置されたことにより，アンテナ等の開発・製造のためアンテナ等の性能を測定することを用途とする工場用の建物である建物に同用途に即した客観的な便益が与えられた。

⑥　電波暗室は，建物から独立して存在することは経済的に不可能であり，物理的にも建物と一体のものであって，あたかも建物内の部屋として建物の一部を構成している。

⑦　耐用年数省令別表第一に種類「建物附属設備」の構造又は用途として規

定された「電気設備（照明設備を含む。）」，「給排水又は衛生設備及びガス設備」，「冷房，暖房，通風又はボイラー設備」，「昇降機設備」，「消火，排煙又は災害報知設備及び格納式避難設備」，「エヤーカーテン又はドアー自動開閉設備」，「アーケード又は日よけ設備」，「店用簡易装備」及び「可動間仕切り」を見ると，これらは，建物に固着されたもので，その建物の使用価値を増加させるもの又はその建物の維持管理上必要なものではあるが，電波暗室のように，建物と機能的・物理的に一体不可分であり，建物の用途そのものに客観的な便益を与えるものではないことから，建物とは独立して，耐用年数が算定されたものである。

⑧　電波暗室は，建物附属設備に該当せず，建物の内部造作又はその一部であって，建物と機能的・物理的に一体となって，建物にその目的・用途に即した客観的な便益を与えるものと認めることができるから，電波暗室については，減価償却の点においては，建物に含めて考えて，建物の耐用年数を適用すべきである。

⑨　耐用年数省令は，通常考えられる維持補修を加えることを前提に，その固定資産の本来の用途用法により現に通常予定される効果を上げることができる年数である効用持続年数に基づき耐用年数を算定したものであり，製造業者が設定した性能保証期間とはその前提とする考え方が異なる。

⑩　電波暗室は，建物の内部造作として建物に含めて減価償却されるべきものであるから，納税者が電波暗室の取得価額とした 1 億 1,550 万 5,600 円のうち，電源盤及び絶縁トランス設置費用 93 万円並びに室内煙感知器用配線工事代金，インターホン 3 セット及び監視カメラシステム 2 セット代金合計 150 万円を除いた 1 億 1,307 万 5,600 円については，建物の耐用年数を適用すべきである。建物は，耐用年数省令別表第一の種類「建物」のうち，構造又は用途「金属造のもの（骨格材の肉厚 4 ミリメートルを超えるものに限る。）」，細目「工場（作業場を含む。）用又は倉庫用のもの」のうち「その他のもの」のうち「その他のもの」に該当し，その耐用年数は 31 年である。

⑪　電源盤及び絶縁トランスは，電波暗室の電気設備であって，耐用年数省

令別表第一の種類「建物附属設備」のうち，構造又は用途「電気設備（照明設備を含む。）」，細目「その他のもの」に該当するものと認めることができるから，耐用年数 15 年を適用する。

⑫　インターホン 3 セット及び監視カメラシステム 2 セットは，耐用年数省令別表第一の種類「器具及び備品」のうち，構造又は用途「事務機器及び通信機器」，細目「インターホーン及び放送用設備」に該当するものと認めることができるから，耐用年数 6 年を適用する。

【谷口　智紀】

CASE 25　出荷設備と飼料製造設備の該当性

(参考)
国税不服審判所　平成 7 年 10 月 30 日裁決　TKC 26011073／TAINS J50-3-13

[争点]

　納税者が，出荷設備のうち，①上屋及び側壁，②基礎工事，③出荷口防風雪設備については耐用年数 22 年とし，④タンク架構部分については耐用年数 10 年として償却限度額を計算し，各事業年度の損金の額に算入し申告したところ，課税庁が，各資産は工場用建物であるとして，耐用年数 35 年として，償却超過額を損金の額に算入することは認められないとして更正処分等を行った。これに対して，納税者は，各資産は出荷設備の一部であり，出荷設備が全体として機械装置の機能を果たしているのであるから，耐用年数省令別表第二に掲げる機械及び装置の「35 その他の飼料製造設備」に該当し，耐用年数 10 年を適用すべきである等と主張した事案である。

　所得税法又は法人税法に規定する減価償却資産のうち鉱業権等以外のものの耐用年数については，所得税法施行令 6 条 1 号，2 号及び 4 号から 7 号まで（減価償却資産の範囲）又は法人税法施行令 13 条 1 号，2 号及び 4 号から 7 号まで（減価償却資産の範囲）に掲げる資産（坑道を除く。）については別表第一（機械及び装置以外の有形減価償却資産の耐用年数表），所得税法施行令 6 条 3 号又は法人税法施行令 13 条 3 号に掲げる資産については別表第二（機械及び装置の耐用年数表）の定めるところによると規定している（耐用年数省令 1 条 1 項）。

　耐用年数省令別表第一は，「建物」の「金属造りのもの（骨格の肉厚が 4 ミリメートルを超えるものに限る。）」の「工場用（作業場を含む。）又は倉庫用のもの」の「その他のもの」の「その他のもの」の耐用年数を 35 年と規定して

いる。

耐用年数省令別表第二は，機械及び装置の「35その他の飼料製造設備」の耐用年数を10年と規定している。

納税者は，昭和63年4月に新設したW工場のバラ製品の出荷装置及び平成3年7月に薬品の残留防止のために増設したバラ製品の出荷装置を事業の用に供していたが，減価償却費の計算において，出荷設備のうち，①上屋及び側壁，②基礎工事，③出荷口防風雪設備については耐用年数をそれぞれ22年とし，④タンク架構部分については耐用年数を10年として，償却限度額を計算し，各事業年度の損金の額に算入し，確定申告をした。なお，納税者は，各事業年度の確定申告において，上屋及び側壁，基礎工事，出荷口防風雪設備に係る耐用年数の適用を誤り，それぞれ22年としていたが，当該各資産の耐用年数はいずれも10年であるとして，処分の取消し等を求めた。

納税者の主張

① 出荷設備は，原料を粉砕して配合する工場とは独立して設置されているが，配合飼料の製造から製品の出荷までが一体となって機能する配合飼料製造装置の一装置である。

② 出荷設備の内部には，鉄製高架タンク，製品搬送用コンベヤー，計量機等の機械装置が設置されており，最上部のタンクに工場で製造したバラ製品を入れ，重力に従ってタンク下の計量機を通し，待機するバラ輸送車に落とし込む方法になっている。

③ 構造上，高所にあるタンク等を支え，その重圧に耐え得る肉厚4ミリメートルを超える鉄骨製の架構及び堅固な基礎を有しているのであり，これらが建物としての屋根，壁，床等を支えているものではない。

④ 各資産は建物として登記されているが，不動産登記における土地以外の不動産は，民法の定める土地の定着物をいうのであり，その範囲は建物のみならずサイロ等の構築物も含み広い。

⑤　各資産に不動産取得税及び固定資産税が賦課されているが，これは不動産取得税に関する自治省依命通達で，「いわゆる工業用サイロについてはおおむね家屋と解されていること」と規定されていることを根拠として不動産取得税を課し，市も同様に建物として固定資産税を課したもので，この通達については従来から地方自治体の間で問題となっており，建物としての課税上の取扱いは地方自治体によってまちまちである。

⑥　減価償却資産の耐用年数の適用に当たっては，①その本来の用途・用法に基いた効用持続年数によること，②本来の用途を果たすために一体となって機能しているものは一つの減価償却資産として適用すること，③仮に，耐用年数表に特掲されていない場合には合理的な社会慣行に基づき弾力的な適用を行うことの原則によるべきであり，納税者は，これらの原則に従って機械装置と判断した。

課税庁の主張

①　建物とは，土地に定着して建設されたもので，基礎，柱，梁，桁，壁，床，窓，屋根等により構成され，雨露をしのぎ，外界を隔絶した構造物で，物の蔵置，製造及び作業の用に供するためのもの又は人を収容して当該用役に供するためのものである。

②　各資産のうち，基礎工事は建物の基礎を，タンク架構部分は柱を，上屋，側壁及び出荷口防風雪設備は屋根及び外壁を構成していることが認められる。よって，各資産は土地に定着して建設されたもので，基礎，柱，梁，桁，壁，床，窓，屋根等により構成され，雨露をしのぎ外界を隔絶し，その中にタンク等を設置して出荷等の作業をすることができるものであるから，工場用建物である。

③　納税者は，各資産について建築物である旨の確認申請をして建築物としての確認を受け，また，建物として登記し，更に，家屋の取得をしたとして不動産取得申告書を提出していることからして，各資産は建物であり，配合飼料製造装置の一部とは認められない。

④ 各資産は，その構造が金属造りのもので，その主要柱である骨格材の肉厚が4ミリメートルを超えていることから，各資産の耐用年数は，耐用年数省令の定めに従い，同令別表第一の「建物」の「金属造りのもの（骨格材の肉厚が4ミリメートルを超えるものに限る。）」の「工場用又は倉庫用のもの」の「その他のもの」の35年を適用した。

審判所の判断

① 耐用年数省令別表第一の「建物」とは，機械及び装置以外の有形減価償却資産で，耐用年数省令別表第一に掲げられた他の種類の資産（建物付属設備，構築物，船舶，航空機，車両及び運搬具並びに工具，器具及び備品）以外のものをいい，土地に定着する工作物のうち，屋根，周壁，柱等を有し，その目的とする用途に供し得る状態にあるものである。

② 出荷設備はバラ製品の出荷専用設備として，基礎工事を施した上，支柱を立て土地に定着させた建造物であり，構造的には，タンク等を取り囲む形で周囲に支柱があり，この支柱に上屋，側壁及び出荷口防風雪設備が取り付けられ，タンク等を覆っていることが認められる。

③ 機能的には，出荷設備内部には一室の空間を設けて鉄製の床を張りその上にタンク等を設置していることから，物の蔵置の用に供されていること，また，空間では計量機の操作やタンク内の状況確認等の作業が可能で，空間に外から人が出入りできる階段及び扉も設けられていることから，人の作業の用に供されていることが認められる。

④ 納税者は，①出荷設備を倉庫として登記申請をし，②残留防止用バラ出荷設備を建築基準法上の建築物として確認申請をし，③不動産取得申告書にバラ出荷棟を取得した旨記載して申告していることが認められ，出荷設備を建設した当初から建物と認識していたことが推認され，しかも，これらの申請に基づいて，実際に登記がなされ，不動産取得税及び固定資産税が賦課され，建築物として建築確認がされており，これらが取り消された事実も認められない。

⑤　各資産は，タンク等に付帯的に取り付けられたものではなく，基礎，屋根，壁，柱，窓及びバラ輸送車の搬出口あるいは風よけのためのシャッターで構成され，機械等の蔵置あるいは人の作業の用に供されていることから，建物と認められる。

⑥　各資産は，耐用年数省令別表第一の「建物」の「金属造りのもの（骨格の肉厚が４ミリメートルを超えるものに限る。）」の「工場用（作業場を含む。）又は倉庫用のもの」の「その他のもの」の「その他のもの」に該当するので，耐用年数35年を適用すべきである。

【谷口　智紀】

取得価額の判定単位

(参考)
さいたま地方裁判所　平成 16 年 2 月 4 日判決　TKC 28100787／TAINS Z254-9549

[争点]

　衣料品販売のチェーンストアを経営する株式会社である納税者が，営業店舗内の防犯のために，防犯用ビデオカメラ等を購入し，営業店舗に設置した。

　防犯用ビデオカメラ等は，カメラ，コントローラー，ビデオ，テレビ及び接続ケーブルで構成され，取得価額は，概略以下のとおりであり，納税者は営業店舗ごとに，コントローラー，テレビ，ビデオをそれぞれ 1 台とビデオカメラ 4 台以上を設置していた。

①　カメラ　取得価額 4 万 8,500 円から 5 万 9,000 円

②　コントローラー　取得価額 3 万 1,000 円から 3 万 9,100 円

③　テレビ　取得価額 1 万 5,000 円から 2 万 8,400 円

④　ビデオ　取得価額 1 万 8,600 円から 2 万円

⑤　20 メートル接続ケーブル　取得価額 2,000 円程度

　納税者は，防犯用ビデオカメラ等は全て法人税法施行令 133 条（当時）の少額減価償却資産に該当するとして損金の額に算入し確定申告を行った。しかし，課税庁から防犯用ビデオカメラ等は，その 1 組の取得価額の合計額が 20 万円を超えており，施行令 133 条の規定を適用できないため，減価償却資産として管理し償却をすべきと指摘を受けた。

　現在では少額減価償却資産の基準は 10 万円に引き下げられているが，その取得価額の判定単位の考え方は変わっていない。現行の税務の取扱い（法人税基本通達 7-1-11）では，施行令 133 条少額の減価償却資産の取得価額の損金算入の規定を適用する場合において，取得価額が 10 万円未満又は 20 万円未満

であるかどうかは，通常1単位として取引されるその単位，例えば，機械及び装置については1台又は1基ごとに，工具，器具及び備品については1個，1組又は1そろいごとに判定し，構築物のうち例えば枕木，電柱等単体では機能を発揮できないものについては一の工事等ごとに判定するとされている。防犯用ビデオカメラ等の取得価額をどのような単位で判断するべきかが問題となった。

納税者の主張

①　防犯用ビデオカメラ等のカメラ，コントローラー，テレビ，ビデオ，接続ケーブルは，いわゆるセット商品ではなく，それぞれ商品名，シリーズ，型式が異なるものである。まず，採用しているカメラはM電機株式会社製の防犯用カメラであるところ，同製品のカタログには，推奨商品が挙げられているが，コスト面の理由から，推奨商品を採用せず，安価な一般家庭用製品を組み合わせて使用している。このような家庭用の製品は防犯用推奨製品に比べて価格が格段に安い。使用しているモニター用テレビは2万円ないし3万円，録画用ビデオデッキは1万円台で購入されているが，防犯用ビデオの推奨商品は，モニターが9万4,000円，ビデオデッキが30万円とされており，ビデオデッキについていえば，カタログ定価にして約5倍の開きがある。

②　家庭用テレビ，ビデオは，業務用の利用を必ずしも想定したものではない。納税者では，平成9年に試験的に防犯ビデオの設置を開始し，平成10年，既存約500店舗全店に防犯ビデオの設置を行った。その後，新規開店があるたびに防犯ビデオを購入，設置しているが，一斉導入から約1年半後の平成11年7月分の注文分より，セット納品分に加えて，毎月コンスタントにビデオデッキ，モニター用テレビ単体の発注が発生している。とりわけ録画用ビデオデッキの交換は，平成11年発注分で17台，平成12年発注分で35台，平成13年発注分は不明だが，平成14年4月から平成15年3月までに支払われたものは，89台にのぼる。前後の状況からすると，平成13年1月から平成14年3月までの1年3か月の間にも，相当数の交換が出てい

ることが推測される。

③　防犯カメラ，コントローラー，ビデオ，テレビは全く商品番号・型式が異なっており，業務用と民生用が混在している。テレビやビデオデッキについては，単体で販売されているものである。また，カメラについては，最低コントローラーとカメラ 1 台があれば目的を達することができ，その他は利用者の利便に応じて自由に組み合わせが可能である。実際に，納税者の店舗の従業員作業スペースに別途カメラ 1 台とコントローラー 1 台を組み合わせ使用している例もある。必ずしも 4 台購入することが必須とはいえず，1 台が欠けたからといって，全体の効用が阻害されることもない。よって，カメラ，コントローラー，ビデオ，テレビは，それぞれ一般的，客観的に考えて，一括して取引単位として 1 つであるとはいえない。また，ケーブル接続された各機器は自由な取り外し，追加，一部更新が可能である。

④　使用されているモニター用テレビ，録画用ビデオデッキについては，一般家庭用製品であるため，価格，性能，耐用年数の点で明らかに業務用製品（カメラやコントローラー）と相違があり，現にしばしば寿命による一部更新が行われている。ビデオデッキについてはほぼ 2，3 年で消耗により交換となっており，毎月コンスタントに交換が出ている実態からみても，修理で対応可能なカメラやコントローラーとは質的に異なっている。以上のような各機器の性質，利用の実態や耐用年数を考慮すると，具体的，実質的な価値判断としても，これらの機器全てについて，一括取得，一括更新を想定して取り扱うのは相当とはいえない。テレビ，ビデオについては，その価格帯，耐用年数から考えて，むしろ消耗品に近い扱いとするのが実態に即し，法人税法施行令 133 条の趣旨である企業会計の合理化という趣旨にも合致する。よって，個別の機器ごとに取得価格を捉えるべきである。

課税庁の主張

①　防犯用ビデオカメラ等は，防犯を目的として，監視カメラ 4 台または 5 台，コントローラー 1 台，テレビ 1 台，ビデオ 1 台，20m 特注接続ケーブル

1個の組合せで一括して購入し，各営業店舗に設置したものであり，各店舗においては，監視カメラ，コントローラー，テレビ，ビデオの各機器をケーブルで接続して使用しており，カメラで写した映像を，ケーブルを通してテレビに映し出し，その映像を監視し，ビデオに録画する防犯用の通信設備である。また，防犯用ビデオカメラ等を構成する個々の機器が単体で使用され機能しているものではなく，納税者の営業活動上，納税者の各営業店舗に防犯用ビデオカメラ等として一体で設置され，防犯用として機能するために一体不可分なものであることが認められる。このことは，購入された商品の一部に業務用商品ではない民生用商品が含まれているかによって変わるものではない。また，必ずしもコントローラーに接続されていない5台目のビデオカメラについても犯罪予防効果を期待した上で設置されたものであって，これを含めて全体として防犯装置として機能している。防犯用ビデオカメラ等を一つの償却単位資産としてとらえなければならない。

②　購入の際における請求書を見ても，民生用の商品が含まれているにもかかわらず，新規店舗用のものは「セット納品」されていたようであり，これは，納税者の防犯装置の納入の要望を受け，全体を一体の取引対象として把握していたことの表れである。防犯カメラの機能を果たすためには，監視カメラ，コントローラー，テレビ，ビデオのいずれが欠けても十分な機能が果たし得ないことからすれば，かかる一体としての把握は極めて適切かつ妥当なものといえる。

③　防犯用ビデオカメラ等を構成する機器には，テレビやビデオのように単体でも機能し得るものが含まれているが，償却単位資産の把握において，これらを単体で見ることができず，資産の具体的な購入目的，用途，使用状況に基づいて償却単位資産の把握を行わなければならないところ具体的な購入目的は防犯用であって，実際に，モニターとして使用されていたテレビにアンテナ線が接続されておらず，また，各機器は固定されており，単体として使用し得る各構成機器が防犯目的以外に使用されていることはなかったのであるから，例えばテレビの具体的用途はあくまでも単なるモニターであって，

テレビ番組を映し出すという独立して単体で利用されていない。このように防犯用ビデオカメラ等を構成する個々の機器が単体で使用され機能しているものではなく，納税者の営業活動上，納税者の各営業店舗に防犯用ビデオカメラ等として一体で設置され，機能していたものとしか評価できないのであって，償却単位としては，これらの資産を一体のものとしてみなければならないことは明らかである。

裁判所の判断

① 納税者が設置した防犯用ビデオカメラ等は，防犯を目的として，監視カメラ4台または5台，コントローラー1台，テレビ1台，ビデオ1台，20m特注接続ケーブル1個の組合せで，納税者が一括して購入し，各営業店舗に設置したものであり，納税者の各店舗においては，監視カメラ，コントローラー，テレビ，ビデオの各機器をケーブルで接続して使用しており，カメラで写した映像を，ケーブルを通してモニターとなるテレビに映し出し，その映像を監視したり，ビデオに録画しており，一体として防犯用の通信設備として機能していることが認められる。

② 課税庁は，事実に照らせば，防犯用ビデオカメラ等を全体として一体のものとして捉えるべきであり，一つの償却単位資産として捉えるのが相当であり，防犯用ビデオカメラ等は，耐用年数省令別表第一に掲げる資産の分類上，「種類」が「器具及び備品」に，「用途」が「器具及び備品」2項の「事務機器及び通信機器」に分類され，その使用の状況から「インターホン及び放送用設備」に該当すると解され，その取得価額の総額は20万円以上であるから法人税法施行令133条に規定する少額減価償却資産に該当しないと主張する。しかしながら，防犯用ビデオカメラ等は，各店舗毎に，監視カメラ4，5台，コントローラー1台，テレビ1台，ビデオ1台を監視目的のために接続ケーブル等により接続し用いているに過ぎず，その構造的，物理的一体性は稀薄である。そして，ビデオカメラ，テレビ，ビデオはそれぞれ独立した機能を有し，特にテレビやビデオは普通それら単独で取引単位となる

ものであり，応接セットなどの場合とは異なりそれらの組み合わせが取引の常態とはいえない。そして，納税者は，テレビ，ビデオについては監視用として長期間の連続運転に耐えられるように製作されたものではなく，普通の家庭用の安価なものを購入して使用している。

③　一定の資産について減価償却資産として経理することなく，その事業の用に供した年度において全額を損金処理することが認められる少額減価償却資産の制度は，それを耐用期間にわたり原価配分することにより期間損益の算定が適正化する必要があるほどの重要な金額でなく，実務上減価償却資産として扱う実質的意味がないとの企業会計上の慣行に由来しているものであるから，その制度の趣旨からすれば，少額減価償却資産に該当するかどうかは，テレビやビデオなどの普通の家庭用商品については，特段の事情がない限り，1品ごとの通常の取引価額により判定すれば足りるというべきである。

④　防犯用ビデオカメラ等については，一体として一つの償却資産と扱うことは必ずしも合理的とはいえず，カメラ，ビデオ，テレビはそれぞれを器具備品として取り扱っても差し支えないというべきところ，テレビやビデオの取得価額は1台当たり1万5,000円から2万8,400円程度と認められるから，これらは取得価額20万円未満の減価償却資産に当たるというべきである。

⑤　監視カメラ，コントローラー，ケーブルについては，納税者は平成9年から既存店舗及び新規店舗全部について監視カメラを設置し始め，1店舗ごとにカメラ4，5台，コントローラー1台をセットとして購入，設置されたと認められ，これらの設置の経緯や監視カメラの使用状況等からみて監視カメラ等についてはその取得価額は設置された各店舗の単位で判定するのが相当である。そして，その合計額は20万円以上となることが認められるから，平成9年2月取得分はいわゆる少額減価償却資産に該当するが，それ以外の部分については少額減価償却資産に該当しないと解するのが相当である。

【髙木　良昌】

CASE

27

発泡スチロール製の浮桟橋の耐用年数

(参考)
浦和地方裁判所　平成7年4月24日判決　TKC 28010440／TAINS Z209-7506

［争点］

　釣り堀業を営む有限会社である納税者は，釣り堀用の浮桟橋等を2,550万円かけて設置した。納税者が設置した浮桟橋の構造は，L形の鉄骨と平らな鋼板を使用して縦739センチメートル，横283センチメートル，高さ45センチメートルの鉄骨枠を作り，その中に縦180センチメートル，横90センチメートル，高さ43センチメートルの発泡スチロールのブロックを8個納め，鉄骨枠の上部に厚さ3.2ミリメートルの鉄板を据え付け，さらに鉄板の上に厚さ12ミリメートルのコンクリートパネル板を張ったものを浮桟橋の長さに応じて複数連結させて釣堀の水面に浮かせたものであった。

　また，浮桟橋と釣堀の岸の間に渡桟橋があり，渡桟橋は，L形の鉄骨を利用して縦300センチメートル，横90センチメートルの鉄骨枠を作り，鉄骨枠の上部に鉄板を据え付け，さらに鉄板の上にコンクリートパネル板を張ったものであり，渡桟橋と岸との間にはL形の鉄骨三本の一方を岸の土中に打ち込み他方を渡桟橋の先端とボルトでつないでいる。そして，渡桟橋の先端付近の岸に近い池底に鉄パイプ二本を打ち込み，浮桟橋の先端部分に付着させた輪と鉄パイプとをロープでつないでいる。構造は浮桟橋の横の移動を防ぐとともに浮桟橋が水位によって上下しても渡桟橋とずれないようにするためであり，また浮桟橋の両側の要所要所に鉄柱が立てられている。

　そして，浮桟橋につき水位の上下による縦の移動を可能にしつつ横に浮遊するのを防ぐため，浮桟橋に輪を付着させ，これを浮桟橋の両側の要所要所に立てられた鉄柱に通していた。

　納税者は，浮桟橋等の耐用年数を 3 年として減価償却を行っていたが課税庁から，浮桟橋等は構築物に該当し，耐用年数は 10 年であるとの指摘を受けた。発泡スチロール製の浮桟橋が合成樹脂造の構築物といえるかどうかが問題となった事案である。

納税者の主張

①　浮桟橋のうち鉄柱部分は土地に固定された基礎部分であるから「構築物」にあたるといえるが，浮桟橋自体は釣堀の水面に浮かべられ，船のように係留されている状態であり，土地には定着していない。そして，浮桟橋は，渡桟橋と接着しておらず，単に渡桟橋と浮桟橋との間に通行のための鉄板が置かれているだけで，渡桟橋の先端付近の池底に打ち込まれた二本の鉄パイプと浮桟橋の接点はロープだけであり，また，浮桟橋の両側のところどころには鉄柱が立てられ浮桟橋が浮遊しないようにしているが，鉄柱と浮桟橋は固着していない。

②　浮桟橋の主要材料は，浮材である発泡スチロールであるところ，発泡スチロールは合成樹脂の一種であるポリスチレンの粒子に発泡材を混ぜて 70 倍に発泡させたものであって，一般に使用されている合成樹脂（プラスチック）とは耐久力，他の物質に対する反応，強度，産業上の用途等の点において全く性質を異にする。したがって，浮桟橋は「合成樹脂造のもの」にも当らない。

③　浮桟橋は，鉄柱にロープでつながれ水上に係留されているから，このような実態に鑑みると船ということができ，したがって，省令別表第一船舶 6 「その他のもの」，構造「その他のもの」，細目「その他のもの」に当り，その耐用年数は 5 年となる。あるいは，むしろ発泡スチロールが使用不能となれば浮桟橋として機能しなくなり，また発泡スチロールはその脆弱な性質上通常消耗品として取り扱われていることに基づけば，浮桟橋は器具及び備品と解することもでき，この場合においては，耐用年数省令別表第一の「器具及

び備品」11「前掲のもの以外のもの」「細目」「漁具」に当り，その耐用年数は３年となるか，或いは，同表が発泡スチロール製品を想定した「器具及び備品」を特定していないことを考慮すれば，同表第一の11「前掲のもの以外のもの」の「その他のもの」に当り，その耐用年数は５年となるというべきである。

課税庁の主張

　法人税法施行令13条に定める減価償却資産については，その耐用年数は省令によって定められている。そして，施行令13条２号によれば，「構築物」とはドッグ，橋，岸壁，桟橋等の土地に定着する土木設備又は工作物であり，また，「土地に定着する」とは，土地に固定的に付着して容易に移動し得ないものであって，取引観念上継続的にその土地に付着せしめた状態で使用させると認められることを意味するところ，浮桟橋の構造は，Ｌ形の鉄骨と平らな鋼板を使用して鉄骨枠を作り，鉄骨枠の中に発泡スチロールのブロックを八個納め，鉄骨枠の上部に鉄板を据え付け，さらに，鉄板の上にコンクリートパネル板を張ったものを浮桟橋の長さに応じて複数連結したものであるから，浮桟橋は施行令に定める工作物に当り，また，浮桟橋と釣堀の岸をつないでいる渡桟橋は，Ｌ形の鉄骨を利用して鉄骨枠を作り，鉄骨枠の上部に鉄板を据え付け，さらに鉄板の上にコンクリートパネル板を張ったものであり，そのＬ形の鉄骨三本の一方を岸の土中に打ち込み他方を渡桟橋の先端部分とボルトでつなぐことにより岸に固着されており，また，浮桟橋の先端部分に付着させた輪は，岸に近い池底に打ち込まれた鉄パイプ二本にロープで固定されており，構造は浮桟橋の横の移動を防ぐとともに浮桟橋が水位によって上下しても渡桟橋とずれないようにするためであり，そして，浮桟橋の要所要所の端につけられた鉄輪の中に鉄パイプを通されていることから，施行令に定める土地に定着するものということができる。よって，浮桟橋の減価償却資産としての種類は「構築物」である。そして，浮桟橋の機能に照らすと，浮桟橋の主要材料は浮材である発泡スチロールであるところ，

発泡スチロールは合成樹脂である。したがって，浮桟橋は省令別表第一の「構築物」のうちの「合成樹脂造のもの」に該当するから，その耐用年数は10年である。なお耐用年数は各企業が容易にその判定ができるようにするために簡便性の要請に基づき，当該資産の構造又は用途・設備の種類による分類に応じ省令によって機械的画一的に定められており，耐用年数を短縮すべき特別の事情がある場合は，施行令57条に規定する耐用年数短縮の承認を受ける制度を設けて，税額確定の簡便性と具体的妥当性の要請の調和が図られているのであるから，発泡スチロールも，耐用年数短縮の承認がない限り，通常の合成樹脂と同様に扱うべきである。

裁判所の判断

①　浮桟橋が，省令別表第一の「構築物」に該当するかどうかを検討すると，法人税法施行令13条2号によれば，構築物とはドッグ，橋，岸壁，桟橋等の土地に定着する土木設備又は工作物であるところ，土地に定着するとは，土地に固定的に付着して容易に移動し得ず，取引観念上継続的にその土地に付着せしめた状態で使用されると認められることと解するのが相当である。そうすると，渡桟橋と岸は固定して接続されているが，桟橋と渡桟橋は固定して接続されていないけれども，浮桟橋は釣堀の岸近くの池底に立てられた二本の鉄柱とロープでつながれ，また浮桟橋に付着している輪を浮桟橋の両側の要所要所に立てられた鉄柱に通しているのであるから，浮桟橋のこのような構造に照らすと，浮桟橋は水面上に固定され容易に移動し得ないものということができ，また取引観念上も継続的にその状態で使用されるものであり，なお浮桟橋が渡桟橋や鉄柱と完全に固定されていないのは，水の増減による桟橋の上下運動を可能にするために過ぎず，それ以外の点においては通常の桟橋と何ら異なるところはないこと，浮桟橋は鉄骨等を機械的に加工して製作した工作物であること等の事実によれば，浮桟橋は，鉄柱部分のみならず，全体として省令別表の「構築物」に該当すると解するのが相当である。

②　浮桟橋が「合成樹脂造りのもの」に該当するかどうかを検討すると，浮

桟橋の主要材料が発泡スチロールであることは当事者間に争いがないところ，弁論の全趣旨による真正に成立したと認められる証拠によれば，発泡スチロールは合成樹脂であるポリスチレンを約70倍に発泡させたものであることが認められる。したがって，浮桟橋が「合成樹脂造りのもの」に該当することは明らかである。

③　納税者は，発泡スチロールは合成樹脂を約70倍に発泡させたものであり，したがってその耐久力や強度等は通常の合成樹脂より劣るから，その耐用年数を通常の合成樹脂のそれと同一にすることは相当でない旨主張するが，減価償却の対象となる資産の種類，構造，用途等は極めて多種多様であるから，減価償却を適用して税額を確定するに当たっては，その簡便性の要請を無視することはできず，また課税の公平を図るべきであり，したがって減価償却に関する定めはある程度画一的にする必要があるというべきである。そして省令の別表第一においては，資産をその属性に応じて大別し，次にその用途や構造等の区分により耐用年数を定め，減価償却についてはこのような分類基準を機械的画一的に適用するものとしており，ただし耐用年数を短縮すべき特別の事情がある場合は，施行令57条において耐用年数短縮の承認を得べきものとされており，このように減価償却に関する規定が税額確定の簡便性と具体的妥当性の要請の調和を図っていることからすると，発泡スチロールの場合も，耐用年数短縮の承認がない限り，通常の合成樹脂と同一の耐用年数によるべきものと解するのが相当である。そして，納税者は，浮桟橋につき耐用年数短縮の承認を受けた旨の主張は，何らしていない。

④　浮桟橋は，耐用年数省令別表第一の「構築物」の「合成樹脂造りのもの」に該当するところ，納税者は浮桟橋について耐用年数短縮の承認を得た旨を主張しないから，浮桟橋の耐用年数は10年となる。

【髙木　良昌】

CASE

28

バックホーモーターの取替えと
資本的支出

（参考）
国税不服審判所　昭和 59 年 12 月 25 日裁決　TKC 26008700／TAINS J28-2-05

［争点］

　一般土木建築業を営む同族会社である納税者が昭和 54 年 12 月にバックホー
を 140 万円で中古取得した。バックホー取得時の経過年数が不明であったため，
当時の法定耐用年数である 5 年を耐用年数として減価償却を行っていた。バッ
クホーに装着されている 2 台の走行用モーターの内 1 台が故障してしまったた
め昭和 55 年 9 月にモーターを 1 台交換し，その交換費用 30 万 4,000 円を修
繕費として損金の額に算入した。しかし，課税庁からバックホー主要部品の取
替えにより使用可能期間を延長したものであるから修繕費とはならず，30 万
4,000 円は資本的支出であると指摘を受けた。

　税務の取扱いでは，資本的支出の例示（法人税基本通達 7-8-1）として，法
人がその有する固定資産の修理，改良等のために支出した金額のうち当該固定
資産の価値を高め，又はその耐久性を増すこととなると認められる部分に対応
する金額が資本的支出となるのであるから，例えば次に掲げるような金額は，
原則として資本的支出に該当する，とされている。

（1）　建物の避難階段の取付等物理的に付加した部分に係る費用の額

（2）　用途変更のための模様替え等改造又は改装に直接要した費用の額

（3）　機械の部分品を特に品質又は性能の高いものに取り替えた場合のその取
　　　替えに要した費用の額のうち通常の取替えの場合にその取替えに要すると
　　　認められる費用の額を超える部分の金額

　　（注）　建物の増築，構築物の拡張，延長等は建物等の取得に当たる。

　また，修繕費の例示（同通達 7-8-2）として，法人がその有する固定資産の

修理，改良等のために支出した金額のうち当該固定資産の通常の維持管理のため，又はき損した固定資産につきその原状を回復するために要したと認められる部分の金額が修繕費となるのであるが，次に掲げるような金額は，修繕費に該当する，とされている。

(1)　建物の移えい又は解体移築をした場合（移えい又は解体移築を予定して取得した建物についてした場合を除く。）におけるその移えい又は移築に要した費用の額。ただし，解体移築にあっては，旧資材の70％以上がその性質上再使用できる場合であって，当該旧資材をそのまま利用して従前の建物と同一の規模及び構造の建物を再建築するものに限る。

(2)　機械装置の移設（同通達7-3-12《集中生産を行う等のための機械装置の移設費》の本文の適用のある移設を除く。）に要した費用（解体費を含む。）の額

(3)　地盤沈下した土地を沈下前の状態に回復するために行う地盛りに要した費用の額。ただし，次に掲げる場合のその地盛りに要した費用の額を除く。

　　イ　土地の取得後直ちに地盛りを行った場合

　　ロ　土地の利用目的の変更その他土地の効用を著しく増加するための地盛りを行った場合

　　ハ　地盤沈下により評価損を計上した土地について地盛りを行った場合

(4)　建物，機械装置等が地盤沈下により海水等の浸害を受けることとなったために行う床上げ，地上げ又は移設に要した費用の額。ただし，その床上工事等が従来の床面の構造，材質等を改良するものである等明らかに改良工事であると認められる場合のその改良部分に対応する金額を除く。

(5)　現に使用している土地の水はけを良くする等のために行う砂利，砕石等の敷設に要した費用の額及び砂利道又は砂利路面に砂利，砕石等を補充するために要した費用の額

　資本的支出に該当するか修繕費となるかについては争いとなることが多い。そのため税務の取扱いでは資本的支出，修繕費の両面から上記のような形式基準が示されているが，バックホーの走行用モーターの交換が使用可能期間を延

長する資本的支出となるのかどうかが争点となった。

納税者の主張

①　課税庁は，納税者が昭和55年9月20日に支出し修繕費に計上したバックホーの走行用モーターの取替費用30万4,000円を資本的支出であるとして，その減価償却費相当額65,436円を控除した23万8,564円を減価償却超過額として損金の額に算入しなかった。しかしながら，モーター取替費は修繕費となるべきものである。

②　バックホーは，昭和54年12月28日に中古品を140万円で購入したものであり，取得時の経過年数が不明であったため，法定耐用年数の5年を耐用年数として減価償却費を計算してきたものであるが，納税者は，バックホーを海岸に近い工事現場で使用することが多く塩害が著しく法定耐用年数の使用に耐えないのが通常である。

③　バックホーには走行用モーター2台が装着されているところ，支出はそのうちの1台を取り替えたものであり，通常の使用に基づく部品の交換であって，支出によりバックホーの使用可能期間を延長させ，若しくはその資産の価額を増加させるものではない。

課税庁の主張

納税者が修繕費とした30万4,000円は，中古品で取得したバックホーの主要部品であるモーターを取り替えたことによるものであって，バックホーはその主要部品の取替えにより使用可能期間を延長したものであるから修繕費とはならない。

審判所の判断

バックホーにつき納税者の支出した30万4,000円が修繕費となるか，資本的支出となるかについて争いがあるので検討する。支出金により，納税者

は，バックホーの走行用モーター1台を取り替えたものであることについては当事者間に争いがなく，かつその事実が認められる。取り替えられた当該モーターは，バックホーのキャタピラシャフトに連結して左右に各1台が取り付けられているもののうちの1台であって左右のモーターが共に作動して走行の機能を果たすものであるところ，うち1台が使用不能となって取り替えたものであり，また，当該取り替えられたモーターは，従前のモーターと同一の性能のものであることが認められ，バックホーがこのモーターの取替えによってその使用可能期間を延長させ若しくはその資産の価額を増加せしめるものとは認められないから，支出金は，これを全額修繕費として損金の額に算入するのが相当である。

【髙木　良昌】

CASE

29

契約完了時の無償譲渡契約と耐用年数の短縮承認申請

（参考）
国税不服審判所　平成 16 年 10 月 22 日裁決　TKC 26011901／TAINS J68-3-11

[争点]

　自転車駐車場整備運営事業を営む納税者が A 市から土地を賃借し既設自転車駐車場の解体撤去等を行った上で自転車駐車場施設等の建設を行った。納税者と A 市との契約で，10 年の契約期間満了時に自転車駐車場施設等は A 市に無償譲渡又は解体撤去して更地にした上で事業用地を返還することとなっていた。そのため，納税者はその建設した自転車駐車場設備の内，支柱付き鉄骨屋根は本来耐用年数 45 年で減価償却すべきところを，鉄骨屋根に係る耐用年数の短縮承認申請を，法人税法施行令 57 条 2 項の規定に基づき行った。しかし，課税庁はこれを却下したという事案である。

　法施行令 57 条 1 項は，内国法人は，その有する減価償却資産が一定の事由に該当する場合において，その該当する減価償却資産の使用可能期間を基礎としてその償却限度額を計算することについて承認を受けたときは，その承認に係る使用可能期間をもって耐用年数とみなす旨規定している。一定の事由とは下記のとおりであるが，本事案のような事情が耐用年数の短縮承認事由となるかが争点となった。

（イ）　当該資産の材質又は製作方法がこれと種類及び構造を同じくする他の減価償却資産の通常の材質又は製作方法と著しく異なることにより，その使用可能期間が法定耐用年数に比して著しく短いこと。

（ロ）　当該資産の存する地盤が隆起し又は沈下したことにより，その使用可能期間が法定耐用年数に比して著しく短いこととなったこと。

（ハ）　当該資産が陳腐化したことにより，その使用可能期間が法定耐用年数に

比して著しく短いこととなったこと。

（ニ）　当該資産がその使用される場所の状況に基因して著しく腐しょくしたことにより，その使用可能期間が法定耐用年数に比して著しく短いこととなったこと。

（ホ）　当該資産が通常の修理又は手入れをしなかったことに基因して著しく損耗したことにより，その使用可能期間が法定耐用年数に比して著しく短いこととなったこと。

（ヘ）　上記（イ）ないし（ホ）までの事由以外の事由で法人税法施行規則16条《耐用年数の短縮が認められる事由》に定める次のAないしCの事由により，当該資産の使用可能期間が法定耐用年数に比して著しく短いこと又は短いこととなったこと。

　　A　省令に定める一の耐用年数を用いて償却限度額を計算すべき減価償却資産の構成が当該耐用年数を用いて償却限度額を計算すべき同一種類の他の減価償却資産の通常の構成と著しく異なること。

　　B　当該資産が機械及び装置である場合において，当該資産の属する設備が省令別表第二に特掲された設備以外のものであること。

　　C　その他上記の（イ）ないし（ホ）及び上記A及びBに準ずる事由。

納税者の主張

①　鉄骨屋根は，事業に供するものであり，事業は公共性が極めて高いこと，及び契約に更新の定めはなく，契約期間の満了日である平成25年3月31日を経過した時点でA市に無償譲渡する又は解体撤去することが確実であり，使用できる期間は10年1か月と客観的に明らかであることから，短縮承認を受けようとする使用可能期間は10年が相当である。

②　鉄骨屋根の法定耐用年数45年を適用して減価償却計算を行う場合には，契約期間が満了する日の属する事業年度前までは少額の減価償却費しか費用計上できず，契約期間の満了する日の属する事業年度においては多額の未償

却残高が譲渡損又は除却損として計上されることになる。このように，鉄骨屋根は契約により，使用可能期間は 10 年が相当であるが，鉄骨屋根に法定耐用年数である 45 年を適用した場合には，適正な期間損益計算ができないこととなり，費用収益対応の原則に反するばかりでなく，法人税等についても担税力の伴わない負担となることは明らかである。

課税庁の主張

納税者は，鉄骨屋根の使用可能期間を 10 年に短縮する事由として，事業は公共性が高いこと，鉄骨屋根の短縮承認を受けようとする使用可能期間は客観的にみても 10 年であるとの事由を主張するが，法人税法施行令 57 条 1 項には，内国法人の有する減価償却資産の耐用年数を短縮することができる事由が規定されており，これらの事由は同項に規定する事由のいずれにも該当しない。

審判所の判断

①　法人税法 31 条 1 項は，所得金額の計算上損金の額に計上できる減価償却費は，施行令で定めるところにより計算した償却限度額を限度とする旨規定しており，施行令では，その償却限度額については，原則として省令で定める法定耐用年数により計算する旨規定している。そして，耐用年数省令 1 条 1 項は，減価償却資産の区分，種類，構造又は用途及び細目に応じて，別表第一ないし別表第四において，その法定耐用年数を掲げている。

②　法定耐用年数の算定は，原則として通常考えられる維持補修を加える場合において，その固定資産の本来の用途，用法により現に通常予定されている効果を維持して使用可能と認められる年数，すなわち通常の効用持続年数により定められたものと認められる。そして，法人税法が，減価償却資産の耐用年数について，原則として納税者が独自に見積もることを認めずその法定耐用年数によることとしているのは，その減価償却資産の一般的な使用可能期間を耐用年数とすることで，減価償却費の期間配分を適正なものとし，

また納税者が耐用年数を恣意的に決定することを排除し，適正な課税所得を計算して課税の公平を図るとともに，納税者が，減価償却資産の種類等に応じて減価償却費の計算を一定の基準のもとに詳細かつ画一的処理ができるようにしたものであると解される。

③　個別の減価償却資産の材質，製作方法，使用場所等が著しく異なる等の事由で，その使用可能期間が法定耐用年数に比して著しく短くなったような場合等でも，法定耐用年数を用いて償却限度額を計算させることは，その使用可能期間に応じた減価償却費の適正な期間配分を歪め，かえって課税の公平を欠くことになることから，法人税法施行令57条は，限定列挙した事由により，その資産の使用可能期間が法定耐用年数より著しく短いこととなった場合には，その減価償却資産の使用可能期間を申請して所轄国税局長の承認を受けることで，当該使用可能期間を法定耐用年数とすることができる旨規定したと考えられる。

④　施行令57条1項は，耐用年数の短縮が認められる場合として，減価償却資産について，材質又は製作方法が通常のものと異なること，地盤の隆起沈下があったこと，陳腐化したこと，腐しょくしたことなどによりその使用可能期間が著しく短いこととなったことを特別な事由として掲げている。この場合の使用可能期間とは，その減価償却資産の現状において，今後，通常の使用方法により使用した場合に，通常の効果を維持して使用可能と認められる効用持続を意味しているのであり，施行令57条1項に掲げる事由は，いずれもその減価償却資産の使用可能期間が法定耐用年数よりも物理的ないしは客観的に短いこととなった事由が現に発生しているような場合に限られているものと認められる。したがって，使用者において，使用可能な期間が法定耐用年数より短いとしても，当該事由はその減価償却資産自体の本質に影響を与えるものではなく，耐用年数の短縮事由には該当しないと解するのが相当である。

⑤　申請書には耐用年数の短縮を求める事由として，公共性が極めて高い事業に供する資産であり，また契約は更新の定めがなく，契約期間満了時に，

無償譲渡又は解体撤去することは確実であることが記載されている。しかし，申請書に記載された事由は，納税者自身の事情により，納税者において鉄骨屋根の使用できる期間に制限があることを示すに留まり，鉄骨屋根は現にその設置環境及びそれ自体に構造，用途等の変化が生じ，物理的，客観的に使用可能期間が短くなったという状況を意味していないから，当該事由が耐用年数を短縮すべき事由のいずれにも該当しない。そして，鉄骨屋根については，その材質及び製作方法が著しく異なったり，その地盤に隆起又は沈下が発生したり，また，陳腐化，腐しょく等鉄骨屋根自体に発生した事由により使用可能期間が著しく短くなったという状況はなく，申請書の提出時点において，施行令57条1項に規定する事由のいずれにも該当しないことは明らかである。

⑥　納税者は，耐用年数の短縮の承認を受けようとする使用可能期間の10年によらず，45年を適用して減価償却費の計算を行うと，適正な期間計算が行えず，事業期間終了後に多額の譲渡損又は除却損を計上することになり，費用収益対応の原則に反する旨主張する。しかしながら，減価償却資産はその一般的な使用可能期間に応じて，物理的に減価していくものであり，その減価に対応して減価償却費を計算することが期間計算に資すると解されるところ，鉄骨屋根には，その一般的な使用可能期間が短くなる状況にはないと認められる。そして，鉄骨屋根に係る譲渡損又は除却損は，実際に譲渡又は除却が発生した時点で，その資産の未償却残高に基づき計上すべきものと認められ，将来の減価償却資産の損失をあらかじめ配分することは許されないと解するのが相当である。

【髙木　良昌】

産業廃棄物処理施設の減価償却資産の単位

(参考)
大阪地方裁判所　平成 21 年 2 月 26 日判決　TKC 25500531／TAINS Z259-11148

[争点]

　一般廃棄物及び産業廃棄物の収集運搬及び処理分業等を業とする株式会社である納税者は，平成 10 年 3 月ころ，約 30 億円で産業廃棄物処理施設 A を取得した。A は，①廃棄物ピット，廃棄物クレーン，汚水タンク，汚水ポンプ及び汚水噴霧ノズルそして廃棄物コンベヤからなる受入供給設備，②投入ホッパ，吸塵装置，ロータリーキルン，後燃焼ストーカ及び油圧ユニット，再燃焼室等からなる焼却設備，③余熱回収設備及び余熱利用設備，④ガス冷却設備，⑤排ガス処理設備，⑥通風設備，⑦灰出設備，そして⑧再燃焼室ピット等の設備によって構成されている。

　納税者は A 全体を一体と考え，A 全体が一体で，ばい煙処理の用に供されている減価償却資産であるとし，当時の耐用年数省令 2 条に定められていた特殊の減価償却資産の耐用年数を採用して，減価償却を行った。しかし，課税庁から A は，焼却施設本来の基本的機能である焼却処理の機能を果たす設備と焼却処理に伴い生じ得る公害を防止するための排ガス処理の機能・効用を営み得る建物，構築物，機械及び装置により構成されており，A を一つの機械として評価することはできず，各部分を個別に判断すべきであるとの指摘を受けた。

　A に係る普通償却の耐用年数をどのように評価するかについて，施設全体を一体とみて，全体がばい煙処理用機械装置に該当するといえるかどうかが問題となった事案である。

納税者の主張

①　減価償却資産としての「機械及び装置」の判断においては，異なる機能を有する複数の部分が存在したとしても，これらの部分が相互に連動して一連の処理を行うべく設計され，一体として設置され機能する場合には，一つの機械と評価すべきであり，かかる理は，機械の大小，外皮の有無等によって影響を受けるものではない。

②　Aは，相互に連動して一連の処理を行うべく設計され，一体として設置されたプラントであり，Aにのみ使用されることを前提として個別に設計されており，Aの部分は，客観的に他の施設に流用することができず，汎用性が全くなく，他の部分と結合して初めて本来の効用をあげることができ，部分が物理的に不可分一体となっている。そして，Aの基本的機能は，公害を防止しながら廃棄物を減容することにあり，法定の排出基準を充足するためには，Aの部分が有機的に連動して機能することが不可欠であり，Aは，機能的にも一体となっている。

課税庁の主張

①　減価償却資産の単位については，現実に減価償却資産がどのように利用されているかを前提にするのではなく，通常であれば別々の効用を果たし得る限度において細分化された最小単位を基準に判断すべきである。

②　Aは，焼却施設本来の基本的機能である焼却処理の機能を果たす設備と焼却処理に伴い生じ得る公害を防止するための排ガス処理の機能・効用を営み得る建物，構築物，機械及び装置により構成されており，Aを一つの機械として評価することはできず，部分を個別に判断すべきである。

裁判所の判断

①　法人税法施行令13条は，減価償却資産として，建物及びその附属設備（1号），構築物（2号），機械及び装置（3号），船舶（4号），航空機（5号），車両及び運搬具（6号），工具，器具及び備品（7号），無形固定資産（8号），

生物（9号）を列挙し，建物，構築物，機械及び装置等を明確に区別している。そして，同法施行令56条は，減価償却資産の耐用年数等は財務省令で定めるとし，これを受けた耐用年数省令1条は，減価償却資産の耐用年数について，施行令13条の上記資産の区別を前提とした上で，その構造又は用途，細目に応じた耐用年数をそれぞれ定め（別表第一から第四まで），耐用年数省令2条は，上記資産のうち特殊な減価償却資産の耐用年数として，構築物，機械及び装置等について，細目ごとに耐用年数をそれぞれ定めている（別表第五から第八まで）。このように法人税法，同法施行令及び省令が減価償却資産ごとにその構造又は用途等に応じて耐用年数を定めていることに加えて，減価償却資産の耐用年数が，通常考えられる維持補修を加える場合において，その資産の本来の用途，方法により，その効用の持続する年数として定められたものであることを併せ考えれば，ある資産が減価償却資産としての「建物」，「構築物」又は「機械及び装置」等のうちのいずれに該当するかは，当該資産が社会通念上一つの効用を有すると認められる単位ごとに判断するのが相当というべきである。

②　A全体及びその設備を検討するに，事実のとおり，Aの受入供給設備である廃棄物ピット，廃棄物クレーン及び廃棄物コンベヤ，焼却設備である投入ホッパ，給じん装置，ロータリーキルン，後燃焼ストーカ，油圧ユニット，再燃焼室，助燃バーナ，補助燃料タンク，補助燃料供給ポンプ及び羽口金物冷却ファン，通風設備である押込ファン及び風道，灰出設備である灰出コンベヤ及び焼却灰移送コンベヤ，並びに余熱利用設備である蒸気タービン等は，それぞれ前提事実及び認定事実に摘示のとおりの独立の機能・効用を有すると認めることができ，これらの設備をそれぞれ一つの減価償却資産ととらえた上で，個別に償却期間を定めて減価償却するのが相当というべきである。

また，仮に，納税者主張のとおり，Aを一つの減価償却資産ととらえたとしても，同施設の目的は，破砕選別処理施設から排出された建設混合廃棄物の可燃物や廃プラスチック等の産業廃棄物を焼却処理により減容化することにあり，ばい煙を発生させる焼却処理施設と評価することになるから，A全体

をもってばい煙処理の用に供する施設ということはできず，同様に汚水処理用減価償却資産ともいえない。

③　Aの設備のうち施行令13条号のいずれの区分に該当するかについて争いがあるのは，廃棄物ピットであり，その他の部分が同条3号の「機械及び装置」に当たることは争いがない（ただし，ばい煙処理用機械装置に該当するか否かという点で争いがある。）。そこで，廃棄物ピットが「建物」と「機械及び装置」のいずれに該当するのか検討する。

④　事実によれば，廃棄物ピットは，①工場棟上屋の地下部分に設けられた鉄筋コンクリート造の工作物であり，外部から搬入された廃棄物を貯留する設備であり，廃棄物ピットそれ自体では廃棄物に対して何らかの作用を加えるものではないこと，②廃棄物ピットの上部空間は，屋根まで吹き抜けとなっており，廃棄物クレーン及び投入ホッパと合わせ，4階建て相当の工場棟上屋に覆われていること，③廃棄物ピットの壁面4面のうち南北方向に平行する2面の壁の上端部は，工場棟1階床部分に直角に接合し，東西方向に平行する2面の壁面は廃棄物ピットの壁であるとともに工場棟上屋の基礎部分をなしていること，④廃棄物ピットの上部空間は，工場棟上屋の天井付近まで空間になっており，工場棟上屋とともに，廃棄物を外界から遮断する機能を有していることが認められる。

⑤　仕様書において，廃棄物ピットが土木建築の項目に記載されており，見積書においても廃棄物ピットが工場棟上屋の基礎工事の価額に含めて計上されていることを併せて考えれば，廃棄物ピットは，それ自体で単一の資産と評価するのではなく，工場棟上屋と一体をなす建物の基礎として評価するのが相当である。そうすると，工場棟上屋が「その他の建物」として，31年の耐用年数が適用されるのであるから，工場棟上屋の基礎である廃棄物ピットについても同じ耐用年数を適用すべきである。

【髙木　良昌】

請負契約による機械装置の取得時期

（参考）
東京地方裁判所　平成 30 年 3 月 6 日判決　TKC 25552544／TAINS Z268-13126
東京高等裁判所　平成 30 年 9 月 5 日判決　TKC 25563811／TAINS Z268-13182

［争点］

　納税者が自社の工場において設置した機械装置について平成 24 年 4 月 1 日から平成 25 年 3 月 31 日までの事業年度の法人税の所得の金額の計算上，法人税法 31 条の規定の適用による減価償却の方法により計算した減価償却費，及び租税特別措置法 52 条の 3 の規定の適用による特別償却準備金として積み立てた金額を損金の額に算入して法人税等の確定申告をしたところ，課税庁が納税者は機械装置を事業年度終了のときにおいて取得しておらず，事業年度の法人税の所得の金額の計算上，減価償却費等を損金の額に算入することはできず，さらに，納税者は機械装置を課税期間中に取得していないとして，事業年度の法人税等の更正処分及び過少申告加算税の賦課決定処分をしたことに対して，納税者が法人税等更正処分，法人税等賦課決定処分の取消しを求めた事案である。

　原審である東京地裁は，納税者が機械装置を事業年度終了のときにおいては取得しておらず，事業年度の法人税等の所得の金額の計算上，減価償却費等を損金の額に算入することはできず，また，納税者は機械装置を課税期間中に取得しておらず，これを前提とした税額は法人税更正処分により納付すべき法人税等と同額であるから，法人税更正処分は適法であるとして，さらに，納税者が事業年度の法人税について還付される税額を過大に申告したことについて，国税通則法 65 条 4 項に規定する正当な理由があるとは認められず，これを前提とした過少申告加算税は，法人税賦課決定処分における過少申告加算税の額と同額であるから，法人税賦課決定処分は適法であるとして，納税者の請求を

いずれも棄却した。これに対し，納税者は，原判決を不服として控訴した。

　本事案の争点は，納税者が減価償却費等を事業年度の損金の額に算入することができるか否かであり，具体的には，納税者が事業年度終了の時において，機械装置を「取得」していたか否かである。

納税者の主張

①　減価償却資産の本質たる収益獲得への寄与の事実ないし収益の発生源泉における「収益」とは，使用収益権限の行使による収益であるから，租税法上の観点から，減価償却資産の取得における「所有権」は，少なくとも使用収益権限を実質的に含んでいればよいのであって，所有権の法律上の取得を要件とする原判決は誤りであって，減価償却制度の本質の理解が不足している。

②　法人税法22条3項2号において，減価償却費について債務確定を待たずに損金算入が認められることを踏まえていない。

③　原判決は，請負契約における引渡しについて，注文者による機械装置が所期の性能を有することの確認が必要であると判断しながら，納税者が機械装置を取得したのは，早くとも平成25年5月27日の引渡しの時期であるとして納税者の主張を排斥しているが，固定資産につき収益獲得への寄与の事実が認定されれば，当該固定資産につき所有権等取得要件の充足が推認されるという納税者の主張は，原判決の所期の性能確認が必要であるという判断と矛盾するものではなく，原判決はこの点において理由付けに一貫性を欠く。

④　原判決は，減価償却資産の取得時期は，原因行為による所有権移転の時期がこれに当たるとし，請負契約において，所有権移転の時期が契約代金の全額を支払った時期であると合意されていることを踏まえ，機械装置の所有権移転の時期が契約代金を支払った平成25年7月10日であるとしながら，機械装置が引き渡されたのは同年5月27日であるとして，納税者が減価償

却として機械装置を取得したのは同日であると判断しており，規範の定立と
あてはめが連動していない。

⑤　納税者による機械装置の取得時期が検収書発行日である平成 25 年 5 月
27 日と判断されるのであれば，公正処理基準，所得課税の基本理念及び所
得課税に関する憲法の理念にいずれも反すると主張したのに対し，原判決は，
納税者の主張は納税義務者が固定資産の使用収益権限を実質的に取得してい
れば当該固定資産に係る減価償却費の損金算入を認めるべきであるというも
のでこれを採用することはできないとして納税者の主張を排斥したが，これ
は納税者に収益課税が行われるにもかかわらず，当該収益に対応する費用は
損金不算入とするという不利益を納税者に負わせるのに十分な理由付けとは
いえない。

⑥　法人税基本通達 7-1-4 は，契約上の引渡しを受けていなくても，事実上
の引渡しを受けて使用し，収益獲得へ寄与していれば，当該部分の減価償却
資産としての取得を肯定するものであるとして，原判決はこの通達の理解を
誤っていることから，失当である。

⑦　減価償却資産の取得は，所有権の帰属のみならず，使用収益権限の有無
を中心に，費用収益対応の原則を基礎付ける事実関係にも着目した判断を行
うべきであり，減価償却資産は，法人の事業の用途に応じた本来の機能を発
揮することによって収益獲得に寄与することがその本質であるから，使用収
益権限を実質的に取得すれば，減価償却資産を取得したというべきである。

課税庁の主張

①　納税者は，原判決を正解することなく，減価償却資産を取得したか否か
の判断について，当該固定資産を法人の事業の用に供しているか否かにより，
同資産に係る減価償却の可否を判断すべきとの自説を述べるにすぎない。

②　納税者が平成 25 年 3 月 31 日以前に，検収書を発行していなかったこ
とは，その時点で機械装置に所期の性能が確認できていなかったことの証で
ある。

③　機械装置は，平成 25 年 2 月以降，トラブルが頻発していたため，同年 3 月末までに所期の性能が確認されず，同年 5 月 27 日に至って，納税者が納得できる水準に達したため検収されて引渡しが完了したことは，機械装置を設置した関係者の明確な供述や，同月 22 日以降，機械装置に顕著な不具合が記録されていないことからも明らかである。

④　納税者は，機械装置の検収日が平成 25 年 5 月 27 日になったのは，所期の性能以上の細かい点についても念のため業者に不具合対応を続けてもらうために検収書の発行を遅らせていたことによると主張しているが，契約仕様書においては，検収後一定期間内であれば業者が無償で不具合の修理等を行うこととされているのであり，納税者の主張は合理的ではなく，採用できない。

裁判所の判断

①　減価償却の制度は，固定資産の取得に要した費用を将来の収益に対する費用の一括前払と捉えた上で，使用又は時間の経過による固定資産の価値の減少に応じて，徐々に費用として計上することを認める制度であるから，減価償却費を費用として計上しようとする法人が当該固定資産の所有権等を法律上取得するか，又はこれと同視できる事情が認められることが必要であるのは当然である。

②　費用収益対応の原則は，企業会計において，期間損益を正確に把握するために収益とそれを生み出すのに要した費用は同一会計年度に計上されなければならないという原則であって，使用収益権限を取得すれば，減価償却資産の取得となるわけではない。その上，減価償却制度が，固定資産の取得に要した費用を将来の収益に対する費用の一括前払と捉えた上で徐々に費用化することを認めることを通じて，投下資本の回収という経済的機能を果たすものであることからすれば，納税者のこの点に関する主張は採用できない。

③　償却費が債務確定を待たずして損金算入が認められ，償却費について債務確定主義がとられていないとしても，それは償却費が過去の支出額を期間

配分するものであって，債務確定という問題が生じないためであるから，納税者の原判決に対する批判は当を得ていない。

④　原判決は，機械装置が引き渡されたというためには，注文者による機械装置が所期の性能を有することの確認が必要であると述べているが，その前提として，機械装置等を特定の場所に設置し，これを稼働させることを目的とする請負契約においては，物理的に設置するのみならず，当該機械装置をその使用目的に沿って使用することが可能な状態にすることが当然予定されていると判示している。そして，原判決は，請負契約の内容や，機械装置の設置及び関係者の立会いが完了した平成25年2月20日以後に不具合の調整や改善が行われ検収日を同年5月27日とする検収書が作成されたことなどを踏まえて，機械装置の引渡日を同日と認めたものであり，原判決の理由に一貫性を欠く点はない。

⑤　原判決は，取得の時期は所有権移転の時期がこれに当たるものと解するとした上で，機械装置の引渡しが行われたのは平成25年5月27日と，機械装置の所有権が納税者に移転したのは同年7月10日であると，それぞれ認定し，納税者が機械装置を取得したのは，早くとも引渡しが行われた同年5月27日であって，事業年度終了時で機械装置を取得していないと判断している。要するに，原判決は，所有権移転時期より早い引渡時期を基準としても，納税者は事業年度終了時までに減価償却資産を取得していないと判断しているのであって，規範の定立とあてはめが連動していないという批判は妥当しない。

⑥　所有権等を取得していない納税者が減価償却費を計上できないことが，公正処理基準，所得課税の基本理念及び所得課税に関する憲法の理念に反するとはいえない。したがって，これと同義に解する原判決に対する納税者の批判は妥当しない。

⑦　法人税基本通達7-1-4は，「建設中の建物，機械及び装置等の資産は減価償却資産に該当しないのであるが，建設仮勘定として表示されている場合であっても，その完成した部分が事業の用に供されているときは，その部分

は減価償却資産に該当するものとする。」ものであるところ，機械装置の引渡日以前に機械装置の一部分が完成し，これが納税者に引き渡されたことをうかがわせる事情が見当たらないことは，原判決が判示するとおりであるから，法人税基本通達 7-1-4 を考慮しても，原判決の判断に誤りは認め難く，納税者のこの主張は採用できない。

⑧　請負契約において，機械装置の機能が問題なく動作するかを確認した後になされる検収と同時に引渡しがあったものとされ，納税者が残代金を全額支払ったときに所有権が納税者に移転するとされていたことから，平成 25 年 5 月 27 日を検収日とする検収書が作成された同日に引渡しが，同年 7 月 10 日に残代金が全額支払われた同日に所有権移転が，それぞれ認められるから，同年 2 月 20 日に納税者が機械装置を取得したとは認められない。

⑨　納税者は，検収日が同年 5 月 27 日になったのは，所期の性能を満たしていることを確認した後も，業者に不具合対応を続けてもらうために検収書の発行を遅らせていたと主張する。しかし，検収がなされるか否かは業者にとって残代金支払に係る重要な事項であり，同年 3 月末までに検収可能な状況になっていながら，納税者の思惑により検収が同年 5 月 27 日まで伸びることは考え難いし，検収後一定期間は業者が無償で不具合の修理等を行うこととされており，それにもかかわらず，あえて検収日を遅らせる必要があったという事情はうかがえない。これに加えて，仮に納税者主張のとおりであったとしても，請負契約上，検収と同時に引渡しがあったとされている以上，機械装置の引渡しは検収がなされた平成 25 年 5 月 27 日であるといわざるを得ないことからすれば，納税者のこの主張は前記判断を左右しない。

【岡崎　央】

屋根の雨漏り防止工事

(参考)
国税不服審判所　平成13年9月20日裁決　TKC 26100133／TAINS F0-2-119

[争点]

　卸売業を営む納税者は，所有する①本社倉庫，②流通センター，③賃貸ビルの各屋根の雨漏り防止工事を実施し，①②の工事に要した費用を平成9年12月期に，③の費用を平成10年12月期に修繕費として損金の額に算入したところ，課税庁が，通常の維持管理のため，又は毀損した固定資産についてその現状を回復するために支出した費用とは認められず，雨漏り防止工事は資本的支出として損金の額に算入できないなどとして更正処分等を行った。これに対し，納税者は，雨漏り防止工事は建物本来の耐用年数を保持するのみで，建物の使用可能期間が延長することに該当せず，建物の資産価額の増加にも該当しないから，工事費用は修繕費に該当すると主張した事案である。

　法人税法施行令132条は，内国法人が，修理，改良その他いずれの名義をもってするかを問わず，法人が有する固定資産について支出した金額のうち，その支出により，①資産の取得の時において資産につき通常の管理又は修理をするものとした場合に予測される資産の使用可能期間を延長させる部分に対応する金額，②資産の取得時において資産につき通常の管理又は修理をするものとした場合に予測されるその支出の時における資産の価額を増加させる部分に対応する金額については資本的支出となり，損金の額に算入されないと規定している。

　税務の取扱いでは，資本的支出の例示について，法人がその有する固定資産の修理，改良等のために支出した金額のうち固定資産の価値を高め，又はその耐久性を増すこととなると認められる部分に対応する金額が資本的支出となる

のであるから，例えば，①建物の避難階段の取付等物理的に付加した部分に係る金額，②用途変更のための模様替え等改造又は改装に直接要した金額，③機械の部分品を特に品質又は性能の高いものに取替えた場合のその取替えに要した金額のうち通常の取替えの場合にその取替えに要すると認められる金額を超える部分の金額，などは，原則として資本的支出に該当するとしている（法人税基本通達7-8-1）。

　また，修繕費の形式基準について，①修理・改良等のために要した金額が20万円未満のもの（法人税基本通達7-8-3（1）），②修理・改良等がおおむね3年以内の期間を周期として行われることが既往の実績その他の事情からみて明らかである場合（法人税基本通達7-8-3（2）），③資本的支出であるか修繕費であるかが明らかでないものについては，その修理・改良等の費用の額が60万円未満のもの（法人税基本通達7-8-4（1）），④資本的支出であるか修繕費であるかが明らかでないものについては，その修理・改良等の費用の額がその固定資産の前期末における取得価額のおおむね10％相当額以下のもの（法人税基本通達7-8-4（2）），などは，修繕費の範囲であるとしている。

　納税者は，①本社倉庫の鉄骨造スレート葺2階建を昭和47年7月1日に，鉄骨造カラートタン葺3階建を昭和51年3月1日に取得し，②流通センターは鉄骨造陸屋根7階建であり，昭和57年2月1日に取得，③賃貸ビルは鉄骨造陸屋根5階建であり，昭和52年6月1日に取得した。その後，納税者は，①本社倉庫においてカラートタンで屋根を覆い被せた工事（屋根カバー工法）を平成9年6月に完了し，②流通センターにおいて陸屋根の上に鉄骨を組みアルミトタンで屋根を葺く工事（折板屋根工事）を平成9年11月に完了させ，③賃貸ビルにおいて陸屋根の上に鉄骨を組みカラー鉄板で屋根を葺く工事（折板屋根工事）を平成10年10月に完了し，各工事に係る費用の全額を修繕費として計上し，各年度の法人税の所得の金額の計算上，損金の額に算入し，確定申告をした。

納税者の主張

① 各工事費用は，建物本来の耐用年数を保持するのみで，建物の使用可能期間が延長することに該当せず，また，建物の資産価額の増加にも該当しないから，各工事費用は修繕費である。

② 本社倉庫に係る工事は，鉄骨造スレート葺き屋根の雨漏りが 20 箇所以上になったため，屋根をカラートタンでカバーしたものである。また，建物の鉄骨造カラートタン葺き屋根についても雨漏りがひどく，さらに鉄板が腐食し小手先の修理では耐えられないため，屋根をカラートタンでカバーしたものである。

③ これは，スレート葺きの葺替工事がコスト高になること，カラートタンでの屋根カバー工事であれば，営業を休業せずに工事ができるからである。

④ 流通センターに係る工事は，建物が陸屋根構造のため，雨漏り場所の特定ができず，全面的な工事でなければ雨漏りを防止できないことから，陸屋根の上に鉄骨を組み，カラー鉄板で屋根を葺いたものである。

⑤ 賃貸ビルに係る工事は，建物が陸屋根構造のため，雨漏り場所の特定ができず，全面的な工事でなければ雨漏り防止できないことから，陸屋根の上に鉄骨を組みカラー鉄板で屋根を葺いたものである。

課税庁の主張

① 一般的に法人が固定資産の修理，改良等のために支出する費用には，①維持費，②取替補修費，③改造費，④増設費などがあるが，これらの費用が資本的支出に該当する場合には，その費用は損金の額に算入できない。

② 資本的支出とは，法人税法施行令 132 条の規定によると，固定資産の価値を高め，又はその耐久性を増すこととなると認められる部分に対応する金額とされている。したがって，③改造費及び④増設費が資本的支出に該当し，②取替補修費は資本的支出に該当する場合と修繕費に該当する場合がある。

一方，修繕費とは，固定資産の通常の維持管理のため，又は毀損した固定資産につきその原状を回復するために支出する金額であり，①維持費が該当す

る。そうすると，法人が固定資産の修理，改良等のために支出する費用のうち，修繕費に該当しないものが資本的支出となる。

③　各工事費用のうち，本社倉庫に係る工事は，従来のスレート屋根等の上に材質の異なるカラートタン屋根を覆い被せた工事であり，本社倉庫の主要な部分である屋根の材質を全面的に変更したものであり，流通センターに係る工事は，センターの陸屋根の上に鉄骨を組みアルミトタンで屋根を葺いた工事である。賃貸ビルに係る工事は，ビルの陸屋根の上に鉄骨を組みカラー鉄板で屋根を葺いた工事であり，いずれの工事も通常の維持管理のため，又は毀損した固定資産につきその原状を回復するために支出した費用とは認められず，修繕費には該当しない。

審判所の判断

①　法人税法施行令132条は，内国法人が，修理，改良その他いずれの名義をもってするかを問わず，法人が有する固定資産について支出した金額のうち，その支出により，資産の取得の時において資産につき通常の管理又は修理をするものとした場合に予測される資産の使用可能期間を延長させる部分に対応する金額，資産の取得の時において資産につき通常の管理又は修理をするものとした場合に予測されるその支出の時における資産の価額を増加させる部分に対応する金額については，資本的支出となり，損金の額に算入されないと規定している。したがって，単にその資産の通常の効用を維持させるため補修を行った場合の費用については，資本的支出には該当しないと解されている。

②　本社倉庫に係る工事は，屋根の20箇所以上の亀裂から雨漏りが発生したもので，その亀裂に対して個別に修理ができたにもかかわらず，その屋根の上にカラートタンで屋根全体を覆い被せた屋根カバー工法により工事を行ったものであり，耐用年数の到来が近い屋根を新たにカラートタンで覆う工事は，屋根の耐用年数を延長する工事と認められ，単に雨漏りする箇所のみを修繕する応急的な修復工事ではなく，単にその資産の通常の効用を維持

させるための補修とは認められない。また，カバー工法による工事は，工事全体で新たな屋根を完成させるものであることから，全体を一工事とみるのが相当であり，これに要する工事費用もその支出の内容を個々に検討する必要は認められない。したがって，本社倉庫に係る工事費用は，全額が本社倉庫自体の使用可能期間を延長させるとともにその価額を増加させるものであり，通常の管理又は修理の範囲を超える支出であることから，施行令132条に規定する資本的支出に該当する。

③　流通センター及び賃貸ビルに係る工事は，各建物の屋根がそれぞれ陸屋根造りであり，陸屋根の特定できない部分からの雨漏りのため，陸屋根の上に鉄骨を組みアルミトタン又はカラー鉄板の屋根で覆った折板屋根工事による防水工事である。一般的に鉄骨・鉄筋コンクリート造の陸屋根式建物は，雨漏りがいったん発生すると雨漏りの経路が分かりにくく完全に修理することは困難だといわれており，流通センター及び賃貸ビルに係る工事は応急的に行われるものであり，この工法が雨漏を防ぐ一番安価な方法であったことが認められ，さらに，過去何度となく補修工事を行っていたにもかかわらず雨漏りが続いていたこと等を考慮すると，工事を行わない場合には漏水による建物各部分への影響が不可避であり，結果的に当初予測した建物使用可能期間を短縮させることになるとともに，工事によって新たに生じた屋根裏の空間には利用価値が認められないことから，納税者が施工した陸屋根全体を覆う防水工事は，建物の維持管理のための措置であったと認められる。したがって，流通センター及び賃貸ビルに係る工事費用は，通常の管理若しくは修理をするものとした場合に予測された使用可能期間を延長させるもの，又はその支出の時における建物の取得時の価額を増加させるものとは認められないことから，その全額を修繕費とするのが相当である。

【齋藤　樹里】

CASE 33　崖地に施した防壁等工事に要した支出金

(参考)
国税不服審判所　昭和 59 年 11 月 30 日裁決　TKC 26008600／TAINS J28-2-07

［争点］

　精神科の医療法人を営む納税者は，納税者が経営する病院の敷地に隣接する崖地に防護設備工事を行い，その費用の一部を構築物として計上し，残りの部分を全額災害防除復旧費用である修繕費として損金の額に算入して申告したところ，課税庁が，工事費用は敷地の有効利用を図り，価値を高めるために支払われた改良費であるから，敷地の取得価額に算入されるべきものであるとして更正処分等を行った。これに対し，納税者は，工事費用は通常行うべき維持，管理，修理費用であり，崖地の現状回復のために要した費用であるから，全額修繕費に該当するなどと主張した事案である。

　法人税法施行令 132 条は，内国法人が，修理，改良その他いずれの名義をもってするかを問わず，法人が有する固定資産について支出した金額のうち，その支出により，①資産の取得の時において資産につき通常の管理又は修理をするものとした場合に予測される資産の使用可能期間を延長させる部分に対応する金額，②資産の取得時において資産につき通常の管理又は修理をするものとした場合に予測されるその支出の時における資産の価額を増加させる部分に対応する金額については資本的支出となり，損金の額に算入されないと規定している。

　税務の取扱いでは，資本的支出の例示について，法人がその有する固定資産の修理，改良等のために支出した金額のうち固定資産の価値を高め，又はその耐久性を増すこととなると認められる部分に対応する金額が資本的支出となるのであるから，例えば，①建物の避難階段の取り付け等物理的に付加した部分

に係る金額，②用途変更のための模様替え等改造又は改装に直接要した金額，
③機械の部分品を特に品質又は性能の高いものに取り替えた場合のその取替え
に要した金額のうち通常の取替えの場合にその取替えに要すると認められる金
額を超える部分の金額，などは，原則として資本的支出に該当するとしている
（法人税基本通達 7-8-1）。

また，修繕費の形式基準について，①修理・改良等のために要した金額が 20
万円未満のもの（法人税基本通達 7-8-3（1）），②修理・改良等がおおむね 3
年以内の期間を周期として行われることが既往の実績その他の事情からみて明
らかである場合（法人税基本通達 7-8-3（2）），③資本的支出であるか修繕費
であるかが明らかでないものについては，その修理・改良等の費用の額が 60
万円未満のもの（法人税基本通達 7-8-4（1）），④資本的支出であるか修繕費
であるかが明らかでないものについては，その修理・改良等の費用の額がその
固定資産の前期末における取得価額のおおむね 10 ％相当額以下のもの（法人
税基本通達 7-8-4（2））などとして，修繕費の範囲を定めている。

納税者は，納税者が経営する病院の敷地の南東面に位置する崖地に，コンク
リート吹付工法による工事を行った。工事費用のうち，一部をフェンス工事関
連費用として構築物の取得価額として計上し，残額を災害防除復旧費用として
損金の額に算入し，確定申告をした。

納税者の主張

①　崖地は，20 数年間自然現象たる浸食が続き，その結果，隣接する公道の
　一部が崩落し，平たんの路が斜径となるなどの状況であったが，納税者は，
　崖地の浸食防止及び復旧工事には多額の出費を要するのでそのまま放置して
　いた。木造病棟を耐火建築物に増改築するにあたり，必要な市長の建築許可
　に関連し開催された付近住民の公聴会において，崖地の災害防除工事施行に
　ついて強い要望があり，崖地の崩壊が更に進めば危険を惹起すると判断して
　いたので，その浸食防止及び復旧工事を行ったものである。したがって，工

事費用は，崖地について通常行うべき維持，管理，修理を長期間にわたり
怠っていたため集中的に多額の支出を行うことになったが，その内容は土砂
が崩落して危険な状態となった崖地の原状回復のために要した費用である。

②　支出金は，いわゆる永久資産である土地について支出したものであるか
ら，法人税法施行令 132 条 1 号に規定する「その支出により当該資産の取得
の時において当該資産につき通常の管理又は修理をするものとした場合に予
測される当該資産の使用可能期間を延長させる部分に対応する金額」には該
当しない。また，支出金は崖地の現状回復のための費用であり，病院敷地の
工事前と工事後の価額について比較してみても，次のとおり，同条 2 号に規
定する「通常の管理又は修理をするものとした場合に予測されるその支出の
時における当該資産の価額を増加させる部分に対応する金額」にも該当しな
い。

③　収益性評価基準から検討すると工事の前後を通じて使用価値及び収益性
に差異はないので，法人税基本通達 7-8-1（資本的支出の例示）の趣旨及び
例示に該当しない。

④　譲渡性評価基準から検討すると，相続税財産評価通達に基づく評価が相
当であり，それによれば工事の前後を通じて評価額に開差は認められない。

課税庁の主張

　納税者は，崖地に何らの防護設備を施すことなく，敷地の使用を継続して
きたが，昭和 55 年 5 月ころ，木造病棟の一部を取り壊して耐火建築物を増
改築するに当たり，崖地にコンクリート吹付工法による防護設備を付したも
のである。これは，危険防止のため崖地に災害防除工事を施すべしとの付近
住民の強い要望によるものである。工事の規模は，長さ約 100 メートル，最
大幅約 10 メートル，総面積 972 平方メートル及びコンクリートの厚さ 15
センチメートルのものである。以上の各事実を総合すれば，工事費用は敷地
を将来にわたって安全かつ有効に利用するために行われたものと認められる
から，工事費用は敷地の有効利用を図るため及び敷地の価値を高めるために

支払われた改良費として，敷地の取得価額に算入されるべきものである。

審判所の判断

①　認定事実によれば，納税者は，崖地について何ら防護設備等を施さないまま使用していたため，自然の崩落が生じ，危険を感じていたところ，病棟の増改築に当たり，付近住民の強い要望もあって，崖地に防護設備を施すこととし，当初は自然の崩落を防止し現状を維持する程度の簡易な工事を行うことを予定したが，工事の請負業者の助言もあって，工事に変更したものと認められる。そのうえ，崖地を単に自然崩落前の状態に復旧する工事又は自然崩落を防止する程度の工事の範囲を超え，崖地崩落の防止にあわせ崖地のうち突出部分を削り取ることにより平面部分の敷地を拡大させ，将来にわたる病院敷地の安全かつ有効な利用を目的としてなされたものであるから，支出金は，単なる現状回復のための費用とは認められない。

②　法人税法施行令132条は，資本的支出の意義について，1号において固定資産について支出する金額のうち，その支出により，資産の取得の時において資産につき通常の管理又は修理をするものとした場合に予測される資産の使用可能期間を延長させる部分に対応する金額，2号において固定資産について支出する金額のうち，その支出により，資産の取得の時において資産につき通常の管理又は修理をするものとした場合に予測されるその支出の時における資産の価額を増加させる部分に対応する金額とそれぞれ規定している。

③　支出金は，病院敷地の安全かつ有効な利用を図るために支出されたものであるから，施行令132条1号に規定する資産の使用可能期間を延長させる部分に対応する金額には該当しないことは納税者と課税庁との間においても争いがない。

④　工事は，崖地の崩落を防止するするとともに，病院敷地の平面部分を拡大させ，将来にわたって，敷地を安全かつ有効に利用する意図のもとに行われたものであり，その結果，工事後においては，崖地の崩落が止んだことは

もちろん，工事前に比べ，敷地は約 60 平方メートル拡大されたと認められる。したがって，工事の効果は，崖地の突出部分を有効利用し得る平面部分の敷地に変えるとともに，従来から利用していた敷地の安全利用にまで及ぶものであるから，仮に相続税財産評価通達に基づく評価額が増加していなくても，病院敷地全体の価値を高めたものとするのが相当である。したがって，支出金は，施行令 132 条 2 号に規定する資本的支出というべきである。

⑤　支出金は，その全額が病院敷地についての資本的支出であるから，その金額は土地の取得価額に算入すべきものであり，損金の額に算入すべきでない。ただし，その一部を除いて，構築物の新規取得のための費用として処理するのが相当である。

⑥　工事のうち，コンクリート吹付工法による工事は，コンクリート吹付けの厚さが 15 センチメートル，吹付面積が 972 平方メートルに及ぶ崖面保護工事であり，工法によるコンクリート被膜は，永久に価値を減じないものではなく，時の経過により朽廃し，将来再び工事を行う必要が生じるものと考えられることから，コンクリート吹付工法による工事に要する費用はその規模，構造等からみて土地についての資本的支出というより減価償却資産である構築物の取得のために要した費用とするのが相当である。

⑦　工事のうちコンクリート吹付けを行う前に行った崖地の切取工事及び切取工事によって生じた崩落土の搬出のために要した費用の 1,074 万 3,210 円については，崖地を平面状の敷地に改良し，従来の病院敷地を拡大させるために支出されたもので，コンクリート被膜に係る工事のために要した費用とは認められないから，土地の取得価額に算入するのが相当である。

【齋藤　樹里】

CASE	臨床検査用リース資産の一体性

34

（参考）
東京地方裁判所　平成 21 年 1 月 16 日判決　TKC 25460283／TAINS Z259-11116
東京高等裁判所　平成 21 年 7 月 1 日判決　TKC 25500707／TAINS Z259-11237

[争点]

　臨床検査等の事業を行う納税者が，臨床検査で使用するリース資産について，法人税額の特別控除を定めた租税特別措置法 42 条の 6 第 3 項の規定を適用して確定申告をしたところ，課税庁が，同規定の適用を否定する内容の更正処分等を行ったため，これらの処分の取消しを求めた事案である。

　措置法 42 条の 6 は，中小企業者などが平成 10 年 6 月 1 日から平成 31 年 3 月 31 日までの期間内に，新製品の機械及び装置などを取得し又は製作して国内にある製造業，建設業などの指定事業の用に供した場合に，その指定事業の用に供した日を含む事業年度において，特別償却又は税額控除を認める旨規定している。対象となる減価償却資産として，改正前 1 項 1 号は，「機械及び装置並びに器具及び備品（器具及び備品については，事務処理の能率化等に資するものとして財務省令で定めるものに限る。）」と定めていた。

　納税者は，平成 16 年 3 月期，平成 17 年 3 月期の事業年度内に臨床検査で使用する各資産について，リース契約を締結し，事業の用に供していた。納税者は，各資産が措置法 42 条の 6 第 1 項 1 号の「機械及び装置」に当たり，同条 3 項の特別控除の規定が適用されるとして各事業年度の法人税等の確定申告をした。

　本事案の争点は，各資産が措置法 42 条の 6 第 1 項 1 号に規定する「機械及び装置」ではなく，「器具及び備品」に該当するか否かである。

納税者の主張

　租税特別措置法 42 条の 6 第 1 項 1 号の「機械及び装置」の意義について
は，法令上明確に定義されていないところ，このような場合，納税者の予測
可能性及び法的安定性を確保するため，特別の事情がない限り，その言葉の
通常の用法に従って解釈すべきである。機械及び装置とは，外力に抵抗し得
る物体の結合からなり，一定の相対運動をなし，外部から与えられたエネル
ギーを有用の仕事に変形するもので，原動機構，伝導機構，作業機構の 3 機
構から構成されるものと定義され，その要素として，①剛性のある物体から
構成され，②一定の相対運動をする機能を持ち，③それ自体が仕事をするこ
とが掲げられている。各資産は定義に当てはまり，かつ，各要素をすべて充
足するものであるから，「機械及び装置」に該当する。

課税庁の主張

　「機械及び装置」並びに「器具及び備品」の各意義は，国語辞典の記載等に
依拠することによっては一義的に決することはできないので，法的安定性の
見地から，関連法規との整合性を重視する必要があるところ，関連法規であ
る耐用年数省令は，別表第二において「機械及び装置」を設備の種類ごとに
369 に区分した上で細目を設けて掲げ，別表第一において「器具及び備品」
を構造又は用途に応じて 12 に区分した上で細目を設けて掲げているのであ
るから，各資産が上記各別表にそれぞれ掲げられた資産のいずれかに該当す
るかについて判断するのが相当である。各資産は，機能及び用途からすれば，
耐用年数省令別表第一の「器具及び備品」のうち「医療機器」に該当し，同
別表第二の「機械及び装置」のいずれにも該当しない。

裁判所の判断

①　租税特別措置法 42 条の 6 第 1 項 1 号に規定する「機械及び装置」並び
に「器具及び備品」については，法令上の明確な定義はない。

②　広辞苑第 6 版には，「機械・器械」について「①しかけのある器具。か

らくり。② ［機］（machine）外力に抵抗し得る物体の結合からなり，一定の相対運動をなし，外部から与えられたエネルギーを有用な仕事に変形するもの。原動機・作業機械など。◇「機械１は，主に人力以外の動力による複雑で大規模なものをいい，「器械」は，道具や人力による単純で小規模なものいうことが多い。」，「装置」について「ある目的のために機械・道具などを取り付けること。また，そのしかけ。」とそれぞれ記載され，他方，「器具」について「道具。うつわ。しくみの簡単な器械。」，「備品」について「備えつけておく品物。」とそれぞれ記載されていることが認められる。しかし，以上の各記載においては，機械・器械が「しかけのある器具」とされる一方で，器具が「しくみの簡単な器械」とされているように，一方の言葉の定義ないし説明の中に他方の言葉が用いられているものであるから，機械・器械と器具とを明確に区別することはできない。さらに，措置法42条の６第１項１号の「器具及び備品」には電子計算機も含まれるが，少なくともこれが「しくみの簡単な器械」であるとは言い難いところである。また，機械については，「外力に抵抗し得る物体の結合からなり，一定の相対運動をなし，外部から与えられたエネルギーを有用な仕事に変形するもの。」という説明の外，広辞苑第２版補訂版には「原動機構・伝導機構・作業機構の三機構から構成され」るとの記載があること，並びに，税法上の機械の概念について，①剛性のある物体から構成され，②一定の相対運動をする機能を持ち，③それ自体が仕事をするという要素を有するものであるとの記載があることが認められ，これらは納税者の主張に沿うものである。しかし，措置法42条の６第１項１号の「器具及び備品」に該当するものとして租税特別措置法施行規則で定められているものの中にも，デジタル複写機など，定義が当てはまり，かつ，各要素をすべて充足すると考えられるものが含まれていることに照らすと，定義ないし各要素によっても，「器具及び備品」から区別される概念としての「器械及び装置」の意義は明らかにはならないのである。

③　国語辞典等の文献を参照するなどしても，措置法42条の６第１項１号の「機械及び装置」並びに「器具及び備品」の意義を一義的に決することは

できないところ，これらはいずれも法令上の用語であるから，ある減価償却資産が「機械及び装置」又は「器具及び備品」のいずれかに該当するかの判断に当たっては，法的安定性の観点から，関連法規との整合性が図られるような解釈をする必要があるというべきである。

④　「機械及び装置」並びに「器具及び備品」という用語は，法人税法，措置法及びその他の関連法規において，「機械」，「装置」，「器具」及び「備品」としてそれぞれが別個に規定されるのではなく，「機械及び装置」並びに「器具及び備品」という 2 組のまとまりとして規定されている。そうすると，措置法 42 条の 6 第 1 項 1 号の「機械及び装置」並びに「器具及び備品」の意義の検討に当たっては，「機械」，「装置」，「器具」及び「備品」のそれぞれの個別の意味内容を探求するのではなく，「機械及び装置」を一体のものとし，「器具及び備品」を一体のものとして扱うのが相当である。そして，法的安定性の観点からは，ある法令上の用語は，関連法規における同一の用語と整合的に用いられるべきであるから，ある減価償却資産が措置法 42 条の 6 第 1 項 1 号の「機械及び装置」又は「器具及び備品」のいずれに該当するかを判断するに当たっては，それが，耐用年数省令の別表第二において設備の種類ごとに 369 に区分され，その一部についてはさらに細目が設けられ，個別具体的に掲げられた「機械及び装置」と別表第一において構造又は用途に応じて 12 に区分され，さらに細目が設けられ，個別具体的に掲げられた「器具及び備品」のいずれに該当するかを検討するのが相当というべきである。

⑤　耐用年数省令別表第一の中で，種類を「器具及び備品」とし構造又は用途を「医療機器」とする区分においては，医療の用に供される減価償却資産が網羅されているということができる。そして，このように網羅的に掲げられた減価償却資産について，個別の資産ごとに耐用年数が規定されているのである。

⑥　各資産は，基本的には単体で個別に作動するものであり，他の機器と一体となって設備を形成し，その一部として各機能を果たすものではないと認められることをも考慮すれば，各資産が同別表第二の「369」に該当すると

解することは，同別表第二に掲げられた減価償却資産の中に他とは性質を異にするものを含ませることになり，相当ではないといわざるを得ない。以上によれば，各資産は，耐用年数省令別表第一の「器具及び備品」のうち「医療機器」に該当すると解するのが相当であり，各資産が同別表第二の「369」の「前掲の機械及び装置以外のもの並びに前掲の区分によらないもの」に該当するということはできないというべきである。

⑦　各資産は，法人税法2条23号及び法人税法施行令13条7号にいう「器具及び備品」に当たり，同法2条23号及び施行令13条3号にいう「機械及び装置」に当たらないということになるから，措置法42条の6第1項1号の「器具及び備品」に当たり，同号の「機械及び装置」には当たらないということになる。

【齋藤　樹里】

CASE 35　土地と建物の一括購入と取得価額の区分

(参考)
那覇地方裁判所　平成 16 年 9 月 21 日判決　TKC 28100062／TAINS Z254-9752
福岡高等裁判所　平成 18 年 1 月 19 日判決　TKC 25450428／TAINS Z256-10267
最高裁判所　平成 19 年 9 月 20 日決定　TKC 25463450／TAINS Z257-10784

［争点］

　飲食店等の経営，不動産売買・賃貸等を目的とする納税者は，A 土地建物と，B 土地建物を取得し，売買契約書に記載のある金額で各土地建物を資産計上し，減価償却費を損金に算入して申告したところ，課税庁が，その額は土地につき固定資産税評価額等の土地価額より著しく低額であり，建物につき同様に著しく高額であり，適正な価額を反映しているとは認められないとして更正処分等を行った。これに対し，納税者は，各契約において土地建物の売買代金がそれぞれ定められているのであるから，それに従って土地と建物の価額を算出すべきであるなどと主張した事案である。

　法人税法施行令 54 条 1 項 1 号は，減価償却資産の取得価額は，①資産の購入の代価（引取運賃，荷役費，運送保険料，購入手数料，関税等その他資産購入のために要した金額），②資産を事業の用に供するために直接要した費用の額，の合計額とする旨を規定している。

　購入の代価は，原則として売買契約書に記載のある金額であるが，土地と建物を一括して購入した場合，税務上，土地と建物の各取得価額を算定する必要が生じるが，法人税法や所得税法はその算定方法について定めていない。

　実務では，土地建物の一括取得の場合の各資産の算定方法として，①各資産の固定資産税評価額を用いる方法，②土地建物の固定資産税評価額比率に従って売買代金を割り振る方法，③路線価による評価額を用いる方法，④近隣の公示価格を用いる方法，があり，これらの方法によって土地又は建物の一方の金額が算出された場合，もう一方の取得価額を算出する方法として，①直接法，

②差引法，③按分法がある。①直接法は，購入した地域の売買実例や建築費を基に土地・建物の取得価額を算出する方法であり，②差引法は，土地・建物のいずれか一方の価額を算出して購入代価総額から差し引くことで，他方の取得価額を把握する方法である。③按分法は，①～④のいずれかの方法によって算出された土地・建物の価額比によって購入代価総額を按分し，各取得価額を算出する方法である。実際には，これらの方法が収集できた資料に応じて取捨選択されているため，必ずしも特定の方法に統一されているわけではない。利用する方法の優劣や合理性については，今後の事例等の集積によって統一的な見解が待たれるところである。

　納税者は，平成8年2月7日にA土地建物を代金合計1億2,406万4,000円として売買契約を締結してこれらを取得した。その売買契約書には，土地を6,500万円，建物を5,906万4,000円とする旨記載されていた。また，同年4月3日にB土地建物を代金合計6,000万円として売買契約を締結してこれらを取得した。その売買契約書には，土地を3,600万円，建物を2,400万円とする旨記載されていた。納税者は，A建物，B建物の取得価額を売買契約書の金額により資産計上し，減価償却費を損金に算入して確定申告をした。

納税者の主張

　　各契約においては，土地と建物の売買代金がそれぞれ定められているから，それにしたがって土地と建物の価額を算出すべきである。課税庁は，通常の取引価額と比較して合理的でない旨主張するが，通常取引される価額とは，不動産売買市場における取引事例の価額を意味し，これによる比較を論ずるのであればともかく，法律に明文の規定がないにもかかわらず，固定資産税評価額等との比較を論じ，一般的・抽象的な基準により取得価額を算出するのは憲法30条，84条に反する。

課税庁の主張

①　減価償却資産の取得価額については，土地及び建物の取得価額が契約で明示されているが，通常取引される価額と比較して著しく開差があるなど合理的な価額と認められない場合においては，課税の公平及び実質主義の観点からみて，合理的な方法によりその価額を算出すべきである。

②　各契約における土地の価額は，固定資産税評価額，固定資産税評価額に基づく按分法，財産評価基本通達による評価額（路線価），近隣の公示価格それぞれによる算定額に比し著しく低額であり，同じく建物の価額は，固定資産税評価額，固定資産税評価額に基づく按分法それぞれによる算定額に比し著しく高額であり，各建物の建築時からの経過年数，建物等の状況などから判断すると，そのような価額で取得しなければならない理由もない。そうすると，契約書上の AB 土地建物の価額は，公平な課税という点に照らして合理的な価額を反映しているといえず，合理的な算出方法に基づき算定する必要がある。

③　建物については，一般に客観性・合理性の肯定できる指標である建設省編集の「建築統計年報」による県の構造別，用途別工事費予定額を斟酌して AB 建物の価額を算出し，同建物取得時までの減価償却費を控除して適正価額を算出した。土地については，土地建物の一括取得額から上記によって算出された建物価額を控除する方法によって算出した。なお，算出方法は技術的に複数の方法が考えられるが，租税負担の公平及び実質主義の観点から合理性を有する方法である限り，その選択は課税処分の違法原因を構成するものではないというべきであり，地価のように高騰する要因も少なく，かつ，取得時の標準的な建築価額等が客観的に求めやすい建物の対価の額を算出し，その額を土地及び建物の合計取得額から控除して土地の対価の額を算出する方法によった。

裁判所の判断

①　法人税法施行令 54 条 1 項 1 号イ，ロは，購入した減価償却資産につい

てその取得額を資産の購入の代価と資産を事業の用に供するために直接要した費用の合計額としているところ，購入の代価は，建物を売買契約により取得する場合には，原則として売買契約により定められた代金額がこれに当たると考えられるが，土地と建物が一括して売買され，その売買契約において定められた土地建物それぞれの価額がその客観的価値と比較して著しく不合理なものである場合に，これを同条項の取得額としてそのまま認めれば，売買契約の際に，土地と建物への代金額の割付を操作することで容易に減価償却資産として損金に算入される額を操作できることとなり，これが租税負担の公平の原則に反する結果となることから，施行令で定める「資産の購入の代価」とは，原則として合理的な基準により算定される資産の合理的な価額をいうと解するのが相当である。

②　課税庁は，両契約における AB 土地の価格が，固定資産税評価額，固定資産税評価額による按分法で算定される価額，財産評価基本通達による評価額，近隣の公示価格に比して著しく低額であり，同じく固定資産税の評価額，固定資産税評価額による按分法で算定される価額に比して AB 建物の価格が著しく高額である旨主張するところ，A 建物のうち各建物は未登記で固定資産税評価額が不明であり，A 建物全体の固定資産税評価額を算定できないので，同評価額やそれに基づく按分法により A 建物の価額が著しく高額である旨の課税庁の主張は根拠を欠く。しかし，平成 8 年度における A 土地の固定資産税評価額は 2 億 1,063 万 8,686 円，路線価に A 土地の面積を乗じた価額は 1 億 7,431 万 4,600 円，近隣の土地の公示価格に A 土地の面積を乗じた価額は 2 億 199 万 9,860 円であり，これらの価額に比して A 土地代金 6,500 万円は著しく低額である。また，B 土地については，4 つの方法による価額のうち，最高の価額は平成 8 年度の固定資産税評価額の 8,157 万 158 円，最低の価額は固定資産税評価額に基づく按分法による約 5,879 万 2,650 円であると認められるが，B 土地の代金額は 3,600 万円でありその差異がかなり大きいし，B 建物については，固定資産税評価額が 167 万 5,102 円，固定資産税評価額に基づく按分法によると約 120 万 7,350 円であり，B 建物の

代金額が 2,400 万円であるから，価額に比して著しく高額である。以上の比較結果に，契約時における AB 建物の状態を併せ考えると，土地及び建物の価額割付の合理性には強い疑いが生じるというべきである。

③　合理的な土地建物価額の算出方法として主張する，建物の対価の額を算出してその額を土地及び建物の合計取得額から控除して土地の対価の額を算出する方法が適当なものといえるかを検討する。この方法は，一応，合理的な方法の一つであると考えられるが，新築時の工事原価，固定資産税評価額及び相続税評価額を用いる場合には，建物価額に売主の利益が含まれていないため，建物取得価額が過小となるおそれがあり，中古資産の場合には，取得時の適正な価額を算出するために損耗による補正や物価変動による時点修正を行う必要があって，特に多年にわたる補正・修正を行う算出には困難がある上，仲介業者の販売手数料がある場合，その販売手数料を土地及び建物の取得価額に分配しなければならないなどの不都合もあり，必ずしも適切とはいえない面が存することは否めない。しかしながら，A 建物の一部が未登記でその固定資産税評価額が判明せず，また A 土地の固定資産税評価額は土地建物の売買価額を超えているから，固定資産税評価額等に依拠して算出する方法は採り得ず，土地の合理的な価額を算出して差し引き計算することもできない。近隣の類似取引事例も見当たらないようであり，これを参考に算出することもできない。他方で，直接法は，既に指摘した不都合はあるものの，一応の合理性を有する算定法であるといえ，他によるべき方法の見出し難い本事案においては，これにより A 土地建物の価額を算定することは許容されるというべきである。すなわち，土地建物全体の代金総額については不合理であるとはいえないものの，建物価額の算定に不合理な点がある本事案のような場合には，合理的な方法によって算出された建物の価額を土地建物の代金総額から控除して，土地の代金を算出し，土地建物の各金額を合理的に割り付けることには相応の合理性を肯定できるのである。

④　「建築統計年報」は，建設省が建築の動態を把握するため，建築基準法 15 条の規定による建築工事届け等をもとに，統計法による指定統計等とし

て毎月実施している建築動態統計調査の結果をまとめたものであり，建築基準法の規定では，建築主が建築物を建築しようとする場合又は建築物の除去の工事を施工する者が建築物を除却しようとする場合においては，これらの者は，原則として，建築主事を経由して，その旨を都道府県知事に届け出なければならないとされ，また，市町村の長は，市町村の区域内における建築物が火災，震災，水災，風災その他の災害により滅失し，又は損壊した場合においては，原則として都道府県知事に報告しなければならないとされ，これにより上記の届出等がなされていることからすれば，同年報は客観的な合理性を有する資料であると認められる。減価償却資産の償却制度は，時間の経過又は使用によりその価値を減じていく資産の取得に要した費用について，費用と収益を対応させるため，資産の減価に応じて徐々に費用化しようとする制度であるが，建物の建築に要した金額が不明である本事案の場合において，上記の方法により求められたその時点での建物の建築価額を算定し，これに減価償却による減算をして得られた価額を合理的な建物価額とすることには一定の合理性を認めることができる。以上によれば，AB 土地建物の価額を加減した更正処分等に違法はない。

【齋藤　樹里】

CASE

36

土地の固定資産税相当額の取得価額算入の可否

（参考）
国税不服審判所　平成 13 年 9 月 3 日裁決　TKC 26011590／TAINS J62-3-20

[争点]

　納税者は土地を購入する旨の不動産売買契約を締結し，この契約において，この土地に対する租税公課その他の賦課金は，引渡しの日をもって区分し，その前日までは売主の負担，その後は買主である納税者の負担とし，固定資産税については日割り計算する旨を定めていた。そこで納税者が売主に支払った固定資産税相当額を法人税の申告上，租税公課として損金に算入して計算していたところ，課税庁は，固定資産税相当額は土地の取得価額に含まれるものであるとして更正処分を行ったことから，納税者がこの更正処分に伴う過少申告加算税の賦課決定処分を不服として，審査請求を行った。

　税務の取扱いでは，減価償却資産以外の固定資産の取得価額については，別段に定めるもののほか，法人税法施行令 54 条の規定及びこれに関する取扱いの例によるとされている（法人税基本通達 7-3-16 の 2）。

　施行令 54 条では，減価償却資産の取得価額について各号で定め，1 項 1 号で，購入した減価償却資産の取得価額は，資産の購入の代価（引取運賃，荷役費，運送保険料，購入手数料，関税その他の当該資産の購入のために要した費用，事業の用に供するために直接要した費用の合計額）と定めている。

　地方税法では，固定資産税の納税義務者等について，固定資産の所有者であるとして，その所有者とは，土地又は家屋については，登記簿等に登記又は登録されている者をいうと定められている（地方税法 343 条 1，2 項）。また，固定資産税の賦課期日については，当該年度の初日の属する年の 1 月 1 日とすると定められている（地方税法 359 条）。すなわち 1 月 1 日に固定資産を所有し

ていた者に固定資産税が賦課される。

　固定資産税相当額の取扱いについて，租税公課として支払った日の属する年度の費用とするのか，土地の取得価額に含めて固定資産に計上するのかが本事案の争点となっている。

納税者の主張

①　固定資産税等は，財産の所有者に対して課税する財産税という租税であるから，買主が所有期間に対応する固定資産税等を負担すべきことは当然であるにも関わらず，現状では，市町村が課税の便宜上，各年の1月1日現在の所有者に対して課税しており，年の途中で所有権が移転しても，その固定資産税等の金額をあん分して徴収することなく，私法的に不動産業者又は売買の当事者にそのあん分をゆだねている。

②　その結果，私人間では，地方税法上の納税義務者が固定資産税等を納付した場合，真実の所有者に対する不当利得返還請求により精算しており，不動産売買における商慣習に基づき，その年の4月1日から翌年3月31日までの期間を基礎としてあん分計算しているのが通例である。

③　課税庁の主張は，現実の社会取引の実情を無視したもので，法人税基本通達7-3-16の2にも固定資産税に相当する金額を固定資産の取得価額に算入する旨の明示の定めはない上，企業会計原則の観点からも，平成11年1月26日から平成12年3月31日までの1年以上にわたる期間の全ての金額を損金の額に算入しないとするのは，納税者の事業年度が1年であることから見て不合理である。

④　法人税法及び法人税基本通達にも，これを経費と認めないとする明文の規定はない。以上のことから，納税者が負担した土地の固定資産税等に相当する金額は，経済的な実質を考慮すると，まさに固定資産税等そのものであり不動産を維持管理するための経費であるので，損金の額に算入されるべきであり，法律上の納税義務者でないという理由だけで経費性のないものとし

て行った課税庁の更正は，実質課税の原則に違背する違法な課税である。

課税庁の主張

①　法人税法施行令 54 条 1 項 1 号によれば，購入した減価償却資産の取得価額は，当該資産の購入の対価及び当該資産を事業の用に供するために直接要した費用の額の合計額とされ，また，法人税基本通達 7-3-16 の 2 では，減価償却資産以外の固定資産の取得価額についても減価償却資産と同様に取り扱うとされている。

②　固定資産税等の納税義務者は，毎年 1 月 1 日現在の固定資産の所有者であり，1 月 2 日以降に固定資産を売買した場合でも，固定資産税等は上記所有者に課される。実際の不動産の売買に当たっては，売主が買主に固定資産税の負担を転嫁する場合が多いが，この場合に買主が負担する税額は，税として市町村に納付されるものではなく，売買代金の別枠として表示された土地そのものの対価といえる。

③　固定資産税等は，前述のとおり毎年 1 月 1 日現在の所有者に全額が課されるものであり，4 月 1 日から翌年 3 月 31 日までといった期間に対応するものではないから，土地に係る固定資産税に相当する金額を算定するために日割り計算をした期間については，売主と納税者との間の取り決めにすぎない。

④　納税者が負担した土地に係る平成 10 年度の固定資産税等に相当する金額，平成 11 年度の固定資産税等に相当する金額は，固定資産の取得価額に算入すべき費用であるから，損金の額には算入できない。

審判所の判断

①　土地の取得価額については，法人税法及び同法施行令に明文の規定がないが，法人税法 22 条 4 項は，内国法人の各事業年度の所得の金額の計算上，当該事業年度の益金又は損金の額に算入すべき金額は，一般に公正妥当と認められる会計処理の基準に従って計算されるものとしており，いわゆる公正

処理基準を表したといわれる企業会計原則第3の5において，有形固定資産の取得原価には原則として当該資産の引渡費用等の付随費用を含めると定めている。

②　法人税基本通達7-3-16の2では，減価償却資産以外の固定資産の取得価額については，別段の定めるもののほか，法人税法施行令54条及び55条の規定並びにこれらに関する取扱いの例による旨定めている。

③　これは，施行令54条及び55条において，減価償却資産の取得価額に関する規定が定められているが，減価償却資産以外の固定資産すなわち土地等の非減価償却資産の取得価額に関しては，法令上格別の規定が置かれていないので，非減価償却資産の取得価額に関しても減価償却資産に関する同施行令の規定及びこれらに関する取扱いが準用されてしかるべきであることを留意的に定めたものであると解される。

④　施行令54条1項は，購入した減価償却資産の取得価額は当該資産の購入の対価（引取運賃，荷役費，運送保険料，購入手数料，関税その他当該資産の購入のために要した費用がある場合には，その費用の額を加算した金額）及び当該資産を事業の用に供するために直接要した費用の額の合計額とする旨規定しているが，これは固定資産のうちの減価償却資産の取得価額の範囲について，企業会計原則に定められた付随費用を具体化して明文化したものであり，会計慣行と異なる規定をしたわけではないと解される。

⑤　土地等の非減価償却資産についても，企業会計原則に従い，また，これを具体化した同項を適用することになる。

⑥　資産の取得のために実質的に欠かせない費用とみられるものがあれば，これを「資産の購入のために要した費用」とするのが相当である。

⑦　地方税法343条1項は，固定資産税は固定資産の所有者に課するとし，また，同法359条は，固定資産税の賦課期日は，当該年度の初日の属する年の1月1日とすると各々規定していることから，賦課期日現在において現に土地等を所有している者をもって固定資産税の納税義務者たる所有者としているものと解される。

⑧　不動産売買契約書には，土地の対価のほか，土地の引渡し後の固定資産税等についても買主が負担する旨が記載されているが，買主である納税者は，上記のとおり地方税法上の納税義務者ではないから，固定資産税等として市町村に納付するのではなく，固定資産税等の負担なしに土地を所有することができる対価として，固定資産税等に相当する金額を売主に支払うものといえる。

⑨　納税者が負担すべき土地に係る固定資産税等に相当する金額は，土地の取得のために実質的に欠かせない費用であるから，これを「資産の購入のために要した費用」として購入の対価に加算するのが相当である。

【小林　由実】

テレビ・DVD レコーダーと
リクライニングシートの取得単位

(参考)
国税不服審判所　平成 20 年 10 月 3 日裁決　TKC 26100014／TAINS F0-2-340

[争点]

　公衆浴場業を営む納税者が，事業の用に供するために取得したリクライニングシート 600 台，液晶テレビ 600 台と DVD プレーヤー約 80 台を組み合わせて使用するものとして取得し，法人税の計算上個々の資産として全額を損金の額に算入し申告したところ，課税庁は，リクライニングシート等は少額減価償却資産に該当せず全額をその事業年度の損金にならないとして法人税の更正処分等を行った。これに対し納税者がこの処分の一部取消を求めた事案である。

　法人税法では減価償却資産の償却費の計算について，各事業年度終了の時において有する減価償却資産につきその償却費として同法 22 条 3 項（各事業年度の損金の額に算入する金額）の規定により当該事業年度の所得の金額の計算上損金の額に算入する金額は，その法人が当該事業年度においてその償却費として損金経理をした金額のうち，その取得をした日及びその種類の区分に応じ，償却費が毎年同一となる償却の方法，償却費が毎年一定の割合で逓減する償却の方法その他の政令で定める償却の方法の中からその法人が当該資産について選定した償却の方法に基づき政令で定めるところにより計算した金額に達するまでの金額とすると定められている（同法 31 条 1 項）。

　他方で，少額の減価償却資産の取得価額については，内国法人がその事業の用に供した減価償却資産で，使用可能期間が 1 年未満であるもの又は取得価額が 10 万円未満であるものを有する場合において，その内国法人が当該資産の取得価額に相当する金額につきその事業の用に供した日の属する事業年度において損金経理をしたときは，その損金経理をした金額は，当該事業年度の所得

の金額の計算上，損金の額に算入すると定められている（法人税法施行令 133 条）。

　ここでいう減価償却資産の取得価額とは，購入の代価に引取運賃，荷役費，運送保険料，購入手数料，関税その他当該資産の購入のために要した費用の額を加算した金額と規定されている（施行令 54 条）。

　税務の取扱いでは，少額の減価償却資産の取得価額が 10 万円未満であるかどうかは，通常 1 単位として取引されるその単位，例えば，機会及び装置については 1 台又は 1 基ごとに，工具，器具及び備品については 1 個，1 組又は 1 そろいごとに判定し，構築物のうち例えば枕木，電柱等単体では機能を発揮できないものについては一の工事等ごとに判定するとされている（法人税基本通達 7-1-11）。

　本事案のリクライニングシートはヘッドレスト部分にテレビ音声を伝えるためのスピーカーが内蔵されているオーディオヴィジュアル対応（以下「AV 対応」）のものであり，テレビ等の接続製品は他社製のものを使用する前提となっている。資産の個々の単価は，A リクライニングシート 1 台 5 万 9,187 円，B リクライニングシート 1 台 7 万 3,347 円，テレビ 1 台 4 万 2,475 円，DVD プレーヤー 1 台 1 万 6,576 円であった。

納税者の主張

①　製品のカタログには，リクライニングシートとテレビを 1 セット（1 単位）とした価格は記載されておらず，リクライニングシートとテレビを 1 セット（1 単位）として価格を付して販売していない。

②　リクライニングシートとテレビは全く別の会社の製品であり，これらを同一の取引先から購入したからといって，これらを併せて「通常 1 単位として取引されるもの」とすることは誤りである。

③　リクライニングシートにはヘッドレスト部分にテレビの音量を伝えるためのスピーカーが内蔵されている AV 対応リクライニングシートであっても

テレビ等の接続製品は他社製のものを利用することを前提としており，リクライニングシートは単体で販売されていると判断すべきである。

④　リクライニングシートとテレビは，それぞれ 1 台を取引単位として別々に取引されるものであり，今回はたまたま同一の販売業者を通じて大量に一括して購入したにすぎない。

⑤　課税庁は販売業者のカタログに記載されたリクライニングシートの利用例や，納税者の業務の都合上から一括して行った発注方法を根拠として，社会通念上の取引単位が別個と考えられるリクライニングシートとテレビ・DVD プレーヤーを一体として「通常 1 単位として取引されるその単位」であると主張するが，リクライニングシートとテレビ等はそれぞれ単独の資産として機能を有しており，かつ社会通念上は別個に取引される資産であるから，少額の減価償却資産に該当するかどうかの判定は個々の資産の取得価額により行うべきである。

課税庁の主張

①　少額の減価償却資産に該当するか否かの判定を行う場合における取得価額が 10 万円未満であるかどうかは，通常 1 単位として取引されるその単位で判定し，単体では機能を発揮できないものについては機能を発揮できる単位で判定することとされている。リクライニングシートについては，リクライニングシートとテレビを組み合わせた製品としてこれを納品したものと認められ，テレビ等が附属したリクライニングシートとして通常 1 単位として取引されるものとすべきである。

②　カタログに販売価格入りで掲載されているのはリクライニングシートであるが，このほかに，組み合わせ価格の表示はないもののテレビとリクライニングシートとを組み合わせた写真を掲載しており，それぞれ単独でしか販売していないものとは認められない。

③　納税者はそれぞれ別々に購入したものではなく，リクライニングシートとテレビを一体に組み合わせた製品を発注し，購入の上設置したものと認め

られる。

④　販売業者としても，リクライニングシートとテレビを組み合わせた一体の製品を販売・納品したものとみることが相当である。

審判所の判断

①　DVDプレーヤーは，リクライニングシート及びテレビと同一空間に配置されているが，リクライニングシートに固定されているアームにネジで止められ，テレビと通常使用されるピンプラグ付きのコードで接続されているにすぎず，構造的物理的一体性を有しているとは認められない。また，減価償却資産としてその本来の機能を発揮することができるかどうかを基準としてみると，DVDプレーヤーは，市販されている商品であり，かつ，資産単独でDVDソフトウエアの再生という本来の機能を有するものであるため，機能的独立性を失っているものとは認められない。したがって，DVDプレーヤーは単独で少額の減価償却資産の判定単位とすべきものであると認められる。

②　リクライニングシートとテレビはアームやボルトで接合された上，設置されたテレビに専用基盤を装着しリクライニングシートに組み込まれたリモコンからテレビを操作するように技術者により加工が施されて，構造的・物理的に一体化されて納税者に納品されており，一体のものとして取引されていることが認められる。また，納税者はリクライニングシートを相互に隣接して設置しており，遮音性を高めるためにテレビの音声をテレビに内蔵されたスピーカーから直接出すのではなく，リクライニングシートとヘッドレスト部分に内蔵されたスピーカーから音声を出す必要があることからAV対応のリクライニングシートとテレビとは専用基盤を通して接続され，リクライニングシートに組み込まれたリモコンの操作により音量を調節する仕組みになっているのであり，リクライニングシートとテレビは構造的・物理的に一体化されたものとして認められる。さらに，減価償却資産としてその本来の機能を発揮することができるかどうかを基準としてみると，リクライニング

シートは AV 対応のもので，ヘッドレスト部分にテレビの音声を伝えるためのスピーカーが内蔵されており，テレビと組み合わせることにより，その本来の機能を発揮すると認められることから，納税者が事業の用に供しているのは，リクライニングシートとテレビというそれぞれが機能的独立性を持つ2個の資産ではなく，テレビが附属したリクライニングシートとして機能を果たす1個の資産と見ることが相当である。

③　テレビ及びリクライニングシートは各々単独で少額の減価償却資産の判定単位とは認められない。

【小林　由実】

CASE

38

請負契約による取得資産の
減価償却開始の時期

（参考）
名古屋地方裁判所　平成3年10月30日判決　TKC 22005052／TAINS Z186-6798
名古屋高等裁判所　平成4年10月29日判決　TKC 22006392／TAINS Z193-7011

［争点］

　製飴業等を営む納税者は，昭和58年12月3日，水飴製造のために使用するボイラーと発電性能を有するタービン並びにその据え付け工事を請負金額7億2,000万円で販売業者に発注した。昭和59年10月にはボイラー，11月にタービンが納税者の工場に搬入され組み立てられたが，昭和60年2月から実施の試運転で重要な問題が発生し製造元が引き続き調整作業を続けた。設備使用に必要な官庁立会試験は，昭和60年4月に行われ，合格したが，その後も製造元による性能向上のための改造工事が行われた。昭和60年7月20日付の請求書により設備の請負代金の請求を受けた。納税者は昭和59年4月1日から昭和60年3月31日までの事業年度において，このボイラーとタービンの減価償却費と特別償却準備金を計上し法人税の申告を行ったところ，課税庁よりこの事業年度において設備の減価償却費を計上できないとする更正処分等を受けたことに対し，納税者が取消しを求めた事案である。

　納税者はその資産が事業の用に供されていることが減価償却開始の時期であり，資産の引渡しによる取得の有無は，減価償却開始時期の判定において重要ではない旨を主張した。これに対し，課税庁は資産の取得の効果の及ぶ時期に費用を配分する方法として減価償却費を計上している以上，事業の用に供することの前提として資産の取得，すなわち引渡しが必要である旨主張した。

　減価償却資産とは，建物，構築物，機械及び装置，船舶，車輌及び運搬具，工具，器具及び備品，鉱業権その他の資産で償却すべきもので，棚卸資産，有価証券及び繰延資産の資産のうち，事業の用に供していないもの及び時の経過

によりその価値の減少しないものを除いた一定のものをいうと規定されている（法人税法2条1項23号，法人税法施行令13条）。

税務の取扱いでは，請負による益金の額は，別に定めるものを除き，物の引渡しを要する請負契約にあってはその目的物の全部を完成して相手方に引き渡した日，物の引渡しを要しない請負契約にあってはその約した役務の全部を完了した日の属する事業年度の益金の額に算入するとされている（法人税基本通達2-1-5）。

本事案のタービン及びボイラーは，事業の用に供されているか否かを判断する際に，資産の取得，すなわち資産の引渡しの有無を前提とするか否かが争点となった。

納税者の主張

① 減価償却制度は，減価償却資産の使用によって生ずる資産の減価を費用として認識していくとの考えに立っているため，法人税法上の減価償却の開始が認められ，また，措置法上の特別償却が認められるためには，事業年度内において，資産を事業の用に供したことが必要であるがそれのみで足り，資産の引渡しの有無自体は，「事業の用に供されている」か否かの判断資料のひとつにすぎないものである。

② 納税者は，昭和60年2月27日の総合負荷試験において，ボイラーが主蒸気流量89トンを記録し，タービンが1万キロワットの出力を記録したことが確認され，同日，設備一式の引渡しを受け，以後，納税者が管理権を得てこれを運転し，自己の資産として設備を生産活動に不可欠なものとして稼働させているのであるから，減価償却が認められるべきである。

③ 契約において，官庁立会試験・検査は設備の引渡しを受けた納税者の責任において行われるとし，検収は，官庁立会試験・検査をもって行われるものとし，試験・検査の合格日を設備の検収日とする旨の条項があり，納税者は通商産業局長に対し，官庁立会検査の申請をしているが，このことは，契

約が官庁立会試験・検査の前に納税者において設備の引渡しを受けたことを
前提としていることを示すものである。

課税庁の主張

①　減価償却が認められるためには，法人が減価償却資産を事業の用に供す
ることが不可欠の要素であるが，それだけでは足りず，その前提として，納
税者が資産を取得していなければならないのである。

②　設備は試運転中に大きなトラブルが続発したためその引渡しが大幅に遅
れ，納税者が設備の性能検査に基づいて設備の性能を確認し，検収したのは，
同年7月12日であったのであるから，設備の取得の日は同日であるという
べきである。

裁判所の判断

①　減価償却資産とは，事業の経営に継続的に利用する目的をもって取得さ
れる資産で，その用途に従って利用され，時の経過によりその価値が減少し
ていく資産であり，その取得に要した金額（取得価額）は，将来の収益に対
する費用の前払の性質を有し，資産の価値の減少に応じて減価償却費として
除々に費用として計上されるのである。

②　法人が減価償却資産について減価償却費を各事業年度の損金の額に算入
するためには，法人が事業年度に資産をその事業の用に供したことが必要で
あることはもちろんであるが，それのみでは足らず，事業年度以前に資産を
取得し，これによって資産の取得価額を構成する費用が発生していることが
必要である。

③　完成されたものを引き渡すことを内容とする請負契約によって減価償却
資産を取得する場合においては，原則として，注文者が請負人から完成した
資産の引渡しを受けることによって，資産の「取得」があったと解するのが
相当である。なぜならば，請負契約においては，民法上，完成した目的物の
引渡しによって目的物の所有権が注文者に移転し，かつ請負人の報酬請求権

が発生することとされているので，一般に，完成された目的物の引渡しによって注文者がこれを取得し，かつ，報酬支払義務が発生するものとみるのが相当であるし，また課税実務上も請負による収益の帰属の時期について，請負による収益の額は，別に定めるものを除き，物の引渡しを要する請負契約にあってはその目的物の全部を完成して相手方に引き渡した日，物の引渡しを要しない請負契約にあってはその約した役務の全部を完了した日の属する事業年度の益金の額に算入する（法人税基本通達 2-1-5）とされ，目的物の引渡しによって請負人に報酬請求権が発生する時期においてその収益を請負人の収入に計上するという取扱いがされているので，その反面，注文者においても完成した目的物の引渡しを受けることによってこれを取得したものとみるのが合理的であるということができるからである。

④　請負契約による減価償却資産の取得の時期について完成した目的物の引渡しの時を基準とする場合，機械装置等の設置及び調整を目的とする請負契約において，装置を注文者が減価償却資産として取得したというためには，請負人において装置の試運転及び調整作業を完了し，機械装置等が所期の性能を有することが確認され，これに基づいて目的物の引渡しが行われることが必要であると解すべきであり，単に，目的の機械装置等が注文者の工場に設置され，注文者がこれを事実上占有するに至ったというだけでは，請負人の仕事は完成しておらず，注文者において完成した目的物の引渡しを受けたものということはできないと解するのが相当である。

⑤　納税者は減価償却が認められるためには，事業年度内において，減価償却資産を事業の用に供したことで足り，資産の引渡しの有無自体は「事業の用に供されている」か否かの判断資料の 1 つにすぎない旨主張する。しかし，減価償却資産を納税者の事業の用に供することは，資産を取得することとは別個の要件であり，たとえ資産を事業の用に供している場合であっても，その引渡しが未了で未だ取得原価を構成する費用の発生を伴っていないときは，減価償却費を損金計上することはできないというべきであるから，この納税者の主張は採用することができない。

⑥　設備の試運転及び調査作業は，同年 6 月 26 日及び 27 日に行われた性能確認テストにおいて，設備が契約で定められた所期の性能を有することが確認されてことによって完了したものであり，したがって，完成された設備の引渡しは，性能の確認に基づいて納税者によって検収がされた同年 7 月 12 日に行われたものと認めるのが相当である。

⑦　設備について，納税者がその管理権を得てこれを運転しているとしても，検収が未了であった以上，請負人の仕事は完成しておらず，未だ引渡しがあったとはいえない。

【小林　由実】

太陽光発電の事業供用日

(参考)
東京地方裁判所　令和2年1月17日判決　TKC 25565136
国税不服審判所　平成30年6月19日裁決　TKC 26012964／TAINS J111-3-12（CASE17）

[争点]

　納税者は，一般貨物自動車運送事業並びに太陽光発電及び売電に関する事業等を目的とする株式会社である。納税者は，平成27年8月5日に電気工事及び電気通信工事請負業務，太陽光発電システム等の設計，工事の施行等を目的とする請負会社Bとの間で，発電所を建設する請負工事契約を締結した。請負代金の内訳は，発電システム本体の設置工事に係る部分が2億4,988万6,901円，フェンス等の設置工事に係る部分が681万3,099円及び発電システム本体を電力会社の電力系統に接続する系統連系をするために必要な工事に係る工事負担金が180万円である。太陽光発電設備については，事業年度内に経済産業大臣により特定生産性向上設備等に該当する旨の通知を受けている。

　請負会社は，平成28年3月28日に発電システム本体及びフェンス等の設置工事を完成させ，納税者に対しこれらを引き渡した。発電システム本体は，電力会社の送配電設備から発電所内の受給地点までの高圧架空引込線を新設したり，受電用計量器及び高圧変成器を取り付けたりすることを内容とする系統連系をするために必要な工事を完了しない限り，仮に電力を発電したとしても電力会社の電力系統に供給することができないものであった。納税者は，事業年度内に電力会社に対し売電することはなかった。なお，納税者は，平成28年9月28日以降，発電システム本体を用いて発電したほぼ全ての電力を送配電事業者の電力系統に供給し，電気事業者に売電している。

　納税者が平成27年4月1日から平成28年3月31日までの事業年度の法人税の確定申告をした際，特定生産性向上設備等の償却額を1億2,952万7,955

円とし，法人税法 32 条 1 項が規定する繰延資産（工事負担金）の償却額を 1 万円とする確定申告書を提出したところ，課税庁は，平成 29 年 5 月 31 日付けで，各償却額はいずれも事業年度における損金の額に算入することができないものであるとして，各更正処分等をした。

　本事案の争点は，発電システム本体を事業年度内に事業の用に供したと認められるか否か，負担金が事業年度における繰延資産に該当するか否かの 2 点である。

納税者の主張

①　法人税基本通達7-1-3の文言及びその趣旨に照らすと，現実に稼働していなくても，必要な維持管理が行われ，いつでも稼働し得る状況である資産は，減価償却資産に該当するところ，発電システム本体は，平成 28 年 3 月 28 日以降必要な維持管理が行われ，売電契約の申込みに対する承諾を待っている状態であり，同日において，いつでも稼働し得る状況にあったといえるから，同日の時点において，「事業の用に供した」と認められる。

②　発電システム本体は，平成 28 年 3 月 28 日において，試運転を完了し，売電契約の申込みに対する承諾を待っていた状態にあり，相当の対価を得て売電行為を継続的に行うことを意図し，その意図が，近い将来において実現することが客観的に明白であったと認められるから，同日において，「事業の用に供した」と認められる。

③　電力会社の都合で一方的に工事の実施が延期された場合には，当初予定されていた系統連系のための工事の実施日を事業の用に供した日と整理することも認められる旨が記載された業界誌の記事があるところ，発電システム本体について，受給開始希望日及び連系サービス開始希望日をいずれも平成 28 年 3 月 31 日とする申込書を提出しており，当初予定された系統連系のための工事の実施日は同日であり，同日に事業の用に供したと認められる。

④　法人税基本通達8-3-5は，法人が繰延資産となるべき費用を支出した場

合において，その費用が固定資産を利用するためのものであり，かつ，固定資産の建設等に着手されていないときは，その固定資産の建設等に着手した時から償却する旨を定めている。平成 28 年 3 月 28 日に完成した発電システム本体の引渡しを受け，負担金を同月 31 日までに支出したところ，負担金は，発電した電力を売電するために支出するものであって，発電システム本体という固定資産を利用するためのものであるといえるのであり，同通達 8-3-5 により，事業年度における繰延資産に該当するというべきである。

課税庁の主張

①　①発電システム本体には，発電した電力を自己消費するための設備や蓄電設備は備わっておらず，発電システムにより発電した電力は，発電及び売電のために消費される微量の電力を除き，全て売電に充てられること，②納税者は，発電システム本体の引渡しを受けた平成 28 年 3 月 28 日から系統連系がされるまでの間，発電システム本体により発電した電力を使用していなかったこと，③発電システム本体は，系統連系のための工事が完了していなければ，発電システム本体により発電された電力を送配電事業者の電力系統に供給することができなかったこと，④「連系サービス開始希望日」欄及び「受給開始希望日」欄には，いずれも「平成 28 年 3 月 31 日」と記載されていたものの，納税者と電力会社との間で，同日を系統連系のための工事の予定日とする旨の事前の合意等は存在しなかったこと，⑤納税者が電気事業者との間で受給契約を締結したのは，同年 6 月 15 日であり，同日において初めて，系統連系のための工事の期限，電力の受給開始日等に関する具体的な合意が成立したこと，⑥系統連系のための工事が完了し，系統連系がされたのは，同年 9 月 28 日であることの各事実が認められる。

②　これらの事実を前提とすると，発電システム本体は，発電した電力を売電することにより収益を稼得することをその本来の目的とする設備であると認められるところ，納税者と電気事業者との間で，系統連系のための工事の期限，電力の受給開始日等について合意が成立したのは，同年 6 月 15 日で

あり，系統連系がされたのは，同年 9 月 28 日であったから，納税者は，事業年度の末日までには発電システム本体により発電した電力を電気事業者に対して売電することができる状態になかったのであり，発電システム本体は，事業年度内にその属性に従って本来の目的のために使用を開始されたものとはいえない。

③　事業年度において請負会社に対して負担金を支出しているものの，電気事業者が系統連系のための工事を完了し，系統連系がされたのは，平成 28 年 9 月 28 日であるから，負担金の有する効果が事業年度において発現したとはいえないことが明らかである。したがって，負担金は，事業年度における繰延資産には該当しないというべきである。

裁判所の判断

①　発電システム本体を「事業の用に供した」と認められる時期について，減価償却資産は，法人の事業に供され，その用途に応じた本来の機能を発揮することによって収益の獲得に寄与するものと解されるから，ある資産を「事業の用に供した」か否かは，個別具体的な事実関係を前提として，当該資産をその用途に応じた本来の機能を発揮するために使用を開始したと認められるか否かにより，認定及び判断すべきものと解するのが相当である。

②　減価償却資産に該当するか否かが問題となっている資産は，発電システム本体であるところ，前提事実によれば，発電システム本体により発電した電力は，ほぼその全量が電気事業者に対して売電することに充てられ，納税者が電気事業者からその対価を得るものとされており，納税者が上記の電力をその他の用途に充てることを想定していたことを認めるに足りないから，発電システム本体の用途は，電気事業者に対して売電するための電力を発電することにあり，その本来の機能は，電気事業者に対して売電することによりその対価を得ることにあるものと認められる。

③　そうすると，発電システム本体は，単に発電をすることが物理的に可能であるというのみならず，発電した電力を電気事業者に対して売電すること

ができることが物理的に可能となることによって初めて，その用途に応じた本来の機能を発揮することができるものと認められるから，発電システム本体を「事業の用に供した」ということができるのは，発電システム本体により発電した電力を電気事業者に対して売電することができることが物理的に可能となったときであるというべきである。

④ 発電システム本体は，系統連系のための工事が完了しない限り，電力を発電したとしても，これを送配電事業者の電力系統に供給することができず，電気事業者に対して売電してその対価を得ることもできないものであり，発電システム本体について，系統連系のための工事が完了したのは，平成28年9月27日であり，実際に系統連系がされたのが同月28日であったというのであるから，発電システム本体により発電した電力を電気事業者に対して売電することができることが物理的に可能となったのは，同月27日であり，発電システム本体を「事業の用に供した」ということができるのも，同日であると認めるのが相当である。

⑤ 負担金の支出が，法人税法及び法人税法施行令の定める繰延資産に該当すること自体は，当事者の間に争いがないところ，電気事業者が行う系統連系のための工事の費用に関するものであり，系統連系のための工事が発電システム本体により発電した電力を売電してその対価を得るという収益を納税者が得るために必要不可欠な前提を成すものであることに照らすと，負担金は，系統連系のための工事をすることにより発電システム本体により発電した電力を売電してその対価を得るという収益の前提となる系統連系のための工事をすることに対応する費用であると認めるのが相当である。

⑥ そうすると，負担金については，系統連系のための工事が完了して系統連系が物理的に可能となる状態になって初めて支出の効果が生ずるものと認められるから，上記の工事が完了した平成28年9月27日の属する事業年度における損金の額に算入すべきものであるというべきである。

【初鹿　真奈】

第2章
所得税法における資本取得

CASE 40

修繕費又は資本的支出の判断基準

（参考）
国税不服審判所　平成 26 年 4 月 21 日裁決　TKC 26012756／TAINS J95-2-06

［争点］

　不動産貸付業を営む納税者が，賃貸用マンションの流し台等の取替工事に係る費用の全額を修繕費として不動産所得の必要経費に算入し申告したところ，課税庁が，当該費用のうち，減価償却資産の新規取得に係る減価償却費の額及び修繕費となるもの以外の部分の金額は，資本的支出として，必要経費に算入できないなどとして更正処分等を行った。これに対し，納税者は，当該費用は居住用機能を回復させるため劣化した流し台等を取り替えたものであり，全額修繕費に該当するなどと主張した事案である。

　所得税法における減価償却資産とは，業務の用に供される建物，構築物，機械及び装置，船舶，車両及び運搬具，工具，器具及び備品，鉱業権その他の資産で償却をすべきものとして政令で定めるものをいう旨規定している（所得税法 2 条 1 項 19 号）。

　税務の取扱い（所得税基本通達 37-10）では，資本的支出の例示について，業務の用に供されている固定資産の修理，改良等のために支出した金額のうち当該固定資産の価値を高め，又はその耐久性を増すこととなると認められる部分に対応する金額が資本的支出となるのであるから，例えば，①建物の避難階段の取付け等物理的に付加した部分に係る金額，②用途変更のための模様替え等改造又は改装に直接要した金額，③機械の部分品を特に品質又は性能の高いものに取り替えた場合のその取替えに要した金額のうち通常の取替えの場合にその取替えに要すると認められる金額を超える部分の金額，などは，原則として資本的支出に該当する旨定めている。

　また，同様に，修繕費に含まれる費用について，業務の用に供されている固定資産の修理，改良等のために支出した金額のうち当該固定資産の通常の維持管理のため，又は災害等により毀損した固定資産につきその原状を回復するために要したと認められる部分の金額が修繕費となるとしている（所得税基本通達37-11）。

　さらに，税務の取扱い（所得税基本通達37-13）では，形式基準による修繕費の判定として，一の修理，改良等のために要した金額のうちに資本的支出であるか修繕費であるかが明らかでない金額があり，①その金額が60万円に満たない場合，又は②その金額がその修理，改良等に係る固定資産の前年12月31日における取得価額のおおむね10％相当額以下である場合において，その修理，改良等のために要した金額を修繕費の額としてその業務に係る所得の金額を計算し，それに基づいて確定申告を行っているときは，これを認めるものとする旨，明示している。

　納税者は，平成4年4月，鉄筋コンクリート造り地下1階付6階建の建物で，A棟，B棟及びC棟の3棟から成り，住宅84室，店舗又は事務所4室から成る店舗共同住宅を取得した。その後，納税者は，平成21年及び平成22年において，建物の一部の住宅について，キッチン等取替工事，キッチン改修工事及び洗面化粧台工事並びにユニットバス工事を含め，複数の修理・改良等の工事を行い，当該各工事に係る費用の全額を修繕費の額として，それぞれ各年分の所得税の不動産所得の金額の計算上，必要経費に算入し，確定申告をした。

納税者の主張

　①　建物は，平成21年当時，築後17年を経過し各設備の劣化も目立つようになっており，賃料も当初と比較して下がり，空室も目立つ状況にあった。そのような状況下において，建物の保守点検を依頼している業者からの指摘もあり，特に使用頻度が高く劣化の顕著な流し台及び風呂について，単なる清掃ではなく取替工事を部屋が空く都度順次行ったものである。

②　各工事は，居住用機能を回復させるためにも必要な工事であり，建物は非常に大きな建物で，その規模からすれば，各工事の施工は，建物の基礎及び柱等の「建物の躯体」に影響を与えることがなく，建物の使用可能期間を延長させることもなく，その価値を高めるものでもなく，ましてや賃料の引上げもしていないことからすれば，その目的は現状維持することである。

③　各取替費用については，建物の価値を多少増加させた部分の金額も含まれているかもしれないが，劣化等により当該建物の価値が低下してしまった部分を原状回復させた部分の金額も含まれているはずである。このように資産の修理，改良等に係る支出には，資本的支出に該当する部分の金額と修繕費に該当する部分の金額とが混在している可能性があり，これらの金額を明確に区分することは現実的に不可能であるため，所得税基本通達 37–13 などの形式基準の定めが設けられている。したがって，各取替費用は，同通達の定めにも該当するから修繕費となる。

課税庁の主張

①　納税者は，建物は築後 17 年以上を経過し，建物の保守点検を依頼している業者からの指摘も受けるほどまでに劣化したため，流し台等を取替えないと一世帯の賃貸機能が満たされないことから，空室になったところから新品のものへ取替えを行ったものである旨主張していることからして，各工事に係る費用のうち各取替費用は，通常必要と考えられる修繕に係る費用とは認められず，劣化した既存の資産を新品のものに取替えることによって，建物本体の価値を高めるものであると認められる。

②　各取替費用は，建物に設置された内部造作のための資本的支出に該当し，業務の用に供している固定資産の通常の維持管理のための修理，改良等のために支出した金額ではないから，修繕費には該当しない。

③　所得税基本通達 37–13 については，一の修理，改良等のために要した金額のうちに資本的支出であるか修繕費であるかが明らかでない金額がある場合において形式基準により判断する場合の取扱いであって，各工事に係る費

用は資本的支出と修繕費とに区分することができるから，同通達は適用できない。

審判所の判断

①　システムキッチンとは，一般的に，台所の形態の一種で，ある規格に基づいて作られた流し台，調理台，ガス台，収納部などを自由に組み合わせ一体化して作り付けた台所（広辞苑）であるところ，見積書によれば，各工事のうち台所部分の工事は，建物の新築時から流し台・コンロ台・調理台等で構成された製品（キッチンキャビネット）を床や壁に固定して設置されていた台所の場所について，その既存の台所設備の解体・撤去等の解体工事をした上，壁や床を平面にする下地工事をし，新たにシステムキッチンを設置した工事であると認められる。

②　設置工事は，台所設備のあった場所に既存の設備に替えて，シンク・ガスコンロ・レンジフード等が組み合わされたシステムキッチンを設置し，それらを既存の給湯，給排水，電気及びガスの各設備と連結させて台所を新設したものであることからすると，そのことによって初めて住宅内での湯水の利用や調理等を可能にするものである。また，新たに設置されたシステムキッチンは床や壁面にコーキング等によって固定されているから，建物との物理的な接着の程度もかなり高く，容易に取り外すことができないものである。

③　ユニットバスとは，一般的に，建物内の浴室として予定された場所に，防水パネル等の各種の部材を結合させて設置され，給湯及び給排水設備と連結させて浴室を完成させるものであるところ，見積書によれば，各工事のうち浴室部分の工事は，建物の新築時から浴室として設置されていた場所について，その既存の浴室設備の解体・撤去等の解体工事をした上，新たにユニットバスを設置した工事であると認められる。このように，設置工事は，浴室があった場所に，既存の設備に替えて防水用の各種の部材を結合させたユニットバスを設置し，それらを既存の給湯，給排水設備と連結させて浴室

を新設したものであることからすると，そのことによって初めて住宅内での湯水の利用や入浴を可能にするものである。

④　各工事によって，新たにシステムキッチン及びユニットバスが設置された台所及び浴室は，建物と物理的・機能的に一体不可分な内部造作で，建物と一体となって，住宅としての用途における使用のために客観的に便益を与えるものであり，取り壊した台所部分及び浴室部分も同様であった。

⑤　各工事は，建物の住宅内の台所や浴室などの水回り部分については，賃借人の退去後，それら設備の現状確認を行い，取替工事が必要か否かを検討した上で見積書が作成され，N 社から納税者に説明された内容を基に，納税者が予算や損傷の度合い等を考慮して，取替工事を行うか，又は損傷のある箇所を補修・交換するかなどを決定して，最終的に取替工事が必要と判断した上で，平成 17 年以降順次施工されたものであり，その施工状況をみても，定期的に行ったものではない。

⑥　各工事の内容は，単に既存の台所設備・浴室設備の部材の一部を補修・交換したものではなく，建物の各住宅内で物理的・機能的に一体不可分の関係にある台所部分及び浴室部分について，建築当初から設置されていた各設備及び壁・床の表面等を全面的に新しい設備等に取替えたものであり，このことは，建物の各住宅を形成していた一部分の取壊し・廃棄と新設が同時に行われたとみるべきものである。

⑦　各取替費用は，建物の各住宅の通常の維持管理のための費用，すなわち修繕費であるとは認められず，新たにシステムキッチン及びユニットバスを設置し，台所及び浴室を新設したことによって，当該各住宅ひいては建物の価値を高め，又はその耐久性を増すことになると認められるから，その全額が資本的支出に該当するというべきである。なお，各工事により各住宅に設置されたシステムキッチン及びユニットバスは，建物と物理的・機能的に一体不可分なものと認められるから，「器具・備品」には該当しない。

⑧　建物に対する修理，改良等のために支出した金額が，修繕費又は資本的支出のいずれに当たるかは，当該支出した金額が当該建物の通常の維持管理

のための費用であるか，それとも当該建物の価値を高めたり，耐久性を増したりするものかを，その支出した金額の内容及び支出効果の実質によって判断するのが相当であるから，各工事によって建物の住宅の居住用機能を回復させる目的があったとしても，建物の規模との比較のみによって判断するものではない。そして，各工事の内容は，既存の台所及び浴室を全面的に取壊し，新たなシステムキッチン及びユニットバスを設置し台所及び浴室を新設したものであり，各取替費用は，それらの台所及び浴室を新設したことによって建物の価値を高め，又はその耐久性を増すことになると認められ，建物に対する資本的支出に該当するから，修繕費とされる通常の維持管理のための費用とは認められないものである。

⑨　各取替費用については，所得税基本通達37-10の定めに照らしてみても，建物に対する資本的支出と認められるものであり，また，同通達の定めは，一の修理，改良等のために要した金額のうち資本的支出であるか修繕費であるかが明らかでない金額があることを前提とした定めであるところ，各取替費用は，その全額が資本的支出に該当するものであり，修繕費に該当するものは含まれていないから，そもそも同通達の定めは適用されないものである。

⑩　審判所の調査の結果によれば，各工事に係る費用のうち，314号室及び213号室の各住宅に係る給湯・給排水工事及びガス工事の各費用の各金額を，建物の資本的支出（システムキッチンの各設置工事に係るもの）と修繕費（既存設備の解体工事費に係るもの）にあん分して計算していること，また419号室の住宅に係る壁下地工事の費用の金額を修繕費（既存設備の解体工事費に係るもの）に含めて計算していることが認められるが，当該給湯・給排水工事及びガス工事並びに当該壁下地工事は，各工事の内容から，いずれもシステムキッチンの各設置工事に含まれると認められるから，これらの各工事の費用は，いずれも各取替費用の金額（建物の資本的支出の金額）に含めるべきである。

【林　仲宣】

CASE

41

土地及び建物の取得価額の区分

（参考）
国税不服審判所　平成 12 年 12 月 28 日裁決　TKC 26011477／TAINS J60-2-17

[争点]

　本事案は，いわゆるリースマンション投資を行う給与所得者が，不動産貸付の業務の用に供したマンションの減価償却費の計算に関して，土地及び建物の取得価額の区分を争点とした事例である。

　マンションは，取得価額の中に減価しない土地の価額と減価償却の対象となる建物の価額が包含している。しかし，その価額区分が明確でないことがある。通常，新築物件の売買契約書には，土地と建物の譲渡対価の区分が明記されていることが多い。しかし，中古物件においては新築当初の売買契約書を入手することは難しいから，土地の取得価額の算定は難しい。このことは，土地付き中古家屋の売買においても同様である。

　本事案のように不動産所得の計算上，必要経費となる建物の減価償却費の算定には，建物の取得価額が必要となる。また建物の譲渡所得における取得費の算定にも減価償却の計算が重要である。

　実務では，本事案でも採用されているが，土地と建物の一括価額から相続税評価額又は固定資産税評価額を土地の取得価額と推定して，控除する手法が一般的である。本事案では，納税者が，この手法における相続税評価額に疑義を呈している。

納税者の主張

①　土地及び建物を一括購入した場合に，それぞれの取得価額を区分する方

法は原則として購入価額の総額から土地又は建物の価額として相当と認められる金額を控除して，残額を土地又は建物の価額として算出することとされている。

②　土地は，路線価地域にあるので，まず当該路線価に基づき土地の価額を算出し，これを購入価額の総額から控除して残額を建物の価額とした。なお，路線価は一般的に実勢価格の８割とされているので，路線価をこの割合で割り戻して実勢価格に増額修正した。

③　課税庁は，購入価額の総額を土地及び建物の固定資産税評価額によりあん分して土地の価額を算出しているが，これにより算出した土地の価額は，路線価を基に算出した土地の実勢価格を上回っており，その差額について何ら説明がなされていないから，課税庁が主張する算出方法は合理的とはいい難い。

④　毎年改定作業をしている路線価と，３年に１度しか評価替えがされない固定資産税評価額とでは，いずれが実勢価格を適正に反映しているかは明らかであり，本事案の場合は，区分計算の合理性よりも，算出された価額がどれだけ実態に合致したものであるかどうかを判断の基準とすべきである。

⑤　不動産の値引きについては，それが土地や建物に反映することそのものは問題ではなく，値引後の土地及び建物の区分が適正であるか否かの問題である。

⑥　マンション等の共同住宅の敷地である土地は，敷地利用権と呼ばれているとおり更地ではないから，その評価額は，更地を前提としている路線価よりも更に減額すべきであり，この場合，販売価額に占める建物の割合はもっと大きくなる。

⑦　マンションは，同一規格のものであっても，階層，向き，眺望の差等によって売買価額が異なっているが，それは敷地利用権の価額差ではなく，占有建物の使用価値の差によるものである。したがって，値引きの理由は，売買価額の大きな部分を占める建物にあるというべきであり，マンションの取得価額の算定については，購入価額の総額から階層等にかかわらず一定であ

る敷地利用権の価額を控除して，残額を建物の価額とする方法が合理的である。

課税庁の主張

①　土地及び建物を一括購入した場合におけるそれぞれの取得価額の算出に当たっては，売買契約書等でそれぞれの価額が判明している場合を除き，一括購入した資産の取得価額総額をその取得した時における土地及び建物のそれぞれの通常の状態における取引価額の比によるなどして，合理的にあん分することが必要である。

②　納税者は，土地及び建物の取得価額の区分の方法について，財産評価基本通達14に定める路線価をもって土地の実勢価格を算出し，取得価額総額から当該土地の価額を控除して建物の価額を算出する方法を採用すべきであると主張している。しかしながら，路線価は相続税や贈与税の課税価格の計算の基礎となるもので，宅地の評価の際に採用する評価の指標の一つである。また，納税者が主張する土地の価額を路線価を基に算出する方法では，当該物件が通常価額で販売されようが値引価額で販売されようが土地の価額は一定となるため，建物の価額のみに値引額が反映されてしまうことになるので，合理性があるとは認められない。

③　土地及び建物のあん分計算については，信頼のおける機関等が合理的な評価基準によりそれぞれを評価した額をもって土地及び建物のあん分比を算出し，その比率を取得価額総額に乗じて土地及び建物の価額を算出するのが相当と判断し，そのあん分の基礎として固定資産税評価額を用いたものである。

審判所の判断

①　購入した減価償却資産の取得価額については，所得税法施行令126条1項1号において，当該資産の購入の代価と当該資産を業務の用に供するために直接要した費用の額の合計額（購入代価等）とする旨規定している。した

がって，土地及び建物を一括購入した場合の建物の取得価額については，売
買契約書等により建物の購入代価等が明らかな場合には，通常，その価額と
なるが，それが明らかでない場合には，購入代価等の総額を何らかの合理的
な方法により土地及び建物に区分して，建物の取得価額を算出することが必
要となる。なお，売買契約書等により建物の購入代価等が明らかでない場合
でも，売主において，土地及び建物の販売価額を区分経理等しており，その
価額が客観的かつ合理的なものと認められる場合には，売買契約書等により
建物の購入代価等が明らかな場合と同様に取り扱うことが相当である。

②　土地及び建物を一括購入し，建物の購入代価等が明らかでない場合の合
理的な区分計算の方法について検討すると，①当該物件の過去の売買価額が
土地及び建物に区分されている場合にその価額を基礎とする方法，②当該物
件に類似する物件の売買実例があり，その売買価額が土地及び建物に区分さ
れている場合にその価額を基礎とする方法，③財産評価基本通達により算出
した価額（相続税評価額）や固定資産税評価額等で，当該物件の土地及び建
物につき合理的と認められる価額を見積もることが可能な場合に，その価額
を基礎とする方法等が考えられる。これらいずれの方法による場合でも，当
該物件を取得した日が前記の区分計算の基礎とする価額が定まった日と比較
的近い場合はともかく，その間には，土地及び建物に価格変動があり，また，
建物には損耗があることから，その基礎となる土地及び建物の価額を，相続
税評価額，固定資産税評価額及び建築統計等の何らかの指標等を用いて補正
し，合理性を確保する必要がある。

③　その基礎とする価額が定まった日がいわゆるバブル期及びその前後に当
たる場合には，特に土地について，相続税評価額や固定資産税評価額と実勢
価格との差異が年度ごとに一定でないことなどから，これらの指標等を用い
て補正することは適当でない。前記のいずれの方法による場合でも，①その
基礎とする土地及び建物の価額の比を当該物件の全体の取得価額に乗じて当
該建物の取得価額を算出する方法（あん分法）と，②その基礎とする土地の
価額を当該物件の全体の取得価額から控除して当該建物の取得価額を算出す

るか，その基礎とする建物の価額をそのまま当該建物の取得価額とする方法（差引法）のいずれの方法によることが合理的かを検討する必要がある。

④　マンションは土地及び建物が不可分一体となっており，差引法では，通常の販売価額よりも高額又は低額で販売された場合，一方の価額が実態から著しくかけ離れた価額となる場合がある。

⑤　あん分法では，通常の販売価額よりも高額又は低額で販売された場合であっても，その差額は土地及び建物の双方の価額に反映されることとなる。納税者が主張する差引法に比較してあん分法の方が，より実態に近似するがい然性が高く合理的である。

⑥　③の方法について検討すると，相続税評価額は，土地については国税局長が財産評価基準として定めた路線価等により，建物については地方公共団体が定めた固定資産税評価額を基礎とすることとしているのに対し，固定資産税評価額は，土地及び建物の双方とも地方公共団体が定めている。したがって，土地及び建物の双方を同一の機関で定めている固定資産税評価額を基礎とする方がより合理的である。

【林　仲宣】

賃貸用マンションの耐用年数における
簡便法適用の可否

（参考）
大阪地方裁判所　平成 26 年 3 月 14 日判決　TKC 25505181／TAINS Z264-12432
大阪高等裁判所　平成 26 年 10 月 30 日判決　TKC 25505182／TAINS Z264-12558
最高裁判所　平成 28 年 2 月 4 日決定　TKC 25561880／TAINS Z266-12794

[争点]

　納税者は，その配偶者である被相続人が賃貸業を営んでいたマンションを相続によって取得し引き続き賃貸している。納税者は，このマンションの減価償却費の計算について，平成 19 年分から平成 21 年分の不動産所得の金額の計算上，減価償却資産の耐用年数等に関する省令 3 条 1 項 2 号ロに規定する方法（中古資産に係る簡便法）により算出した耐用年数を基礎として計算した償却費を必要経費に算入して確定申告をしたところ，課税庁から，減価償却資産を相続によって取得した場合には簡便法による耐用年数を基礎として償却費を計算することができず，必要経費が過大であるなどとして，更正処分等を受けたことから，処分の取消しを求めて出訴した事案である。

　所得税法における，不動産所得の金額の計算上，減価償却資産の償却費として必要経費に算入する金額は，その取得をした日及びその種類の区分に応じ，償却費が毎年同一となる償却の方法，償却費が毎年一定の割合で逓減する償却の方法その他の政令で定める償却の方法の中からその者が当該資産について選定した償却の方法に基づき政令で定めるところにより計算した金額とする（所得税法 49 条 1 項）。

　また，選定をすることができる償却の方法の特例，償却の方法の選定の手続，償却費の計算の基礎となる減価償却資産の取得価額，減価償却資産について支出する金額のうち使用可能期間を延長させる部分等に対応する金額を減価償却資産の取得価額とする特例その他減価償却資産の償却に関し必要な事項は政令で定める旨規定している（同法 49 条 2 項）。

　減価償却資産の耐用年数は，原則として，資産の区分に応じ法定耐用年数による（所得税法施行令 129 条，耐用年数省令 1 条 1 項 1 号）。個人において使用された減価償却資産を取得して，個人の業務の用に供した場合における当該資産の耐用年数は，一定の場合を除き，（ア），（イ）の年数によることができる（施行令 129 条，耐用年数省令 3 条 1 項）。（ア）当該資産をその用に供した時以後の使用可能期間（個人が資産を取得した後直ちにこれをその業務の用に供しなかった場合には，資産を取得した時から引き続き業務の用に供したものとして見込まれる当該取得の時以後の使用可能期間）の年数（同項 1 号），（イ）次に掲げる資産（上記（ア）の年数を見積もることが困難なものに限る）の区分に応じそれぞれ次に定める年数（その年数が 2 年に満たないときは，これを 2 年とする）（同項 2 号，簡便法），（a）法定耐用年数の全部を経過した資産，当該資産の法定耐用年数の 2 割に相当する年数（同号イ），（b）法定耐用年数の一部を経過した資産当該資産の法定耐用年数から経過年数を控除した年数に，経過年数の 2 割に相当する年数を加算した年数（同号ロ）と規定している。

納税者の主張

　①　所得税法 49 条 2 項は，減価償却資産の償却費の計算及びその償却の方法の定めを政令に委ねているところ，これを受けた所得税法施行令 129 条は，償却費の計算の基礎となる耐用年数について，財務省令で定める旨を規定している。そして，これを受けた耐用年数省令 3 条 1 項は，個人において使用された減価償却資産を取得してこれを個人の業務の用に供する場合，その減価償却資産の耐用年数については，取得後の使用可能期間を見積もる方法又は簡便法により算出した耐用年数によることができると規定している。そうであるところ，納税者は，被相続人が使用していた減価償却資産を相続により取得し，これを賃貸業務の用に供しているから，減価償却資産の耐用年数については，省令 3 条 1 項 2 号ロが定める簡便法に基づいて算出することができる。ところが，更正処分等は，各減価償却資産について，簡便法は適用

されないとしたものであって，違法である。

② 同法60条1項は，その所定の相続等にあっては資産の増加益が顕在化しないため，増加益に対する課税をその後の譲渡時まで繰り延べることをその本旨とするものであるが，不動産所得を対象としておらず，本来，償却資産の取得後の減価償却とは関係がないものである。そうすると，相続により取得した減価償却資産につき減価償却を行うに当たっては，その計算の基礎となる取得価額は相続時の時価となるはずであるが，それでは同法60条の規定の趣旨と整合しないため，特に施行令126条2項を設けて，被相続人が適法に減価償却をしてきた場合の相続時における未償却残高を引き継いで減価償却を始めることができるようにしたものである。そして，償却期間と償却方法については，そのような特例はないから，相続人は，原則どおり，その選択した期間により減価償却を行うことができるというべきである。

課税庁の主張

① 減価償却とは，数会計期間にわたり消耗する費用総額を予定される耐用期間に割り当てることによって，その各会計期間の費用として配分し，もって期間費用を把握しようとするための会計技術であり，減価償却資産の償却費を算定するためには，取得価額，残存価額及び耐用年数の三つの要素が必要である。そして，ある時点で減価償却資産が取得されると，減価償却資産の取得価額（費用の総額，投下資本）が決まると同時に，取得価額を費用配分する期間である耐用年数が予定されることとなるのであり，このような会計技術としての減価償却の意義を踏まえ，法令においては，減価償却資産について，資産の種類等によって，あらかじめ耐用年数が定められているのである。

② 所得税法施行令126条2項は，所得税法60条1項所定の相続等により減価償却資産を取得した場合の資産の取得価額を，取得者が資産を引き続き所有していたものとみなした場合における取得価額に相当する金額とすると規定している。これは，同法60条1項が，同項所定の相続等の場合にはそ

の時点で資産の増加益が顕在化しないため，譲渡所得の金額の計算上，同項所定の相続等による取得者は資産を前所有者が取得した時から所有していたものとみなして，取得価額の引継ぎにより課税時期を繰り延べることとしており，この場合には，前所有者が資産を取得するのに要した費用が取得者に引き継がれ，資産の保有期間についても前所有者と取得者の保有期間が通算されると解されるので，資産が減価償却資産である場合には，取得費の計算において，償却費の累積額等の控除をするに当たっても，取得者が引き続き当該資産を所有していたものとして取り扱うことが整合的であることから，同法 60 条 1 項所定の相続等により減価償却資産を取得した場合には前所有者の取得価額を取得者に引き継がせることとしたものである。このような施行令 126 条 2 項の趣旨や減価償却の意義等に照らすと，同項は，取得価額のみならず，償却費の計算に当たり必要となる耐用年数及び残存価額も前所有者から取得者に引き継がれることを予定していると解される。

③　耐用年数省令 1 条は，新品の減価償却資産の取得価額（費用の総額，投下資本）に対応する耐用年数として，法定耐用年数を定めた規定であると解されるのに対し，省令 3 条 1 項は，中古資産を取得した場合は新品と同じ耐用年数を用いることは不合理であるし，中古資産によって経過年数も様々であり一律の年数を設定するのも無理があるため，中古資産に対応した耐用年数の算定方法を特に示した規定であると解されるから，新品の減価償却資産について，省令 3 条 1 項により耐用年数を計算することは予定されていないと解される。

④　同法 60 条 1 項所定の相続等によって減価償却資産を取得した場合には，取得者が引き続き資産を所有していたとみなされる結果，取得価額のみならず，耐用年数についても前所有者の耐用年数を引き継ぐこととなり，前所有者が新品の減価償却資産を取得し省令 1 条に基づく法定耐用年数を適用して減価償却費を算出していたのであれば，前所有者から財産を取得した者が，独自に中古資産の減価償却資産に関する省令 3 条 1 項に基づいて算定した耐用年数を適用することはできないというべきである。そうであるところ，納

税者は，相続により減価償却資産を取得しているのであるから，減価償却資産の取得価額について，被相続人の新品としての取得価額を引き継ぐことになり，耐用年数についても，被相続人が適用していた新品としての法定耐用年数が引き継がれるのであって，省令3条1項2号の簡便法に基づき算出した耐用年数を用いることはできない。

裁判所の判断

①　減価償却資産の償却費の計算の基礎となる取得価額については，所得税法49条2項の委任を受けた所得税法施行令126条1項が，原則として資産の種類に応じた所定の金額とするものとしているが，同条2項は，同法60条1項各号に掲げる事由（相続等）により取得した減価償却資産の取得価額について，減価償却資産を取得した者が引き続き所有していたものとみなした場合における減価償却資産の取得価額に相当する金額とするものとしている。そして，相続により取得した資産が減価償却資産である場合には，取得費の計算において，償却費の累積額等（これは，同法49条1項の規定による方法を基礎として計算される）の控除（同法38条2項）をすることになるところ，この控除に当たっても，取得者が引き続き当該資産を所有していたものと取り扱うことが整合的であるといえるのであり，施行令126条2項は，このような整合性を確保するための規定であると解される。

②　減価償却は，長期間にわたって収益を生み出す源泉である減価償却資産の取得に要した費用の総額（取得価額）を，費用収益対応の原則により，予定された期間（耐用年数）に配分する会計技術であり，このような減価償却の意義や，上記のような同法60条1項及び施行令126条2項の趣旨等を併せ考慮すれば，施行令126条2項は，取得価額のみならず，耐用年数，経過年数及び未償却残高についても，前所有者から取得者に引き継がれることを予定していると解するのが相当である。

③　個人において使用された減価償却資産を取得した場合等における当該資産の耐用年数について定める省令3条1項は，中古資産に対応した耐用年数

の算定方法を示した規定であると解される。省令 3 条 1 項の趣旨は，既に使用や時間の経過によって価値が減少している中古資産を取得した場合に新品と同じ耐用年数を用いることは不合理であり，また，中古資産の場合は経過年数も様々であるため一律の耐用年数を設定することには無理があることから，中古資産に対応する短縮された耐用年数の算定方法を特に規定することにあると考えられるから，同項を新品の減価償却資産に適用することは予定されていないというべきである。

④　新品の取得価額が取得者に引き継がれる減価償却資産については，取得者が省令 3 条 1 項の規定により耐用年数を算定することは予定されておらず，このような観点からも，前所有者の取得価額が引き継がれる場合には，耐用年数も取得者に引き継がれることが前提とされているというべきである。以上によれば，同法 60 条 1 項所定の相続等により取得した減価償却資産については，前所有者の取得価額のみならず耐用年数も取得者に引き継がれ，省令 3 条 1 項の規定は適用されないと解するのが相当である。

⑤　納税者は，相続によって減価償却資産を取得したところ，前所有者である被相続人は，減価償却資産をいずれも新品として取得し，それぞれ法定耐用年数を適用していることが明らかである。そうすると，納税者による減価償却資産の取得については，法定耐用年数が納税者に引き継がれ，省令 3 条 1 項の規定は適用されないというべきである。よって，納税者が，これらの償却費の計算において，簡便法に基づいて算出した耐用年数を用いることはできない。

【竹内　進】

中古資産の耐用年数と簡便法の選択

(参考)
東京地方裁判所　平成 28 年 9 月 30 日判決　TKC 25536344／TAINS Z266-12909
東京高等裁判所　平成 29 年 4 月 13 日判決　TKC 25563421／TAINS Z267-13010

[争点]

　税理士業を営むほか，不動産貸付業等を営む個人事業者である納税者の平成 23 年分所得税について，不動産所得の金額の計算上必要経費とされる建物の耐用年数について，中古資産の取得であるため，簡便法の選択により耐用年数を計算することが可能であったが，法定耐用年数による計算を行っていた。

　これに対し，納税者は当初適用した耐用年数が法定耐用年数と同一であったからといって，法定耐用年数を選択していたわけではなく，また，取得した資産が中古資産であることから，本来，簡便法により計算された耐用年数への訂正が認められるべきであると主張した事案である。

　争点は，当初から簡便法を選択していたかどうか，また，簡便法により計算した耐用年数により，償却費に計上することができる金額について，更正の請求が認められるか否かである。

納税者の主張

①　中古資産の耐用年数の算定方法の訂正の可否について，耐用年数を適正・合理的に算定する方法へ訂正することは許される。

②　法定耐用年数は，中古住宅について新築資産と同視できるなどの特段の事情が無い限り，中古住宅に適用することは適正かつ合理的でない。

③　所得税法は，法人税法と異なり，減価償却費の必要経費算入を強制している。納税者の意思により必要経費にしたりしなかったりという処理は許さ

れていない。過去に誤ったものは過去に遡って直すべきものである。

④　調査官が納税者の調査の際に指摘したとおり，実務上，誤りを訂正することは認められている。

⑤　所得税の確定申告書には青色申告計算書も含めて，耐用年数方法について，簡便法か見積法か法定耐用年数かを選択する欄はない。それゆえ，確定申告書において記載されている減価償却費が法定耐用年数を用いて算定されている点をとらえて，納税者が簡便法による耐用年数ではなく法定耐用年数を選択したと主張しているのは根拠のない主張である。

⑥　本事案は中古住宅の耐用年数として適正かつ合理的なものへの訂正であり，税負担を恣意的に調整するために訂正しようとするものではない。

⑦　中古住宅の耐用年数の適正かつ合理的な算定方法への訂正は許されると解すべきである。

課税庁の主張

①　耐用年数省令1条は，減価償却資産の法定耐用年数を定めているが，中古減価償却資産については，簡便法によることができる旨の特例がある（同令3条1項）。

②　法定上，法定耐用年数を使用する方法を原則としつつ，簡便法による耐用年数を選定することも認めて，いずれの方法を選定するかを納税者の判断に委ねている。

③　ただし，中古の減価償却資産の耐用年数を法定耐用年数によらず簡便法による耐用年数を用いて減価償却する場合には，確定申告期限までに当該年分に係る期限内申告書においてこれを選択する意思表示をすることを要する。

④　これは，納税者が利用するかしないかで，有利にも不利にもなる措置について，事後的な事情を踏まえて，当初選択した方法の変更を認めるとした場合には，課税の公平を確保できなくなるという考え方に基づくものである。

⑤　納税者は，建物について，事業の用に供したそれぞれの年分について，その耐用年数について法定耐用年数を選定し，簡便法による耐用年数を選定

していなかった以上，もはや建物の耐用年数を簡便法によって計算することはできない。

裁判所の判断

①　所得税法は，減価償却資産につきその償却費として同法37条の規定によりその者の不動産所得の金額等の計算上必要経費に算入する金額は，その取得をした日及びその種類の区分に応じ，償却費が毎年一定となる償却の方法，償却費が毎年一定の割合で逓減する償却の方法その他の政令で定める償却の方法の中からその者が当該資産について選定した償却の方法に基づき政令で定めるところにより計算した金額とし（同法49条1項），その選定し得る「償却の方法」等に関し，必要な事項は政令で定めるものと規定し（同法49条2項），これを受けて政令（所得税法施行令120条及び120条の2）は，減価償却資産の種類別に納税義務者が選定し得る償却方法を定めている。

②　納税義務者が選択した償却方法に基づき，償却費として必要経費に算入される金額の算定に当たって必要となる減価償却資産の耐用年数の内容について，施行令129条の委任を受けた耐用年数省令に定められており，耐用年数省令1条は，減価償却資産の耐用年数を定めているが，中古資産については，簡便法による耐用年数を用いることができる旨を定めている（同令3条1項）。

③　上記規定によれば，納税義務者は，中古減価償却資産の償却費の算定に当たり，耐用年数省令1条に定める法定耐用年数のほか，同省令3条に定める簡便法による耐用年数を選択することができることとなる。

④　納税者は，建物について簡便法の耐用年数を用いて申告したのであって，法定耐用年数を選択したものではない旨主張するが，納税者は，建物を事業の用に供したそれぞれの年分の確定申告において提出した所得税青色申告決算書添付の減価償却資産の計算書において，建物の耐用年数として，いずれも簡便法を選択していたと認めるに足りる証拠等は見当たらないから，建物の耐用年数として法定耐用年数を用いていたことは明らかであるといわざ

を得ない。

⑤　納税者の平成 23 年分の所得税について，建物の減価償却費の計算に当
たり，法定耐用年数の数字を用いたものを，簡便法による耐用年数を用いた
ものに訂正することはできない。

【四方田　彰】

建物の取得に係る借入金の利子と開業費

[争点]

　納税者は，平成 5 年 3 月 31 日に診療所用の建物，建物付属設備及び構築物を建築・取得し，平成 5 年 4 月 19 日に事業を開始した。

　建物等を建築・取得するために，平成 4 年 8 月 19 日に建築会社との間に請負金額を 7 億 4,160 万円とする工事請負契約を締結した。平成 4 年 9 月 9 日，平成 5 年 1 月 29 日及び同年 4 月 15 日に銀行から合計 7 億 5,000 万円を借り入れた。

　納税者は，建物等の取得資金とした借入金にかかる利子 1,251 万 7,120 円を支払っており，また，平成 4 年 9 月 3 日に借入金にかかる印紙税 20 万 4,600 円，同月 10 日から平成 5 年 4 月 15 日の間に送金手数料 2,163 円も支払っている。

　争点は，納税者が診療所（脳神経外科等）の開業に当たって，事業の用に供する資産を事業開始前に借入金によって取得した場合，事業年度開始前に支出した借入金の利子が繰延資産である開業費に該当するか否かである。

納税者の主張

　① 利子等の合計 1,272 万 3,883 円は，所得税法施行令 126 条（減価償却資産の取得価額）に規定する付随費用に含まれず，同条に規定する減価償却資産の取得価額を構成しないから，施行令 7 条 1 項括弧書に規定する資産の取得に要した金額とされるべき費用には該当しないこととなるので，同条 1

項 1 号に規定する開業費とするべきである。

②　課税庁が所得税基本通達 38-8（取得費に算入する借入金の利子等）の定めを適用しているのであれば，誤りである。同通達 38-8 は，所得税法 38 条（譲渡所得の金額の計算上控除する取得費）に関する通達であり，利子等は，同法 2 条（定義），同法 37 条（必要経費），同法 50 条（繰延資産の償却費の計算及びその償却の方法）及びそれに関連する条文に基づき，事業所得の金額の算定の中で判断すべきである。

③　課税庁は，新たに事業を開始する者が事業の用に供する資産を事業年度開始前に借入金により取得した場合において，その者が事業開始前に支出した当該借入金の利子について，法人と異なった取扱いをしている。この点について，課税の公平を欠くものである。

課税庁の主張

①　利子等が繰延資産である開業費に該当するためには，(1) 業務に関し個人が支出する費用であり，かつ，その支出の効果が支出の日以後 1 年以降に及ぶこと，(2) 資産の取得に要した金額とされるべき費用及び前払費用でないこと，(3) 事業を開始するまでの間に開業準備のために特別に支出する費用であること，の要件を充足する必要がある。

②　利子等は，建物等を取得するための借入金にかかる費用であることから，(2) の要件を充足していないこととなり，開業費に該当しない。

③　本来，事業を営んでいない者が事業の用に供する固定資産を先行取得しているような場合には，当該借入金は家事費であり，所得税法 37 条の必要経費に該当しないこととなる。しかし，当該利子等は，その事業により生ずる利益に対応させて費用の分配を図ることが費用収益対応の原則に立脚して期間損益計算上の立場から最も合理的である。

④　利子等は，建物等の取得のための借入金に係る利子であり，建物等の取得のために要した費用であることは明らかであることから，建物等の取得価額に算入したものである。

⑤　所得税基本通達 38-8 は，事業開始前に支出された固定資産取得のための借入金の利子は，固定資産の取得価額に算入するという解釈を示したものである。

審判所の判断

①　非事業用資産を借入金で取得し，当該資産を使用しないまま譲渡した場合の借入金利子は，所得税法 38 条に規定するその資産の取得に要した金額として当該資産の取得費であると解されているところからみて，利子等のように事業開始前に借入金によって事業用資産を取得した場合の事業開始までの借入金利子は，所得税法施行令 126 条に規定するその他当該資産の購入のために要した費用と解される。

②　所得税基本通達 38-8 は，固定資産の取得のために借り入れた資金の利子のうち，その資金の借り入れた日から当該固定資産の使用開始の日までの期間に対応する部分の金額は，業務の用に供される資産に係るもので，当該業務に係る各種所得の金額の計算上必要経費に算入されたものを除き，当該固定資産の取得費又は取得価額に算入するとともに，固定資産取得のための借入れに通常必要と認められる費用についても同様とする旨定めている。

③　同通達 38-8 は，事業開始前に支出された固定資産の取得のための借入金の利子等は，当該固定資産の取得価額に算入するという解釈を示したものであり，この通達の取扱いは相当と認められる。

④　利子等は，建物等を取得することを基因として支出されたものと認められることから，施行令 126 条 1 項に規定するその他当該資産の購入のために要した費用となり，当該資産の取得価額に算入することとなる。さらに，利子等は，資産の取得に要した金額とされるべき費用に当たると認められるから，施行令 7 条に規定する開業費には該当しない。

⑤　利子等を建物等の取得価額に算入することは法人税法上の取扱いと異なっており，課税の公平を欠くものであるとする点について，所得計算は，法人税法上では法人の設立から始まるのに対し，所得税法上では，事業所得

について個人の開業の時からはじまる。そのため，納税者のいう「法人税法上の取扱い」とは，法人の設立後営業開始までの間における支出に係る取扱いであり，これを個人についていえば，事業開始後の支出に係る取扱いに相応する。そうすると，個人の事業開始前の支出に係る利子等と法人設立後の支出に係る支払利子とを対比して，課税の公平性を主張することはできない。

【四方田　彰】

アパートの補修工事と修繕費

(参考)
国税不服審判所　平成元年 10 月 6 日裁決　TKC 26010556／TAINS J38-2-03

[争点]

　納税者は会社役員であるが，鉄筋コンクリート造り陸屋根 9 階建ての店舗共同住宅居宅物置（A アパート）を所有していることから，不動産所得として所得税の青色の確定申告をしていた。

　昭和 59 年分不動産所得では，B 建設株式会社が施工した昭和 59 年 11 月 10 日付見積書（No.410，工事見積額 470 万円）に係る補修工事に要した金額のうち，390 万 1,000 円（事業割合 83 ％相当額）を納税者の不動産所得の金額の計算上その他経費として必要経費に算入して確定申告をしたところ，課税庁は，見積 No.410 の補修工事に係る債務は昭和 59 年中に確定したものとは認められないとして更正をした。

　昭和 60 年分不動産所得では，B 建設が施工した見積 No.410 の補修工事及び昭和 60 年 1 月 15 日付見積書（No.440，工事見積額 1,070 万円）に係る補修工事は，A アパートの外壁及び屋上の補修工事並びに当該工事に伴う仮設工事等であるので，納税者は，昭和 60 年中に施工された見積 No.440 の補修工事に要した金額のうち，888 万 1,000 円（事業割合 83 ％相当額）を納税者の不動産所得の金額の計算上修繕費として必要経費に算入して確定申告をしたところ，課税庁は，補修工事等は昭和 60 年に一括して施工されたものであり，補修工事等に要した金額のうちの一部は資本的支出と認められるので，納税者の申告に係る修繕費の一部 375 万 1,564 円は必要経費とは認められないとして更正をした。

　昭和 61 年分不動産所得では，昭和 59 年 12 月 28 日に木造亜鉛メッキ鋼板

葺2階建ての店舗兼居宅の賃貸物件の土地建物を購入して，引き続き建物の一部を飲食業を営んでいた賃借人Dに賃貸していたが，昭和61年4月12日に賃借人Dとの間で昭和61年5月31日までに建物を明け渡すことを内容とする建物賃貸借の合意解除契約を締結したことに伴い，賃借人Dに立退料2,700万円を，立退契約に関与したE商事株式会社に仲介手数料100万円及び株式会社F不動産に仲介手数料50万円を支払ったので，立退料及び仲介手数料を不動産所得の金額の計算上その他経費として必要経費に算入して確定申告をしたところ，課税庁は，立退料等は土地の取得価額に算入すべきであるから必要経費には該当しないとして更正をした。

　本事案の争点は，①納税者の所有するAアパートについて，B建設の施工した見積No.410の補修工事が昭和59年中に完了し，見積No.410の補修工事に係る金額が同年中の債務として確定しているか否か，②Aアパートについて施工された補修工事等の事業用部分に係る金額は，その全部が修繕費に該当するのか，あるいはその一部が資本的支出に該当するのか，である。

納税者の主張

①　昭和59年分不動産所得において，課税庁は，見積No.410の補修工事に係る債務は昭和59年中に確定したものとは認められないとして更正をしたが，見積No.410の補修工事は，昭和59年11月末に着工し，昭和59年中にしゅん工しているから，その他経費とした390万1,000円は不動産所得の金額の計算上必要経費に算入すべきである。

②　昭和60年分不動産所得において，課税庁は，補修工事等は昭和60年に一括して施工されたものであり，補修工事等に要した金額のうちの一部は資本的支出と認められるので，納税者の申告に係る修繕費の一部375万1,564円は必要経費とは認められないとして更正をしたが，見積No.440の補修工事に係る888万1,000円はその全部が修繕費に該当するから，否認された375万1,564円は，不動産所得の金額の計算上必要経費に算入すべきである。

③ 昭和61年分不動産所得において，課税庁は，立退料等は土地の取得価額に算入すべきであるから必要経費には該当しないとして更正をしたが，物件の取得時には，納税者がその後土地の上に新築した鉄骨・鉄筋コンクリート造り陸屋根地下1階付5階建ての倉庫作業所の敷地として利用する目的はなく，かつ，賃借人Dを立ち退かせる意思もなかったのであるから，立退料等は，所得税基本通達37-23により，不動産所得の金額の計算上必要経費に算入すべきであり，土地の取得価額に算入すべきものではない。

課税庁の主張

① 見積No.410の補修工事については，事実を総合して判断すると，昭和59年中に債務の確定したものとは認められないので，不動産所得の金額の計算上必要経費に算入することはできない。

② 補修工事等を請け負ったB建設は，その一部（契約金額1,230万円）を昭和60年1月16日に株式会社H塗装に下請させている。

③ B建設の作成に係る補修工事等の各月ごとの出来高を記載した明細表によれば，昭和60年1月末現在の累計出来高は28万6,250円にすぎない。

④ B建設が作成した見積No.410の補修工事に係る請求書（No.8048）の日付は昭和59年12月10日となっているが，B建設がこの請求書と前後して作成した請求書の日付はそれぞれNo.8047が昭和60年2月8日及びNo.8049が昭和60年2月14日となっている。

⑤ B建設の売掛台帳には，納税者に対する売上げの発生額として，昭和60年2月28日に470万円が計上されている。

⑥ B建設の売掛台帳には，昭和60年3月11日に見積No.410の補修工事の代金470万円が入金計上されている。

⑦ Aアパートの外壁及び屋上の補修工事並びに当該工事に伴う仮設工事については，①補修工事等は，Aアパートの屋上及び外壁の一部のはく離した部分の補修ばかりでなく，Aアパート全体について溶液を注入し，これを強固なものとしていること，②補修工事等には，Aアパート全体について取得

時には行われていなかった防水塗装工事が含まれていることの事実から，そのすべてがＡアパートの破損部分の補修工事等であるとは認められないので，納税者の主張する補修工事等に係る金額のうち，明らかに修繕費と認められる部分を除いた金額の 70 ％相当額を資本的支出とするのが相当である。

⑧　納税者の主張する立退料等の額 2,850 万円は，納税者は当初から土地上にビルを建築するために物件を取得したものと認められ，立退料等はその目的達成のために支出されたものであると認められるから，土地の取得価額に算入すべきであるので，不動産所得の金額の計算上必要経費に算入することはできない。

審判所の判断

①　見積 No.410 の補修工事について，①見積 No.410 の補修工事に係るＢ建設作成の請求書控の日付は昭和 59 年 12 月 10 日となっているものの，Ｈ塗装がＢ建設から補修工事等の大半を下請した日は昭和 60 年 1 月 16 日であって，Ｈ塗装はこれらを一体の工事として施工していること，②Ｂ建設の明細表によれば，補修工事等に係る昭和 60 年 1 月末の累計出来高はＨ塗装以外の業者に係る 28 万 6,250 円であり，Ｂ建設が売掛台帳に計上した日は昭和 60 年 2 月 28 日であること，③見積 No.410 の補修工事に係る請求書控と前後して作成された請求書控の日付はいずれも昭和 60 年 2 月であって，これら 3 枚の請求書控は，昭和 60 年 2 月の確認印が押され昭和 60 年 2 月分としてつづられていることからすれば，見積 No.410 の補修工事は昭和 60 年に施工されたものと認められ，見積 No.410 の補修工事が昭和 59 年中に完了し，引渡しを受け，その金額に係る債務が昭和 59 年中に確定したものとは認められないから，この点に関する納税者の主張には理由がない。

②　納税者が昭和 59 年分の不動産所得の金額の計算上必要経費に算入した 390 万 1,000 円を同年分の必要経費とすることはできない。

③　所得税法施行令 181 条は，不動産所得を生ずべき業務を行う居住者が，その業務の用に供する固定資産について支出する金額のうち，その支出によ

り，当該資産の取得の時において当該資産につき通常の管理又は修理をする
ものとした場合に予測される当該資産の使用可能期間を延長させる部分に対
応する金額又はその支出の時における当該資産の価額を増加させる部分に対
応する金額は，資本的支出として，その支出する日の属する年分の不動産所
得の金額の計算上必要経費に算入しない旨規定する。

④　減価償却資産である建物について支出した金額であっても，資本的支出
に該当しないものは修繕費に該当することとなる。そして，この資本的支出
と修繕費との区分は，支出金額の多寡によるのではなく，その実質によって
判定することと解される。

⑤　補修工事等は昭和60年中に施工され，また，完了したものとみるのが
相当である。

⑥　注入工事及び壁はつり補修工事はＡアパート全体にされたものではなく，
また，サッシ廻りシーリング工事及び塗装工事は建物の通常の維持又は管理
に必要な修繕そのものかその範ちゅうに属するものであるから，これらに要
した費用は修繕費とするのが相当である。

⑦　外壁天井防水美装工事は，注入工事及び壁はつり補修工事に伴うその補
修面の美装工事であること並びにＡアパート建築後12年弱経過した時点に
おける一般的な塗り替え美装工事であって，塗装材として特別に上質な材料
を用いたものではないことが認められる。したがって，外壁天井防水美装工
事によって，格別，Ａアパート本来の使用可能期間を延長したり，その価額
を増加したりするような要素は認められないから，この外壁天井防水美装工
事は建物の通常の維持又は管理に属するものとして，これに要した費用は修
繕費とするのが相当である。

⑧　仮設工事，サッシ・ガラスクリーニング工事及び隣家対策金属工事は，
前記の工事に必然的ないしは付随して生ずるものであり，また，諸経費は補
修工事等の全体に及ぶものであるから，これらの費用も修繕費とするのが相
当である。

⑨　以上により，補修工事等に係る金額は，その全額を修繕費と認めるのが

相当であるから，見積 No.440 の補修工事に係る金額が修繕費である旨の納税者の主張には理由がある。

⑩　納税者が物件を取得した目的についてみると，①昭和 58 年ころから G 工業は事務所用地を探していたところ，納税者は，昭和 59 年 12 月 28 日に物件の購入契約をし，物件の引渡しを受けたので昭和 60 年 2 月 27 日付で所有権移転登記をしたが，建物を賃借人 D が賃借したまま購入したため，昭和 60 年 4 月に賃借人 D に立退きの話をする一方で，昭和 60 年に土地全部の敷地上に建築するビルの設計を B 建設に依頼していること，②昭和 61 年 4 月 12 日に E 商事及び F 不動産に対する仲介手数料及び労務報酬 150 万円を要して賃借人 D との間に 2,700 万円の立退料を支払うことで立退きの合意が成立したこと，③ビルは土地全部の敷地上に建築され，G 工業は昭和 62 年 5 月にビルの完成と同時にその全部を賃借して業務を行っていることからすれば，納税者の物件の取得は，当初から建物を取り壊した上，土地全体をビルの敷地に供する目的であったものと認められ，納税者の物件の取得時においては土地の敷地全部をビルの敷地として利用する意思はなく，その後の賃借人 D との交渉の結果により賃貸借契約を解除し，土地の敷地全部にビルが建築されたものである旨の主張は信用できないから，この点に関する納税者の主張には理由がない。そうすると，立退料等は実質的には土地の所有権取得の対価的性質をもつものと認めるのが相当であり，立退料等の額 2,850 万円は土地の取得価額に算入すべきである。

【角田　敬子】

減価償却費の計算における
建物の取得価額の算定方法

(参考)
国税不服審判所　平成 27 年 11 月 4 日裁決　TKC 26012849／TAINS J101-2-05

[争点]

　不動産貸付業を営む納税者が，各物件の減価償却費の計算の基礎となる取得価額について，土地と建物及び建物附属設備を一体として計算し，土地と建物等及び建物と建物附属設備について，いずれも不動産鑑定士による鑑定評価を前提にあん分して計算して修正申告をしたところ，各申告について，税務署長は減価償却費の計算に誤りがあるなどとして各更正処分等を行ったのに対して，同処分等の一部の取消しを求めた事案である。

　本事案の争点は，減価償却費の計算における建物等の取得価額の算定方法の適否である。

納税者の主張

　①　減価償却費の計算における建物等の取得価額の算定方法の適否については，各物件について納税者が依頼した不動産鑑定士による評価額は，以下の方法で算出した各物件の建物等の価額に近似しており合理的であるから，これによるべきである。

　②　減価償却費の計算における建物等の取得価額は，契約書における土地及び建物等の代金並びに仲介手数料の合計額を，標準建築価額表を基に算定した建物等の価額と土地の固定資産税評価額を 0.7 で除した土地の価額の割合によってあん分して算出すべきである。

　③　F 物件等については，課税庁主張価額は，納税者主張価額と比べて過少

であり（F物件は29.49％，H物件は15.11％，J1物件は35.00％，J2物件は22.57％），著しく不合理である。また，F物件については，一般的な木造アパートと比べてグレードが高いこと，北側道路が私道であること等の個別事情を斟酌すべきであるところ，不動産鑑定士による評価額にはこれが反映されているが，課税庁主張価額には反映されていない。

④　I物件については，課税庁主張価額は，納税者主張価額と比べて32.79％過少であり，著しく不合理である。

⑤　E物件等については，建物の固定資産税評価額は時価である標準建築価額表に基づく価額の4割程度であり，土地の固定資産税評価額は時価の7割であるから，土地と建物の固定資産税評価額の価額比によってあん分すると建物等の取得価額は必然的に過少になる。実際，課税庁主張価額は，納税者主張価額と比べて過少であり（E物件は12.53％，G物件は9.73％，J3物件は25.33％），著しく不合理である。また，固定資産税評価額には消費税等が含まれておらず，妥当でない。さらに，課税庁の主張によれば，譲渡所得の計算の場合には標準建築価額表で計算し，購入する場合には建物の固定資産税評価額で計算することとなり，一つの建物について売主側と買主側とに異なった価額を存在させることとなり，不合理である。買主側における取得価額の合理的な算定方法として建築統計年報（標準建築価額表に相当するもの）が採用され，また，土地及び建物を一括譲渡した場合に当該不動産に係る固定資産税等の課税標準額によってあん分する方法が採用されるなど，課税庁の主張とは異なる方法による算定を認めた裁判例も存在する。

課税庁の主張

①　減価償却費の計算における建物等の取得価額の算定方法の適否については，減価償却費の計算における建物等の取得価額は，実際の購入価額によるべきである。

②　各物件については，契約書の記載に応じ，①F物件，H物件，J1物件及びJ2物件（F物件等），②I物件，③E物件，D物件，G物件及びJ3物件

（E物件等）に分類して，仲介手数料のうち建物等に係る部分（当該算定方法によって算定された土地及び建物等の購入価額の割合によってあん分したもの）を加えたものとするのが相当である。

③　F物件等については，F物件等に係る各売買契約書等には，いずれも建物の購入価額が記載されている。そして，当該価額が著しく不合理であるなどの事情は認められないから，当該価額を基に建物等の取得価額を算定すべきである。

④　I物件については，I物件に係る売買契約書には，建物の購入価額が記載されていないが，建物に係る消費税及び地方消費税の額が記載されている。そして，このことから導き出される建物等の購入価額（当該消費税等の額から逆算される建物の価額に消費税等の額を加算した額）が著しく不合理であるなどの事情は認められないから，当該価額を基に建物等の取得価額を算定すべきである。

⑤　E物件等については，E物件等に係る売買契約書には，いずれも建物の購入価額が記載されていない。このような場合には，土地と建物の全体の購入価額を土地と建物の固定資産税評価額の価額比によってあん分し，当該価額を基に建物等の取得価額を算定すべきである。

⑥　国税庁が作成した譲渡所得の申告のしかた（記載例）に記載されている「建物の標準的な建築価額表」を基に建物等の取得価額を算定する方法は，譲渡所得に係る売却した土地と建物の取得価額を区分するに当たって，購入時の契約において土地と建物の価額が区分されていない場合に時価の割合に代えて取得価額を計算することができる方法であり，この計算式によって算出された価額が当該資産の時価であると認めたものではない。

審判所の判断

①　F物件等について，納税者がF物件等を購入した際に作成されたと認められる各売買契約書等には，土地及び建物等の売買代金が区分して記載され，建物等に係る消費税等の額に相当する金額も記載されている。そして，当審

判所の調査の結果によっても，各売買契約書の代金等の記載があえて実体と
異なる虚偽の内容を表示したものであること等をうかがわせる事情は認められ
ない。そうすると，Ｆ物件等の減価償却費の算定における建物等の取得価
額については，各売買契約書記載の建物等の代金に消費税等の額を加算した
金額であると認められる。課税庁による算定方法はこれと同旨であり，適切
である。

②　Ｉ物件について，納税者がＩ物件を購入した際に作成されたと認められ
る売買契約書には，土地及び建物等の売買代金の総額が記載されているにと
どまり，その内訳は記載されていないものの，当該売買代金の消費税等の額
に相当する金額が記載されている。そして，審判所の調査の結果によっても，
各売買契約書の代金及び消費税等の額の記載があえて実体と異なる虚偽の内
容を表示したものであること等をうかがわせる事情は認められない。その上
で，消費税法 6 条 1 項及び同法別表第 1 第 1 号が土地の譲渡については消費
税を課さない旨規定していることを踏まえると，消費税等の額は，Ｉ物件の
建物等の売買代金に対応するものであると認めることができるから，当該消
費税等の額から逆算（割戻し）することによって建物等の売買代金を算定す
ることができる。そうすると，Ｉ物件の減価償却費の算定における建物等の
取得価額については，上記の手順で算定した建物等の売買代金に消費税等の
額を加算した金額であると認められる。課税庁による算定方法はこれと同旨
であり，適切である。

③　Ｅ物件等について，納税者がＥ物件等を購入した際に作成されたと認め
られる売買契約書には，土地及び建物等の売買代金の総額が記載されている
にとどまり，その内訳は記載されておらず，当該売買代金の消費税等の額に
相当する金額も記載されていない。このような場合，売買契約書の記載によ
るもの以外の方法で建物等に係る売買代金を区分して明らかにする必要が生
ずるところ，固定資産税評価額は，固定資産評価基準によってされた不動産
の評価に基づき一定の基準時におけるその適正な時価（客観的な交換価値）
として決定された価額を登録するものであること（地方税法 341 条 5 号，

349条，388条1項等）に照らし，一般的に土地及び建物等につき共に当該基準時の前後における適正な時価を反映しているものと解されるから，上記の区分をする際には，対象となる土地及び建物等に係る各固定資産税評価額（これに購入の時期等に応じ相当の補正をした金額を含む。）を用いて当該土地及び建物等の金額の比を求め，全体の売買代金をこの価額比によってあん分する方法により算定するのが合理的であるということができる。そうすると，Ｅ物件等の減価償却費の算定における建物等の取得価額については，上記の手順で算定された建物等の売買代金の金額であると認められる。課税庁による算定方法はこれと同旨であり，適切である。

④　仲介手数料について，納税者が各物件の購入に際し支払った仲介手数料は，所得税法施行令126条1項1号に規定する「購入手数料」に該当するから，そのそれぞれの額は，各物件の各「購入の代価」に加算される。

⑤　納税者は，要するに，①納税者が依頼した不動産鑑定士による評価額は，契約書における土地及び建物等の代金並びに仲介手数料の合計額を標準建築価額表を基に算定した建物等の価額と土地の固定資産税評価額を0.7で除した土地の価額の割合によってあん分して算出した建物等の取得価額に近似しており合理的である，②課税庁主張価額が納税者主張価額と比べて過少である，③Ｆ物件については個別事情を斟酌すべきである，④固定資産税評価額には消費税等が含まれていない，⑤譲渡所得の計算の場合には標準建築価額表で計算し，購入する場合には建物の固定資産税評価額で計算することとなり，一つの建物について売主側と買主側とに異なった価額を存在させる，⑥課税庁の主張とは異なる方法による算定を認めた裁判例も存在するなどと主張する。

⑥　①の点については，「購入の代価」（施行令126条1項1号イ）との文言からすれば，取得価額の算定に当たっては実際に支払った金額を基準とすべきことは明らかであり，それにもかかわらず，実際に支払った金額を直接認定できるような場合も含めて一律に納税者が主張するような方法によることが合理的であると解すべき根拠は見当たらない。②の点については，納税

者主張価額の前提となる算定方法が合理的であるとはいえない以上，認定したとおりの算定方法による額が結果において納税者主張価額と比べて過少であるとしても，そのことが不当であるとはいえない。③については，Ｆ物件については納税者が主張するような個別事情も含めて売買代金が決定されたはずであって，そうして決定された売買代金を算定の基準とすべきものである。④ないし⑥については，売買契約書の記載による以外の方法で建物等に係る売買代金を区分して明らかにする必要が生ずる場合に固定資産税評価額を用いることが合理的であって，納税者が主張する諸事情は，その合理性を否定するものとはいえない。したがって，納税者の主張にはいずれも理由がない。

【角田　敬子】

CASE

47

不動産貸付業をめぐる建物と土地の取得価格の区分

(参考)
千葉地方裁判所　平成 23 年 12 月 9 日判決　TKC 25502014／TAINS Z261-11829
東京高等裁判所　平成 24 年 5 月 31 日判決　TKC 25503502／TAINS Z262-11960
最高裁判所　平成 26 年 3 月 28 日決定　TKC 25544508／TAINS Z264-12445

[争点]

　納税者は，建物（A 物件）に居住する給与所得者であるが，不動産貸付業も営んでおり，平成 16 年分，平成 17 年分及び成 18 年分の所得税について，所得税法 143 条の青色申告の方法で課税庁に対し確定申告をした。① A 物件の固定資産税を必要経費に算入した。②納税者に対する労賃を管理費に含め必要経費にした。③各物件の購入の際の仲介手数料を不動産取得価格に入れず，必要経費にした。④土地を含んだ各物件の取得金額を基礎として減価償却費を算定した。

　各申告について，課税庁は，納税者に対し，平成 20 年 2 月 27 日付けで，更正決定及び過少申告加算税賦課決定処分をしたところ，納税者は，各処分の一部取消しを求めた。

　A 物件は，平成 6 年 10 月に建築された木造ストレート葺 2 階建であり，登記簿上の建物種類は「居宅」である。A 物件の 1 室を納税者は不動産の管理等の事務等を行う部屋として利用している。

　賃貸物件は，納税者は，土地及び建物の一室（B 物件），土地及び建物の一室（J 物件），土地及び建物（C 物件），土地及び建物（D 物件），土地及び建物（E 物件），土地及び建物（F 物件），土地及び建物（G 物件）がある。B 物件については，当初，納税者が居住の用に供していたものを平成 6 年 6 月から，また，B 物件以外の各物件は，その取得の時から，それぞれ不動産貸付業務の用に供している。

納税者の主張

①　建物等と土地の取得価格の区分について，課税庁の建物等の減価償却費の計算は違法である。

②　売買契約書記載の代金額が必ずしも合理的な取得額とはいえず，課税庁はそれが合理的であるとの根拠を示していない。不動産鑑定士の評価額を使ってあん分する方式が合理的な計算方法である。

③　B 物件については，事務官が固定資産税課税標準額を使用して計算するように指導していたこと，税務署も約 15 年間の間その計算を認めていたのであるから，固定資産税課税標準額を使用して計算すべきであり，納税者にのみ更正処分をすることは租税平等主義に反する。また，納税者が B 物件を取得した時期については，賃貸を開始した平成 6 年 6 月として計算すべきである。

④　建物の固定資産税評価額に消費税相当額が含まれていないことについて（B 物件，J 物件，D 物件）は，仮に，固定資産税評価額により計算するとしても，同各物件の固定資産税評価額によりあん分する際に，消費税が考慮されておらず不合理である。

課税庁の主張

①　C 物件，E 物件，G 物件は，それぞれの売買契約書において，土地及び建物等の売買代金のそれぞれが区分して明記されており，その金額が，各建物の取得価格となる。

②　F 物件については，売買契約書に建物価格は明記されていないが，消費税等の額は記載されており，消費税等は土地の譲渡には課税されないことから，消費税等の額から建物等の価格を算出し，それが同建物の取得価格になる。

③　B 物件，J 物件，D 物件について，各物件は，売買契約書において，土地及び建物等の売買代金のそれぞれが区分して記載されておらず，建物等の取得価格を算定するに当たっては，固定資産税評価額に基づいて区分計算す

ることが合理的な計算方法である。

④　B物件について，納税者が同物件を購入したのは，昭和63年であるところ，当時は消費税法の適用はなく，消費税額を考慮したあん分をする必要はない。

⑤　J物件，D物件について，各物件の譲受価格には消費税は含まれておらず，消費税額を考慮したあん分をする必要はない。

裁判所の判断

①　所得税法49条1項は，不動産所得の計算上，減価償却資産について償却費として政令で定める計算方法による金額について必要経費として算入することができる旨を定め，所得税法施行令126条は，その償却費の計算の基礎となる減価償却資産の取得価格の計算方法を当該資産の購入のために要した費用を含む購入代価に当該資産を業務の用に供するために直接要した費用の額等を加算して算出することが定められており，投下資本の回収部分に課税をしないという趣旨からしても，購入代価は実際の売買代金額を採用すべきである。これに反する納税者の主張は採用できない。

②　C物件，G物件，E物件について，これらの物件を購入する際には，売買契約書が作成され，その契約書において建物価格が記載されている。このような場合，売買契約書に記載された各価格で，建物等と土地がそれぞれ売買されたものにほかならず，物件における建物等の購入代価は，売買契約書に記載された金額であると認められる。この点，納税者は，売主側が消費税を多く支払いたくないことから建物等の価格を抑えたいとの要請に応えたもので，何ら合理的な建物価格ではないと主張するが，売主と合意していた建物等の購入代価額を採用すべきであって，納税者の主張は採用できない。他にも納税者は種々主張するが，物件の購入代価が売買契約書に記載された金額であるとの認定を覆すには足りない。

③　F物件の売買契約書には建物に係る消費税額が記載されていることが認められる。そうすると，当該消費税額から計算される金額がF物件の建物等

の購入代価であると認められる。納税者の主張は採用できない。

④　B 物件，J 物件，D 物件について，これらの物件の売買契約書には，建物等の購入代価は記載されておらず，消費税についても記載がない。このように，土地及び建物等を一括して売買した場合には，その購入代価の額を減価償却対象とならない土地に相当する部分とその対象となる建物等に相当する部分を合理的な方法により区分する必要がある。これにつき，課税庁は，固定資産税評価額，すなわち，土地課税台帳等及び家屋課税台帳等に登録された価格によるあん分の方法が合理的な方法であると主張するところ，固定資産税評価額は，総務大臣の告示する固定資産評価基準により算出され，当該不動産の価格，すなわち適正な時価，すなわち正常な条件の下に成立する取引価格，すなわち客観的な交換価値を算出して登録するものである。

⑤　固定資産税評価額は，一般的に土地及び建物ともに時価を反映しているものであり，課税庁主張の方法は合理性を有するというべきである。もっとも，個別取引の事情等により，固定資産税評価額が実際の取引価格と全く一致するとはいえないが，そのことをもって，一定した客観的基準に基づき専門家が実地調査をして算出した価格に基づき定められた固定資産税評価額を基準とすることの合理性が否定されるものではない。

【角田　敬子】

相続による不動産の取得と減価償却方法の承継

(参考)
千葉地方裁判所　平成 17 年 12 月 6 日判決　TKC 28111901／TAINS Z255-10218
東京高等裁判所　平成 18 年 4 月 27 日判決　TKC 28112277／TAINS Z256-10382
最高裁判所　平成 18 年 9 月 28 日決定　TKC 25451179／TAINS Z256-10521

[争点]

　納税者が，平成 14 年分の所得税につき，減価償却資産の償却費として不動産所得の金額の計算上必要経費に算入する金額の計算に当たり，減価償却資産である相続により取得した建物について償却の方法として定額法を選定した上，総所得金額を 2,962 万 3,529 円，納付すべき税額を 768 万 5,700 円とする確定申告をした後，減価償却費算入額の計算に当たり，建物について償却の方法として定率法によると，総所得金額は 1,711 万 6,936 円，納付すべき税額は 322 万 600 円になるとして更正の請求をしたが，課税庁から更正をすべき理由がない旨の通知処分を受けたため，その取消しを求めている事案である。

　納税者は，所得税の法定申告期限内である平成 15 年 3 月 11 日，課税庁に対し，所得税につき，減価償却費算入額の計算に当たり，減価償却資産である平成 14 年 1 月 4 日に A から相続により取得した建物について，減価償却方法として定額法を選定した上，確定申告書を提出した。

　納税者は，平成 15 年 4 月 14 日，課税庁に対し，所得税につき，減価償却費算入額の計算に当たり，建物について，減価償却方法として定率法によるとして，更正の請求をした。課税庁は，同年 6 月 30 日付けで，納税者に対し，更正請求につき，更正すべき理由がない旨の通知処分をした。

　本事案の争点は，相続によって減価償却資産（不動産）を取得した場合，その減価償却方法は，当該資産について被相続人が選定していた減価償却方法を承継し得るかである。

納税者の主張

①　所得税法60条及び所得税法施行令126条2項の規定によれば，相続（限定承認に係るものを除く。）の事由により取得した資産の譲渡については，被相続人の取得価額及び取得時期をそのまま承継するのであるから，不動産を相続により取得した場合には，減価償却方法も承継が認められるべきである。もし，減価償却方法について，相続による取得を譲渡による取得と同じ次元で捉えるのであれば，法律又はその委任を受けた政令にその旨規定すべきであるところ，その旨の規定はない。

②　減価償却資産である不動産を相続により取得した場合，当該減価償却資産の減価償却方法は，当該資産について被相続人が選定していた減価償却方法を承継することになる。

課税庁の主張

①　所得税法60条1項の規定は，単純承認に係る相続による資産の移転について，被相続人がその資産を保有していた期間中に発生した値上がり益を相続人の所得として課税しようとする趣旨のもので，相続人の譲渡所得の金額の計算上控除すべき取得費について，被相続人がその資産を取得した時から相続人がその資産を取得していたものと擬制して取得費の計算を行うために設けられたものである。

②　減価償却資産の取得価額について規定した所得税法施行令126条2項において，相続により取得した減価償却資産について相続人が被相続人の取得価額を引き継ぐ旨規定しているが，相続により取得した減価償却資産について被相続人が選定していた償却の方法を相続人が引き継ぐことまで規定したものではなく，減価償却方法は施行令120条が規定するとおりである。

裁判所の判断

①　所得税法60条1項の規定は，単純承認に係る相続等による資産の移転について，被相続人等がその資産を保有していた期間中に発生した値上がり

益を相続人等の所得として課税しようとする趣旨のもので，相続人等の譲渡所得の金額の計算上控除すべき取得費について，被相続人等がその資産を取得した時から相続人等がその資産を取得していたものと擬制して取得費の計算を行うために設けられたものといえる。

②　減価償却資産の取得価額について規定した所得税法施行令126条2項において，相続等により取得した減価償却資産について相続人等が被相続人等の取得価額を引き継ぐ旨規定しているが，この規定は，相続等により取得した減価償却資産について被相続人等が選定していた償却の方法を相続人等が引き継ぐことまで規定したものではなく，減価償却方法は，施行令120条が規定するとおりである。

③　納税者は，相続により取得した資産の減価償却方法について，相続により取得した資産の譲渡の場合における取得価額及び取得時期と同様に承継が認められるのではなく，譲渡による取得の場合における減価償却方法と同様に扱うのであれば，その旨規定すべきであるがそのような規定はない旨主張するが，相続により取得した資産の減価償却方法について，減価償却資産の譲渡の場合における取得価額及び取得時期と同様に扱うべき根拠が明らかでない上，減価償却資産については，相続により取得した場合も含めて，同条の規定が設けられているのであるから，相続によって減価償却資産を取得した場合，その減価償却方法は，当該資産について被相続人が選定していた減価償却方法を承継し得るかについての争点に関する納税者の主張は理由がない。

④　相続によって減価償却資産である不動産を取得した場合，その資産について選定することができる減価償却方法は，その相続による承継取得の時期に応じて，耐用年数省令1条1項1号イ又はロによって定まるというべきであって，当該資産について被相続人が選定していた減価償却方法を承継するとはいえない。

【角田　敬子】

CASE	修繕費及び建設補償費等の
49	取得価額該当性の判断

（参考）
大阪地方裁判所　昭和 61 年 3 月 19 日判決　TKC 22003680
大阪高等裁判所　昭和 63 年 11 月 11 日判決　TKC 22003679

[争点]

医師である納税者が，昭和 55 年分及び 56 年分の所得の一部を秘匿し，虚偽過小の所得税確定申告書を提出し，もって不正の行為により正規の所得税額と申告所得税額との差額を免れたと指摘され，検察官から提訴された事案である。

納税者は，①自己の診療所内に新設した透析センターや透析センターと既設病棟との渡り廊下等の工事費を修繕費として必要経費に算入し（昭和 55 年分），さらに②新病院新設に伴う住民対策費や建設補償金の支払手数料を全て必要経費（昭和 56 年分）としている。検察官はこれらの費用について，納税者が資産の取得価額として計上すべきことを認識しながら，必要経費に算入したとし，逋脱の故意があったものと指摘した。

納税者の主張

①　修繕費に計上した 470 万 9,000 円は，既設病棟の病室の一部取壊しに伴う補修工事に支出したもので修繕費であり，また，そのうちの厨房機器等新設などの工事費 40 万円については，新設備品の単価はいずれも 10 万円未満であるから，いずれにしろ必要経費に当たる。

②　納税者が新病院の新設工事を行うに際し，昭和 56 年中に支払あるいは支払が確定した債務合計額 3,643 万 8,034 円は必要経費に当たる。すなわち，住民対策費 2,000 万円は，新病院の建設工事により周辺住民に対し何らの被害を及ぼさないのに，一部の金目当ての反対による工事遅延を恐れ，理不尽

な要求に屈して支払ったものであり，建物取得価額に含まれるものではなく異常な支出である。また，Ａ水利組合に支払った放流分担金700万円は，新病院の排水等により同組合に対し何らの損害を加えないのに，市が建築確認申請に際し地元水利組合の同意を得るよう指導したため支払ったものであり，建物取得価額に含まれるものではなく同意料名下の異常な支出である。Ｂ土地改良区に対し支払うべき河川管理協力金等266万34円は，同区は新病院より上流に位置し，新病院の排水により負担増や損害を受けないのに，支払わざるを得なかったものであって異常な支出である。さらに，市に対し支払うべき開発協力金677万8,000円は，一種の寄附金であるから上記費用はすべて必要経費に算入すべき費用である。

検察官の主張

　検察官は，納税者が昭和55年6月診療所内に鉄骨平屋建の透析センターや同センターと既設病棟との渡り廊下を新設し，既設病棟厨房に厨房機器等の新設とそれに伴う工事をして新しく不動産等を取得したにもかかわらず，このうち470万9,000円は修繕工事に要したとしている点について修繕に当たるものはないことを指摘した。

裁判所の判断

①　透析センター関連工事の経過，内容をみるに，納税者は，昭和55年4月23日Ｃ社との間で，納税者の営む診療所敷地内に，透析センターを請負金額2,500万円，引渡期日同年5月31日の約定で建築する旨の契約を締結したが，その後工事期間を延長するとともに透析機器の機種変更に伴い，その変更工事を140万円で請け負わせ，Ｃ社は，同年6月30日透析センターの本体工事を完成して納税者に引渡し，同年7月10日変更工事を終えた。
②　納税者は，昭和55年8月13日Ｃ社に対し，透析センターと既設病棟を結ぶ渡り廊下の新設工事を175万円で請け負わせ，Ｃ社は同月31日工事を終えた。Ｃ社の見積書によれば，建築主体工事費135万6,350円，電気

及び設備工事費 25 万円，諸経費 19 万 3,650 円であったが，電気及び設備
工事には，既設建物の関連工事も含まれていた。

③　納税者は，昭和 55 年 11 月 13 日 C 社に対し，診療所内にある医師住宅
改修工事を 77 万円で請け負わせ，C 社は同月 25 日工事を終えた。

④　透析センターは，新設された建物で取得価額は合計 2,640 万円であり，
修繕に該当するものはない。

⑤　渡り廊下は，透析センターに付随して新たに設けられ，その請負工事費
175 万円は，建物取得費に当たる。なお，工事中には，渡り廊下と接続する
既設病棟部分の工事も含まれているが，渡り廊下の性格上，その新設に伴い
当然必要な工事であるから，接続部分の工事費も建物取得費に当たり，修繕
費ということはできない。

⑥　昭和 55 年の建物取得価額は，透析センター分 2,640 万円，渡り廊下分
175 万円の合計 2,815 万円である。

⑦　諸事実を総合すれば，納税者らは，所得を減ずるようその意を体して，
修繕費に当たらぬものまでこれに含ましめて必要経費を増額させようと考え，
C 社発行の領収証を利用して，修繕費を過大に計上したものと認められる。

⑧　金員の支払の経緯，納税者と D 社との請負契約の内容等をみるに，納税
者は新病院を新設しようと考え，昭和 56 年 11 月ころ，建設工事請負希望者
に現場説明をしたが，その際「工事上の住民対策費は，本工事に含める。見
積項目をあげてよい。ただし，市水道負担金，放流負担金は別途。」である旨
説明し，また，請負人が納税者所有の不動産を購入して，その代金相当額を
工事代金の一部支払に充当させる旨の条件を付した。

⑨　納税者は，昭和 56 年 12 月 25 日 D 社との間で，工事金額 8 億 2,900
万円の工事請負契約を締結したが，D 社は納税者所有の不動産を 3 億 1,000
万円と見積りこれを買い取ることにした。

⑩　納税者は，昭和 56 年 12 月 29 日 A 水利組合に下水放流浄化槽設置協力
金 700 万円を支払い，翌 57 年 1 月 13 日 B 土地改良地区に，浄化槽負担金
136 万円，水路維持管理一部負担金 79 万 6,034 円，特別協力金 50 万円の

合計 265 万 6,034 円を支払い，同年 2 月市に開発協力金 677 万 8,000 円を支払った。

⑪　D 社は，昭和 57 年 1 月 13 日から同年 6 月 25 日までの間に，建設補償費として，市の住民 5 人に合計 275 万円，同地区の自治会長 2 人に合計 130 万円の総合計 405 万円を支払った。

⑫　納税者は，昭和 57 年 2 月 27 日 D 社との間で，工事金額を 8 億 2,900 万円，うち近隣対策費 2,000 万円は覚書により，請負代金の支払のうち不動産引渡しは覚書による旨の工事請負契約を締結した。そして納税者は，昭和 57 年 3 月 10 日 D 社との間に，工事期間中に近隣問題等が発生した場合には納税者は D 社に協力するものとする，住民補償費（水利組合対策費・隣接土地対策費・その他）は，納税者がその支払を行うため，D 社は納税者にあらかじめ概算払をし，工事竣工時に精算するものとする旨の覚書を交わした。

⑬　納税者は，D 社に対し，領収証等の写しを添えて立替金 1,643 万 4,034 円の支払を請求し，D 社は，納税者に対し同金額を支払い，納税者は立替金としてこれを受領した。

⑭　D 社は，昭和 57 年 5 月 20 日新病院建築工事に着工し，昭和 58 年 5 月 10 日工事を完了してこれを納税者に引き渡した。そして納税者は，昭和 58 年 12 月 20 日工事請負契約に基づき，納税者所有の不動産を D 社に売り渡したが，その価額は当初の約定額 3 億 1,000 万円ではなく，D 社の懇請を入れ，2 億 9,000 万円に減額する旨を約し，翌 59 年 4 月 4 日不動産の筆数及び地積変更等に伴う覚書を取り交わした。

⑮　事実によると，近隣住民に対する建設補償費については，D 社が近隣住民と補償交渉を担当し，支払うべき補償金は，納税者との約定により住民対策費として請負工事代金の中に含まれていたものと認められる。そして，新病院のごとく大規模な建物を建築するに際し，近隣住民に支払われる建設補償費は，当該建物を建設するために要した費用であるといわねばならない。したがって，請負金額中の建設補償費分は，建物の取得価額に含まれ，建物の引渡しを受けて業務の用に供した日から必要経費として減価償却すべきも

のであって，必要経費とすることはできない。

⑯ 　納税者は，当初，市水道負担金及び放流負担金は自ら支払うことを考えていたが，D 社との契約及び覚書により，結局，A 水利組合，B 土地改良区，市に対する負担金等合計 1,643 万 4,034 円は請負金額中の住民対策費 2,000 万円中に含まれる旨を合意し，納税者が既に支払った金額は D 社において支払うべきものを納税者が立て替えたものとして取扱い，その後 D 社が納税者にこれを返済したものと認められる。なお，納税者は D 社に対し，昭和 58 年 12 月 20 日納税者所有に係る不動産の引渡価額を 2,000 万円減額しているが，これをもって，納税者がいったん返済を受けた立替金 1,643 万 4,034 円を再び D 社に返還したものとは認め難い。

⑰ 　市に対する開発協力金は市宅地開発等指導要綱に基づき，A 水利組合や B 土地改良区に対する負担金等は市の行政指導に従い，それぞれ支払われたものであり，さらに負担金等の内容からしても，A 水利組合に対する下水放流浄化槽設置協力金や B 土地改良区への浄化槽，水路維持管理の負担金等は新しく病院を建設する上での協力金ないし負担金として格別異常な支出とは認められず，市に対する開発協力金についても同様に解される。しかして，これらの支出が新病院の建設取得ないし新病院での事業と関連しない支出あるいは偶発的で異常な支出ということはできず，むしろ，病院を建設取得するに際し，通常要する経費とみるのが相当である。

⑱ 　住民補償のための住民対策費は建物取得価額に含まれ，また A 水利組合に支払われた 700 万円及び B 土地改良区や市に支払われた負担金等合計 943 万 4,034 円も建物取得価額を構成するものというべきであるから，昭和 56 年分の確定申告に際し必要経費にはならない。

⑲ 　これらの事情を総合考慮すれば，納税者の確定申告所得を減ずるため，住民補償費及び水利組合などへの負担金等が昭和 56 年分の必要経費にならないのに，支払手数料としてあえて計上したものと認められる。

【茂垣 　志乙里】

造成費等の必要経費該当性

（参考）
国税不服審判所　平成28年3月3日裁決　TKC 26012857／TAINS J102-2-04

[争点]

　納税者は，所有する土地（A土地）とその上に存する建物（A建物）を，自身が経営するK社に対し貸付けていたが，平成23年12月に別会社との間で，納税者側でA土地と隣接するB土地を取得し，A建物を解体した上で，A・B土地（合わせて「f土地」）の外構工事及び造成等工事を行い，f土地を貸付けることを約する事業用定期借地権設定契約のための覚書を取り交わした。

　納税者は，当該覚書に基づき，平成24年5月8日にB土地を取得し，平成24年5月28日に事業用定期借地権設定契約を締結した。当該契約に基づき平成24年6月1日より賃貸借期間が開始して賃料が発生している。また，契約の内容によると，同契約締結後（工期：平成24年6月1日～平成24年8月1日）に解体及び造成等工事を行うことが予定されていた。

　そして，平成24年申告において，納税者が，土地の新たな貸付けに当たり，不動産所得の金額の計算上，解体費用及び造成等工事に係る費用の額を必要経費に算入し計算したところ，課税庁が，不動産所得の金額の計算上，解体工事に係る費用は家事上の経費に該当し，造成等工事に係る費用は土地の取得費に該当するから，いずれも必要経費に算入できないとして，所得税の更正処分及び過少申告加算税の賦課決定処分をした事案である。

　所得税法37条1項は，その年分の不動産所得，事業所得又は雑所得の金額の計算上必要経費に算入すべき金額は，別段の定めがあるものを除き，これらの所得の総収入金額に係る売上原価その他当該総収入金額を得るため直接に要した費用の額及びその年における販売費，一般管理費その他これらの所得を生

ずべき業務について生じた費用の額とする旨規定しており，争点は解体及び造成等工事に係る各費用が，納税者の不動産所得の金額の計算上，必要経費に算入すべきか否かである。

納税者の主張

①　納税者は，借地権設定契約に基づき，解体費用及び造成等工事を行わなければ f 土地を相手側に引渡して不動産収入を得ることができなかったのであるから，本事案の工事に係る各費用は，費用収益対応の原則により，その全額が，所得税法 37 条 1 項に規定する不動産所得等の「総収入金額を得るため直接に要した費用の額」に該当する。

②　仮に，工事に係る各費用が，同法 37 条 1 項に規定する不動産所得等の「総収入金額を得るため直接に要した費用の額」に該当しないとしても，開業費の償却費として，同項に規定する「販売費，一般管理費その他これらの所得（不動産所得）を生ずべき業務について生じた費用の額」に該当する。

　すなわち，工事に係る各費用は，不動産所得を生ずべき業務に関し支出する費用でその支出の効果が 1 年以上に及ぶものであり，その業務を開始する前に特別に支出した費用であるから，所得税法施行令 7 条《繰延資産の範囲》1 項 1 号に規定する開業費に該当し，施行令 137 条《繰延資産の償却費の計算》3 項に規定するいわゆる任意償却を適用することにより，その全額を償却費として必要経費に算入することができる。

課税庁の主張

①　所得税法 37 条《必要経費》1 項は，「不動産所得を生ずべき業務について生じた費用の額」を必要経費に算入する旨定めているところ，対価を伴わない使用貸借の場合，使用貸借の対象となった不動産は，不動産所得を生ずべき業務の用に供された資産とはいえないから，当該不動産に係る費用は不動産所得を生ずべき業務について生じた費用に該当しない。

②　そして，納税者は，平成21年12月からA建物を解体するまでの間，当該建物を自身の経営する会社に無償で貸しており，使用貸借の対象であったから，解体工事に係る費用は，不動産所得を生ずべき業務について生じた費用に当たらず，納税者の不動産所得の金額の計算上必要経費に算入することはできない。

③　造成等工事に係る費用は，同法38条1項に規定する「改良費」に該当し，f土地の取得費に算入すべきものであるから，納税者の不動産所得の金額の計算上必要経費に算入することはできない。

④　なお，仮に，造成等工事に係る費用にf土地の改良費に該当しないものがあるとしても，それは，解体工事に伴う費用ないしこれに付随する費用であると認められるから，不動産所得の必要経費に算入することはできない。

審判所の判断

①　平成21年12月以降は，納税者とK社との間では賃料の授受がなかったものと認められ，A建物及びA土地を無償でK社に使用収益させる旨の黙示の合意をしたこと，すなわち民法593条《使用貸借》に規定する使用貸借契約が成立したことが認められる。

②　賃貸等の業務の用に供しない建物は，その取得から使用，取壊し・廃棄までが一連の流れであり，これを業務用資産と異なるように解すべき理由は見当たらない。そうすると，当該建物の取壊しは，業務の用に供されていない資産を任意に処分する行為にすぎないから，当該取壊し後の敷地の利用目的にかかわらず，当該取壊しに要する費用は，非業務用資産の処分に要する費用すなわち所得税法45条《家事関連費等の必要経費不算入等》1項1号に規定する家事上の経費（以下「家事費」という。）であって，これを必要経費に算入することはできないと解するのが相当である。

③　外構造成工事は，f土地の形質を変更し改良する工事と認められるので，当該工事に要した費用は，土地の改良費（資本的支出）に該当し，f土地の取得費に算入されるべきものである。したがって，外構造成工事に係る費用

を，不動産所得の金額の計算上必要経費に算入することはできない。

④　土留め工事は，隣接地との境界のコンクリートブロックの一部の撤去及び積直しをしたものにすぎず，新たな土留めの設置や耐久性の高い資材への変更をしたものではなく，ｆ土地を改良したり，その価額を増加させるための工事であるとは認められない。土留め工事に要した費用は，納税者の不動産所得を生ずべき業務について生じた費用に該当し，通常の管理又は修理に係る修繕費等に係る費用として，不動産所得の金額の計算上必要経費に算入すべきである。

⑤　乗入側溝改修工事は，納税者自らが所有する土地に係る工事ではなく，県道の歩道部分に係る切下げ工事，復旧工事及びこれらに伴う街路樹等移設工事である。

⑥　乗入側溝改修工事は，借地権設定契約において，納税者が当該工事を行った上でｆ土地をＬ社に引き渡すこととされており，納税者は，乗入側溝改修工事を行うことにより借地権設定契約に基づき賃料を取得するという便益を受けることが認められ，その効果は，乗入側溝改修工事に係る費用の支出の日以後１年以上に及ぶものである。

⑦　乗入側溝改修工事に係る費用は，納税者が不動産所得を生ずべき業務に関し支出する費用のうち支出の効果がその支出の日以後１年以上に及ぶものであり，納税者が便益を受ける公共的施設の設置又は改良のために支出する費用に該当し，また，資産の取得に要した金額とされる費用又は前払費用に該当するものではないことから，繰延資産に該当し，その償却費は，不動産所得の金額の計算上必要経費に算入すべきである。

⑧　境界等整備は，ｆ土地を改良するものではないし，その価額を増加させるものでもないが，借地権設定契約を履行するために必要なものと認められる。そうすると，境界等整備に係る費用は，ｆ土地の貸付けに係る業務と直接関係し，当該業務の遂行上必要なものと認められるから，不動産所得の金額の計算上必要経費に算入すべきである。

⑨　土壌汚染調査は，ｆ土地を改良するものではないし，その価額を増加さ

せるものでもない。そして，土壌汚染調査が f 土地の貸付けに当たって行われたものであることからすると，土壌汚染調査に係る費用は，f 土地の貸付けに係る業務と直接関係し，当該業務の遂行上必要なものと認められるから，不動産所得の金額の計算上必要経費に算入すべきである。

⑩　上記のとおり，本事案の工事に係る各費用のうち，土留め工事に係る費用，乗入側溝改修工事に係る費用で繰延資産の償却費とされるべき金額及び雑工事に係る費用については不動産所得の金額の計算上必要経費に算入すべきであり，それ以外の部分（解体工事に係る費用，外構造成工事に係る費用及び乗入側溝改修工事に係る費用で繰延資産の償却費とされるべき金額を超える部分）の金額は必要経費に算入することはできない。

⑪　解体工事に係る費用は家事費に，外構造成工事に係る費用は土地の取得費に，乗入側溝改修工事に係る費用は繰延資産にそれぞれ該当し，また，土留め工事及び雑工事に係る費用については，f 土地の貸付けに係る不動産所得を生ずべき業務について生じた費用であって，開業準備のために特別に支出する費用には該当しないから，平成 24 年分の不動産所得の金額の計算上必要経費に算入すべきものである。したがって，本事案の工事に係る各費用は開業費に当たらず，納税者の主張には理由がない。

【加瀬　陽一】

CASE

51

医療用機器に対する特別控除

(参考)
国税不服審判所　平成 25 年 11 月 27 日裁決　TKC 26012725／TAINS J93-2-05

[争点]

　医師である納税者が，事業の用に供した画像診断ワークステーションに中小企業者が機械等を取得した場合の所得税額の特別控除を適用し申告したところ，課税庁が，画像診断ワークステーションは特定機械装置等には該当せず，特別控除を適用することができないとして更正処分等を行った。これに対して，納税者は，画像診断ワークステーションが租税特別措置法 10 条の 3 第 1 項にいう「特定機械装置等」に該当し，特別控除を適用することができる等と主張した事案である。

　常時使用する従業員の数が 1,000 人以下の個人である中小企業者で青色申告書を提出するものが，平成 10 年 6 月 1 日から平成 22 年 3 月 31 日までの期間内に，その製作の後事業の用に供されたことのない一定の減価償却資産（特定機械装置等）を取得等して，これを国内にある当該個人の営む製造業，建設業その他政令で定める事業の用に供した場合には，その事業の用に供した日の属する年の年分における当該個人の事業所得の金額の計算上，当該特定機械装置等の償却費として必要経費に算入する金額は，所得税法 49 条 1 項の規定にかかわらず，当該特定機械装置等について同項の規定により計算した償却費の額とその取得価額の 100 分の 30 に相当する金額との合計額以下の金額で当該個人が必要経費として計算した金額とすると規定している（措置法 10 条の 3 第 1 項）。

　医療用機器等の特別償却について，青色申告書を提出する個人で医療保健業を営むものが，昭和 54 年 4 月 1 日から平成 23 年 3 月 31 日までの間に，一定

の減価償却資産でその製作の後事業の用に供されたことのないものを取得等し，又は当該資産を製作して，これを当該個人の営む医療保健業の用に供した場合には，その用に供した日の属する年における当該個人の事業所得の金額の計算上，当該医療用機器等の償却費として必要経費に算入する金額は，所得税法49条1項の規定にかかわらず，当該医療用機器等について同項の規定により計算した償却費の額とその取得価額に当該各号に定める割合を乗じて計算した金額との合計額以下の金額で当該個人が必要経費として計算した金額とすると規定しており，医療用の機械及び装置並びに器具及び備品のうち，高度な医療の提供に資するもの又は先進的なものとして政令で定めるものについては，100分の14と規定している（措置法12条の2第1項）。

　特別償却等に関する複数の規定の不適用として，個人の有する減価償却資産がその年において次に掲げる規定のうち二以上の規定の適用を受けることができるものである場合には，当該減価償却資産については，これらの規定のうちいずれか一の規定のみを適用すると規定し，①措置法10条の2の2から措置法10条の6まで又は措置法11条から措置法15条までの規定（1号），②上記①に掲げるもののほか，減価償却資産に関する特例を定めている規定として政令で定める規定（2号）と規定している（措置法19条）。

　中小企業者が機械等を取得した場合の特別償却又は所得税額の特別控除について，租税特別措置法施行規則5条の8第1項は，「器具及び備品」については，①電子計算機のうち，処理語長が16ビット以上で，かつ，設置時における記憶容量が16メガバイト以上の主記憶装置を有するものに限るものとし（第1号），②インターネットに接続されたデジタル複合機（第2号）と規定している。

　納税者は，画像診断ワークステーション（各機器）を取得し，診療所内に設置して納税者の事業の用に供した。納税者は，平成21年分の所得税の確定申告書を提出するに当たり，申告書に，各機器について措置法10条の3第3項に規定する中小企業者が機械等を取得した場合の所得税の税額控除の適用を受ける旨記載し，税額控除に関する明細書を課税庁に提出した。明細書には，各

機器に関し，その種類として「電子計算機」，取得年月日及び指定事業の用に供
した年月日として「平成 21 年 11 月 16 日」，取得金額，税額控除額等と記載
していた。

納税者の主張

①　租税特別措置法 19 条の規定からすれば，措置法 10 条の 3 と措置法 12
条の 2 の両方の規定の適用要件を満たす資産があり得ると解釈することがで
きる。措置法 10 条の 3 には，措置法 12 条の 2 の適用資産を除く旨の規定
はなく，また，措置法 12 条の 2 に，両方において適用可能資産がある場合
は，措置法 12 条の 2 を優先する旨の規定もない。

②　各機器が措置法 12 条の 2 の規定の適用要件を満たしたものであったと
しても，重複適用していない限り，措置法 10 条の 3 の適用に影響を及ぼさ
ない。各機器は，措置法 10 条の 3 に規定する電子計算機に該当し，納税者
は措置法 12 条の 2 ではなく，措置法 10 条の 3 の適用を受けることを選択
したのであるから，措置法 10 条の 3 の適用ができる。

③　薬事法は，医療機器の品質，有効性及び安全性の確保のために必要な規
制を行い，保健衛生の向上を図ることを目的としているものであり，薬事法
で管理医療機器等に該当しても，電子計算機でなくなるわけではない。また，
たとえ耐用年数省令別表第一の種類「器具及び備品」のうち構造又は用途
「医療機器」に含まれるとしても，電子計算機でなくなるわけではない。耐
用年数省令は減価償却資産の耐用年数及び償却方法等を定めるものであり，
資産の属性を定めるものではない。

④　各機器を構成する主要な機器のうち，①画像診断ワークステーション A
及び②画像診断ワークステーション B は，中央演算装置，記憶装置，外部か
らの指令を伝えるキーボード，マウス，処理結果を表示するディスプレイで
構成され，Microsoft Windows XP と呼称される基本ソフトウェアがイン
ストールされており，租税特別措置法施行規則同号に規定する主記憶装置に

プログラムを任意に設定できる機構を有する「電子計算機」に該当する。デジタル信号化機器及び印刷機器については，措置法施行規則同号に規定する「電子計算機と同時に設置する附属の入出力装置」に該当する。

課税庁の主張

①　各機器は，管理医療機器及び特定保守管理医療機器から成るものであり，医療の用に供されることを目的とする資産として，医師である納税者が診療や治療等に使用している。このような医療用機器は，租税特別措置法施行令6条の4第2項第2号に規定する要件，すなわち，薬事法2条5項，6項又は7項の規定により厚生労働大臣が指定した日の翌日から2年を経過していないものに該当するものであれば，租税特別措置法12条の2第1項の規定により，医療用の機器等の特別償却を適用できるのであって，措置法10条の3にいう中小企業者が機械等を取得した場合の所得税の特別控除等の適用対象とはならない。

②　法的安定性の観点からは，ある法令上の用語は，関連法規における同一の用語と整合的に用いられるべきであるから，各機器が「特定機械装置等」のうちの「電子計算機」に該当するか否かについては，耐用年数省令のいずれの「構造又は用途」及び「細目」に該当するのかに基づいて判断する。

③　各機器は，薬事法に規定された管理医療機器及び特定保守管理医療機器からなる医療の用に供されることを目的とする資産であり，医師である納税者がその事業（診察や治療等）の用に供しているものであるから，耐用年数省令別表第一の「器具及び備品」のうち「医療機器」に該当し，「事務機器及び通信機器」の細目「電子計算機」には該当しない。

④　租税特別措置法施行規則5条の8第1項1号に規定する事務処理の能率化等に資するものとして定められた「電子計算機」は，主記憶装置にプログラムを任意に設定できる機構を有するものに限られているところ，各機器の仕様書等には，「ソフトウェアをインストールやアンインストールしないこと」等の使用上の注意が記載されており，各機器は，主記憶装置にプログラ

ムを任意に設定できる機構を有するものではないから，措置法施行規則同号に規定する「電子計算機」には該当しない。

審判所の判断

①　租税特別措置法 10 条の 3 の規定内容や制定経緯等からすれば，同条が，特別償却ないし税額控除の対象となる工具，器具及び備品について「事務処理の能率化等に資するもの」として財務省令で定めるものに限ったのは，中小企業における不特定の事務の用に供し，その事務処理の能率化等に資する工具，器具及び備品を，同対象とする趣旨であった。

②　直接医療の用に供される機械及び装置，器具又は備品である医療用電子機器については，措置法 12 条の 2 に規定する「医療用機器」に該当する場合に，同条にいう特別償却を受けることは別段，仮に措置法 10 条の 3 が要求するものと同様の機能を有したとしても，用途等からして同条による特別償却ないし税額控除の適用は受けないのであって，納税者主張のように，措置法 12 条の 2 と措置法 10 条の 3 が選択的に適用できるわけではない。

③　所得税法上の減価償却方法等に関する特例である措置法 10 条の 3 は，各減価償却資産の耐用年数を定めた耐用年数省令と密接な関係を有するから，措置法 10 条の 3 の「特定機械装置等」のうちの「電子計算機」は，耐用年数省令における「電子計算機」と同義である。耐用年数省令における「電子計算機」は，用途等を事務機器及び通信機器とするものであり，医療用の機器については別途医療機器として区分が設けられている。医療用の電子計算機が措置法 10 条の 3 の特定機械装置等に当たらないことと整合する。

④　一般に，法的安定性の観点から，ある法令上の用語の意味は，特段の事情がない限り関連法規における同一の用語と整合的に解釈することが相当である。ましてや，措置法，所得税法及び耐用年数省令の規定の関係に加え，措置法 10 条の 3 が，中小企業者が機械等を取得した場合に特別な減価償却方法を採ることなどを選択できる旨定めた規定であることからすれば，措置法 10 条の 3 にいう「器具及び備品」並びにこれを受けた租税特別措置法施

行規則５条の８にいう「電子計算機」は，耐用年数省令にいう「器具及び備品」ないし「電子計算機」と同義である。

⑤　耐用年数省令における「医療機器」の意味について，薬事法上の医療機器と異なる解釈をすべき事情は特段認められないから，診療用又は治療用の器具備品は，全て耐用年数省令別表第一の「器具及び備品」の「医療機器」に区分される。

⑥　各機器は，診療所内にあって，Ｘ線診断装置等の画像をデジタル信号化した上で送信し，加工，保存，印刷等することにより，患者の画像情報等を医師である納税者に提供し，もって診察・治療等に資するものである。

⑦　各機器は，一部に汎用性のあるパーソナルコンピューターが使用され，記憶装置，演算装置，制御装置及び入出力装置等を有して情報の保存，加工，送信等を行っているものの，それらは，飽くまでも医療機器として使用する場合の必要に応じたもので，通常事務所等で行われるような事務の用に供することは想定されておらず，かかる使用に耐えうるだけのアプリケーションソフト等も備えていない。また，納税者が，これらを医療の業務以外の事務に用いていたといった事情も認められない。

⑧　各機器は，医師等により直接に患者の診療又は治療の用に供されるものであって，措置法10条の３第１項１号にいう「事務処理の能率化等に資する」ものであるといえないから，これを前提とする特定機械装置等の内の「電子計算機」には該当しない。

⑨　納税者は，各機器のうち，措置法12条の２に規定する「医療用機器」に該当するものについて同条による特別償却の適用を受けることは別段，措置法10条の３第３項に規定する所得税の特別控除の適用を受けることはできない。

【谷口　智紀】

CASE 52　仲介手数料と不動産所得の必要経費

（参考）
東京地方裁判所　平成 25 年 10 月 22 日判決　TKC 25515768／TAINS Z263-12316
東京高等裁判所　平成 26 年 4 月 9 日判決　TKC 25505559／TAINS Z264-12447
最高裁判所　平成 27 年 8 月 26 日決定　TKC 25546633／TAINS Z265-12713

［争点］

　共同住宅等の貸付けを業とする納税者が，平成 19 年から平成 21 年までの間，毎年，貸付けの業務の用に供することを目的として，土地及び建物を購入していた。そして，納税者は，物件購入につき，不動産仲介業者に対し，売買契約に係る仲介手数料を支払った。

　納税者は，平成 19 年分から平成 21 年分の所得税について，貸付業務用の土地建物を購入する際に支払った仲介手数料の全額を不動産所得の金額の計算上必要経費に算入して確定申告を行っていた。

　しかし，課税庁から仲介手数料は購入した貸付業務用土地建物の取得価額に含まれ，建物の取得価額に係る減価償却費となる金額のみが不動産所得の金額の計算上必要経費に算入されるとの指摘を受けた。貸付業務用土地建物取得の際の仲介手数料が不動産所得の必要経費となるか，土地建物の取得価額を構成するかが争点となった事案である。

納税者の主張

　①　不動産所得は，不動産等の貸付けによる所得である（所得税法 26 条 1 項）。必要経費は，不動産所得等の金額の計算上控除されるべき金額であり（同法 37 条 1 項），所得を得るために必要な支出であり，所得を獲得するための投下資本の回収部分である。そして，ある支出が必要経費として控除されるためには，それが事業活動と直接の関連性を持ち，事業の遂行上必要な

費用であれば足りると解される。

②　納税者のような共同住宅等の貸付けを業として行っている者は，不動産の貸付けにより所得を得るために不動産を購入するのであるから，不動産の購入を仲介した不動産仲介会社に仲介手数料を支払うことは，事業の活動と直接の関連性を持つことは明らかである。また，事業として反復継続して取引を行う上で，不動産仲介会社を利用して支払う仲介手数料は，事業の遂行上必要な費用であるということができる。仲介手数料は，その全額が，不動産所得の金額の計算上，必要経費に含まれるべきである。

③　譲渡所得は，資産の譲渡による所得である（同法 33 条）。譲渡所得の計算上控除する取得費は，その資産の取得に要した金額並びに設備費及び改良費の金額の合計額である（同法 38 条 1 項）。取得費にいう「その資産の取得に要した金額」には，当該資産の客観的価値を構成すべき取得代価のほか，当該資産を取得するための付随費用も含まれるが，その文理に即して考えれば，この付随費用も，当該資産の取得に通常必要不可欠な費用と解すべきである。

④　物件の取得のために支払われた仲介手数料が物件の客観的価値を構成していると認められないことは明らかである。また，業務性という側面を除いてみたとき，不動産仲介会社を通さず不動産の売買を行うことは可能であるから，仲介手数料の支払は，当該資産の取得に通常必要不可欠な費用とはいうことができない。仲介手数料は，物件の譲渡所得の取得費に含まれず，不動産所得の必要経費に含めるべきであることが明らかである。

課税庁の主張

①　所得税法 49 条は，減価償却資産の償却費の計算及びその償却の方法を定めているところ，同法の委任を受けた所得税法施行令 126 条 1 項は，「購入手数料」等を含めた価額を資産の購入の代価であるとし，これを減価償却費の計算における取得価額とする旨規定している。すなわち，所得税法は，建物等の減価償却資産を業務の用に供するために購入した場合については，

当該購入のために要した費用を，当該減価償却資産の購入の代価として当該
減価償却資産の取得価額に含め，当該減価償却資産に係る償却費の一部とし
て，当該業務に係る所得の金額の計算上必要経費に算入することとしている。
減価償却資産の購入に際して支払った購入手数料は，当該資産の取得価額に
算入され，費用収益対応の原則から使用又は時間の経過に応じて，一定の償
却費として徐々に費用化されるものであり，それを支払った年分に一括して
必要経費に算入されるべきものではない。

②　所得税法に関する規定上，非減価償却資産の取得価額の範囲について，
明文の規定はない。しかしながら，施行令126条が減価償却資産の取得価額
の範囲についてのみ特に規定を設けた趣旨は，減価償却資産の取得価額の決
定が，減価償却費の金額を決定する上で重要な意味を有するため，その取得
価額の範囲を確定的に明らかにする必要があったことにある。また，一般に
公正妥当な会計処理の基準を要約したものと認められる企業会計原則の「資
産の貸借対照表価額」の項において，減価償却資産と非減価償却資産とを区
別することなく，「有形固定資産」については，その取得原価から減価償却
累計額を控除した価格をもって貸借対照表価額とするとし，その有形固定資
産の取得原価には，原則として当該資産の引取費用等の付随費用を含めると
されている（企業会計原則第３の５D）。したがって，非減価償却資産の取得
価額の範囲についても施行令126条を準用すべきであり，非減価償却資産の
購入に際して支払った購入手数料も，当該資産の取得価額に含まれることと
なる。

③　同法38条は，減価償却資産と非減価償却資産とを区別することなく，
譲渡所得の金額の計算上控除する取得費を，その資産の取得に要した金額並
びに設備費及び改良費の合計額とする旨規定しているところ，同条に規定す
る「『資産の取得に要した金額』には，当該資産の客観的価値を構成すべき
取得代金の額のほか，登録免許税，仲介手数料等当該資産を取得するための
付随費用の額も含まれる」とされているから，減価償却資産の仲介手数料と
非減価償却資産の仲介手数料は，いずれも取得費として扱われることは明ら

かである。

④ 建物等の減価償却資産を業務の用に供するために購入した場合は，当該購入のために要した費用の額を当該償却資産の取得価額とした上で，当該減価償却資産に係る償却費の一部として当該業務に係る所得の金額の計算上必要経費に算入することとなる。これに対し，土地等の非減価償却資産を業務の用に供するために購入した場合は，当該購入のために要した費用の額を，原則として，当該非減価償却資産を譲渡した際の譲渡所得の金額の計算上控除する取得費とすることとしているのであり，当該費用の額は，当該資産を譲渡するまでの間，減価償却資産を購入した場合と同様に，当該非減価償却資産の取得価額に含まれることとなり，後に当該資産を譲渡する際に，譲渡所得の金額から控除することとなる。

⑤ 仲介手数料は，納税者が物件を購入するための仲介を依頼した不動産仲介業者に対し，当該仲介の対価として支払ったものであると認められるから，仲介手数料の額については，物件の取得価額に含まれるものである。したがって，仲介手数料のうち，物件の土地の取得価額に含まれるものは，将来の当該土地の譲渡所得に係る取得費となり，また，物件の建物の取得価額に含まれるものは，減価償却費として，不動産所得の計算上控除されることとなる。生じた仲介手数料は，減価償却費として不動産所得の計算上控除される以外の金額について，不動産所得の金額の計算上，必要経費に算入することはできない。

裁判所の判断

① 所得税法 37 条 1 項は，その年分の不動産所得の金額の計算上必要経費に算入すべき金額は，別段の定めがあるものを除き，所得の総収入金額に係る売上原価その他当該総収入金額を得るため直接に要した費用の額及びその年における販売費，一般管理費その他所得を生ずべき業務について生じた費用の額とする旨規定する。さらに，同法 49 条 1 項及び 2 項は，不動産所得の金額の計算上必要経費に算入すべき減価償却資産の償却費に関する計算及

びその償却の方法について規定するところ，同条に基づき，償却費の計算の基礎となる減価償却資産の取得価額について規定する所得税法施行令126条は，同条 1 項 1 号において，購入した減価償却資産の取得価額は，当該資産の購入の代価及び当該資産を業務の用に供するために直接要した費用の額の合計額とする旨規定する。そして，仲介手数料は，同号イの「購入手数料」に該当することが明らかである。

②　法令の定めによれば，仲介手数料のうち物件の建物に係る部分は，物件の建物に関する取得価額に算入され，その取得価額に基づいて算定される減価償却費の額が，不動産所得の必要経費に算入されることになる。

③　納税者は，仲介手数料が同法 37 条 1 項において不動産所得の必要経費に算入すべき金額と定められている「所得を生ずべき業務について生じた費用」に該当すると主張する。しかし，上記の解釈は，所得税法が，同法 37条 1 項のほかに同法 49 条及び施行令 126 条 1 項 1 号を設け，資産の購入の代価に購入手数料を含めてこれを取得価額とし，この取得価額を基礎として減価償却資産の償却費を計算して，償却費を不動産所得の必要経費に算入すべきものとしていること，さらに，これに対応して，当該資産を将来譲渡した際において取得価額の償却残があるときは，譲渡所得の金額の計算上，これを取得費として控除することにしていること（同法 38 条 2 項）を正解しないものであるといわざるを得ない。

④　土地の購入の際に支出した仲介手数料は，直接的には資産の取得に伴って生じた支出であり，当該資産が不動産所得を生ずべき業務の用に供されるか否かとは関係なく支出されるものであるから，その本来的な性質は資産の所有権取得についての対価と観念すべきである。また，同法 38 条 1 項にいう「取得費」とは，同条 2 項にいう「取得費」と同一の概念であるところ，同条 2 項にいう「取得費」のうち「資産の取得に要した金額」（同条 1 項参照）は，施行令 126 条 1 項にいう「取得価額」の内容と統一的に理解すべきことからすると，同法 38 条 1 項にいう「取得費」のうち「資産の取得に要した金額」も，施行令 126 条 1 項にいう「取得価額」の内容と統一的に理解

すべきことになるから，同法38条1項にいう「取得費」のうち「資産の取得に要した金額」には，施行令126条1項にいう「取得価額」として同項1号イにおいて購入の代価に含まれるものとされている購入手数料（仲介手数料）が含まれると解することが相当である。そうすると，土地を購入した際に支払った仲介手数料は，土地の客観的価格を構成すべき金額ではないが，同法38条1項が定める「資産の取得に要した金額」に含まれるものとして，譲渡所得の金額の計算上取得費として控除されると解される。

⑤　土地の購入の際に支出した仲介手数料は，直接的には資産の取得に伴って生じた支出であり，当該資産が不動産所得を生ずべき業務の用に供されるか否かとは関係なく支出されるものであって，土地を将来譲渡した際，その全額が，譲渡所得の取得費として取り扱われるべきものであることからすると，同法37条1項にいう「所得を生ずべき業務について生じた費用」には該当せず，不動産所得の必要経費に算入されないものと解することが相当である。

⑥　納税者は，同法38条1項の「資産の取得に要した金額」には，当該資産の客観的価値を構成すべき取得代価のほか，当該資産を取得するための付随費用も含まれると解されるものの，その文理に即して考えれば，この付随費用は当該資産の取得に通常必要不可欠な費用と解すべきであるとして，仲介手数料は「資産の取得に要した金額」とはいえないと主張する。しかしながら，同項の文言から直ちに，取得費に含まれる付随費用が当該資産の取得に通常，必要不可欠な費用に限定されていると解することは困難である。したがって，納税者の上記主張は採用することができない。

【髙木　良昌】

CASE
53

耐用年数の短縮承認申請

（参考）
国税不服審判所　平成 7 年 2 月 27 日裁決　TKC 26011027／TAINS J49-2-07

[争点]

　会社役員兼不動産賃貸業を営む納税者は，平成 4 年 12 月 4 日に建物に係る耐用年数の短縮の承認申請を行ったが，課税庁は，申請の事由は認められないとして却下処分をした。これに対し，納税者は，賃貸借期間が 10 年に限定され，賃貸借期間終了後，建物は取り壊されるから，建物の耐用年数は法定耐用年数ではなく，賃貸借期間に応じた 10 年に短縮されることを承認すべきであるなどと主張した事案である。

　所得税法における減価償却資産の耐用年数短縮の承認申請とは，青色申告書を提出する居住者が，所有する減価償却資産において次に掲げる事由のいずれかに該当する場合には，納税地の所轄国税局長の承認により，法定耐用年数を短縮することが認められる（所得税法施行令 130 条 1 項）。

イ　資産の材質又は製作方法がこれと種類及び構造を同じくする他の減価償却資産の通常の材質又は製作方法と著しく異なることにより，その使用可能期間が法定耐用年数に比して著しく短いこと。

ロ　資産の存する地盤が隆起し又は沈下したことにより，その使用可能期間が法定耐用年数に比して著しく短いこととなったこと。

ハ　資産が陳腐化したことにより，その使用可能期間が法定耐用年数に比して著しく短いこととなったこと。

ニ　資産がその使用される場所の状況に基因して著しく腐食したことにより，その使用可能期間が法定耐用年数に比して著しく短いこととなったこと。

ホ　資産が通常の修理又は手入れをしなかったことに基因して著しく損耗した

ことにより，その使用可能期間が法定耐用年数に比して著しく短いことと
なったこと。

ヘ　前各号に掲げる事由以外の事由で財務省令で定めるものにより，資産の使
　　用可能期間が法定耐用年数に比して著しく短いこと又は短いこととなったこ
　　と。

　税務の取扱いでは，減価償却資産が上記各号に掲げる事由に該当するかどう
かを判定する場合において，各号に規定する「使用可能期間が法定耐用年数に
比して著しく短いこと」とは，減価償却資産の使用可能期間がその法定耐用年
数に比しておおむね10％以上短い年数となったことをいうものとしている
（所得税基本通達49-13）。

　納税者は，所有する建物について平成3年9月12日にAを賃借人とする賃
貸借契約を締結し，平成4年2月1日より賃貸を開始した。Aとの賃貸借の条
件として，賃貸借期間は10年とし，更新はしないこと，契約期間満了後は建
物を取り壊すこと等を定めていたため，使用可能期間が限定されている減価償
却資産については，その期間を耐用年数として減価償却費を計算すべきである
として異議申立てをした。

納税者の主張

　①　減価償却資産の耐用年数は，個々の資産の利用可能期間により決定され
　　るべきである。減価償却費の計算の要素たる耐用年数を定める場合，その資
　　産の予定利用可能期間若しくは使用可能限度期間は正確に算定できないから，
　　このことによって適正な減価償却費の計算が不可能となり，所得の計算をゆ
　　がめ，課税の公平を欠く結果となる。これを避ける理論値として，減価償却
　　資産の耐用年数等に関する大蔵省令において耐用年数が定められているもの
　　と理解している。一般的に法定耐用年数は，減価償却資産の使用開始時には
　　その資産の終えん期が不明で，しかも，その資産が「反復継続して使用され
　　る資産」であるがゆえに，科学的経験値として定められているものであり，

使用可能期間が限定されている減価償却資産については，その期間を耐用年数として採択した方が合理的である。したがって，減価償却資産の計算に際しては，固定資産の材質や構造から耐用年数を決定するのではなく，費用配分若しくは費用収益の対応からして，効用期間あるいは利用期間を耐用年数とするのが正確な損益計算となり，ひいては，それに基づく課税が正しく行われることとなる。

②　適正な耐用年数によらず，法定耐用年数によって減価償却費の計算を行った場合，年々の減価償却費たる費用が計上不足となり，10 年後に現実に建物を取り壊したときに結果として一時の損失が算出されることになる。この損失の内容は，予見できない外的事情によるものではない。ここで生ずる損失は，事前に充分計算され得る減価償却不足の累計額であり，本来は残存価額として資産本体価額にあってはならないものである。このことは，会計理論からしても，公平課税の目的からしても，全く不条理な結果となる。したがって，建物は，賃貸借期間が 10 年に限定され，賃貸借期間終了後取り壊されるものであることから，建物の耐用年数は，法定耐用年数の 40 年ではなく，賃貸借期間に応じた 10 年となるから，耐用年数の短縮を承認すべきである。

課税庁の主張

①　減価償却資産の耐用年数は，その本来の用途，用法により通常予定される効果をあげることができる年数，すなわち，その減価償却資産の本来の効用の持続する年数である。したがって，個々の減価償却資産に耐用年数の算定の前提とされている諸条件と異なる事情がある場合には，その実際の耐用年数と制度上耐用年数とが異なる結果になる。そこで，その相違が著しい場合には，実際の耐用年数と制度上の耐用年数との調整の必要が生じる。そのための制度が耐用年数短縮承認の制度である。

②　所得税法施行令 130 条 1 項では，耐用年数が短縮できる特別の事由を挙げている。これを建物についてみると，その材質及び構造等が同様の他の建

物と比較して，その使用可能期間が著しく短くなるものとは認められず，また，その使用の態様も通常の維持管理がなされる下での一般的に行われている建物の貸付けと何ら異なるところはないものと認められる。さらに，納税者は，契約において賃貸借期間が終了した後，建物を取り壊す旨の条項があることをもって耐用年数の短縮承認申請の理由としているが，そのことによって建物の使用可能期間が著しく短くなるものではなく，また，申請の理由は，減価償却資産の耐用年数が短縮される場合の特別な事由のいずれにも該当しない。したがって，建物の耐用年数を短縮すべき理由はなく，申請を却下した処分は適法である。

審判所の判断

①　所得税法施行令130条1項は，耐用年数の短縮を認める特別な事由を列挙しているが，これらの事由からみれば，耐用年数の短縮は，減価償却資産の使用可能期間が法定耐用年数よりも物理的ないしは客観的に短くなるという事由が現に発生しているような場合に限って認める趣旨にでたものと解するのが相当である。

②　納税者が，耐用年数の短縮を求める理由としている「賃貸借期間（10年）満了に伴う本件建物の取壊し」は，建物自体の構造等に変化が生じて物理的，客観的に使用可能期間が短くなったという事由ではなく，取壊しの行われることが将来予定されているという契約当事者双方の取決めを理由とするものにすぎないというべきところ，これを納税者が耐用年数を恣意的に決定することを排除するという所得税法の趣旨に照らしても，施行令130条1項6号に掲げられている事由には該当しないことが明らかである。また，契約書によれば建物の構造は，フッソ樹脂塗装溶融亜鉛メッキ鋼板葺鉄骨造3階建であることが認められるから，これを耐用年数省令1条1項1号に定める別表第1に照らせば，その法定耐用年数は，納税者も自認しているとおり40年となるところ，納税者は，契約に定めた賃貸借期間以外に建物の耐用年数が短縮されるべき物理的な事由については主張せず，また，審判所の調

査によっても，建物の上記構造その他からみて，建物について施行令130条
1項に掲げられている事由に該当するというべき耐用年数の短縮を認めなけ
ればならない特別な事由があるとも認められない。

③　所得税法にあっては，納税者が恣意的に定めた使用期間を耐用年数とし
て減価償却費の額を算定することを排除しているというべきであるから，契
約によって使用可能期間を定めたからといってこれが減価償却費の額の算定
基礎となる耐用年数になるということはできない。

④　所得税法49条には，減価償却資産につきその償却費として同法37条
（必要経費）の規程によりその者の不動産所得の金額の計算上必要経費に算
入する金額は，その者が当該資産について選定した償却の方法に基づき政令
で定めるところにより計算した金額とする旨規定していることからも明らか
なように，所得税法にあっては，一定の償却方法に基づく一定の計算方法に
よって算定される減価償却費の額のみを必要経費の額に算入することとして
おり，むしろこのことによって課税の公平を担保しているものと考えられる
こと，また，同法51条1項において，事業の用に供される固定資産につい
て，取壊し等の事由により生じた損失の金額は，その損失の生じた日の属す
る年分の事業所得等の金額の計算上，必要経費に算入する旨規定しているこ
とからも明らかなように，所得税法にあっては，事業用の固定資産が取り壊
されたような場合には，取り壊された同資産の実際の残存価値がその取り壊
した日の属する年分に消滅した事実を捕らえて必要経費に算入するというも
ので，各年分において，将来の取壊しに伴う事業用の固定資産の損失をあら
かじめ配分することとはされていない。したがって，建物は，施行令130条
に規定される耐用年数が短縮できる事由のいずれにも該当しないから，処分
は適法である。

【齋藤　樹里】

CASE 54　実用新案権の取得価額に算入されない金額

（参考）
広島地方裁判所　昭和51年3月16日判決　TKC 21053520／TAINS Z087-3741
広島高等裁判所　昭和55年3月27日判決　TKC 21069000／TAINS Z110-4573
最高裁判所　昭和57年10月21日判決　TKC 21077260／TAINS Z128-5086

[争点]

　納税者は，畳表，ビニール篭等の製造販売に従事する傍ら，畳表，敷物，自動織機の改良等工業所有権の試験研究を行う個人事業主である。この試験研究による実用新案権に係る収入は，対価を得て継続的に行う事業によって得たものと認められず，実用新案権の通常実施権許諾の対価の一時金，使用料及び侵害調査取調べの報酬は雑所得，実用新案権の譲渡による収入を譲渡所得，この譲渡に係る移転登録の遅延による損害賠償金は一時所得に該当すると裁判所は判断している。

　納税者は実用新案権の取得価額に，自己の製作又は製造に係る自己の労務費を算入し減価償却を行って所得税の申告をしていた。課税庁はその取得価額の内訳について以下のような趣旨から自己の労務費等の取得価額算入を否認し，所得税額の決定処分及び無申告加算税の決定を行った。この決定処分に対し納税者が決定の取消しを求めたのが本事案である。

　実用新案権は無形固定資産に分類される減価償却資産であり，取得価額を期間配分して経費に算入される（所得税法2条1項19号，所得税法施行令6条1項8号ヘ）。

　不動産所得，事業所得，雑所得の計算上の必要経費に算入すべき金額として，別段の定めがあるものを除き，これらの所得の総収入金額に係る売上原価その他当該総収入金額を得るため直接に要した費用の額及びその年における販売費，一般管理費その他これらの所得を生ずべき業務について生じた費用の額と定められている（同法37条1項）。

　また，資本的支出とは，修理，改良その他いずれの名義をもってするかを問わず，その業務の用に供する固定資産について支出する金額で，支出により，資産の取得の時において通常の管理又は修理をするものとした場合に予測される資産の使用可能期間を延長させる部分に対応する金額，及び，資産の取得の時において，資産の通常の管理又は修理をするものとした場合に予測されるその支出の時における資産の価額を増加させる部分に対応する金額をいい，支出した日の属する年分の所得の金額の計算上，必要経費に算入しないと定められている（施行令 181 条）。

　納税者は，実用新案権の取得価額に算入した自己の労務費が，実用新案権の製品の改良に要した資本的支出に該当すると主張している。

納税者の主張

①　実用新案権は，自己の建設，製作または製造にかかるものであるから，その取得価額及び資本的支出は，建設等のために要した原材料等，労務費及び経費の額の合計額 1 億 1,210 万円であって，その内訳は，①昭和 36 年以来の特許出願費及び登録費 150 件分（1 件平均 2 万円）300 万円，②昭和 26 年以来 14 年間の研究設備ならびに維持費 140 万円，③合成樹脂加工機械及び装置（押出機その他）120 万円，④合成樹脂材料その他研究資材費 400 万円，⑤ビニール織機（自動，手動等約 15 台分）150 万円，⑥借入金利子その他 50 万円，⑦旅費等 50 万円，⑧過去 10 数年間の精神的肉体的消費見積額 1 億円である。

②　⑧精神的肉体的消費見積額の 1 億円は，納税者が構造学の研究，製造機の試作，製品の試作，本格的実施の開拓，製品の販売，市場の開拓等に携わった肉体的消費の労務費，発明という仕事の性質上要する多額の精神的消費の労務費，昭和 40 年 6 月までの一切の争訟費，実用新案権の維持，管理に要した費用（権利侵害の調査摘発に要した費用を含む），実用新案権の製品の改良育成等の合計額であるが，そのうち本人の労務費は，減価償却資産

の取得価額に本人の労務費を算入することを否定する条件がなく，また資本と労働との合計額を取得価額とする取得価額の本質からして，これを取得価額に算入すべきであり，その余の費用は，実用新案権の価額を増加させるためにも支出された費用であるから所得税法施行令181条にいう資本的支出に該当するものである。

課税庁の主張

①　実用新案権の取得価額の内容を検討した結果，①については，実用新案権に要する費用2万円を除いては取得価額に該当しないので残額298万円を否認し，⑧については，旧所得税法10条2項，10条の3第1項，現行所得税法37条，49条，同法施行令126条1項各号の各規定に照らし，研究のために特別に支出した費用にも，また実用新案権取得のために直接要した費用にも該当せず，従って取得価額に該当しないから，これを否認し，その余の②ないし⑦についてはこれを否認すべき確実な根拠がないためそのまま認め，結局本件実用新案権の取得価額を912万円と認定したものである。

②　納税者は⑧の1億円には，実用新案権の製品の改良費及び市場開拓費並びに右権利の侵害の調査，摘発，排除等を行うに際し支出した経費が含まれており，これらは所得税法施行令181条にいう「資本的支出」に該当する旨主張するが，これらはいずれも実用新案権を売り込むため，またはその維持，管理のための費用であって必要経費と認められるものであり，「資本的支出」には該当しない。

③　納税者本人の労務費も1億円の中に含まれ，これは取得価額として考慮すべきである旨主張するが，本人の労務は，支出を伴わないものであるからこれを労務費として算出することはできず，従って減価償却資産の取得価額に含まれないものである。

裁判所の判断

①　実用新案権の取得価額として認定し得るのは，その取得のために要する

価額であることはもちろんであるから，納税者の要した特許出願費及び登録費のうち実用新案権の取得価額たるべきものは，実用新案権に関する出願費及び特許費 2 万円のみであって，それ以外の出願費及び登録費をもって実用新案権の取得価額とすることはできないから，その撤回は許されるものというべきである。

②　納税者の主張する出願費及び登録費のうち，実用新案権の取得価額となるものは 1 件分 2 万円に過ぎないことになる。

③　納税者は，さらに課税庁が取得価額として認定した以外に納税者の肉体的精神的労務費，訴訟費，実用新案権の維持管理に要した費用，実用新案権の製品の改良育成費等の合計額 1 億円分が資本的支出または取得価額として認定されるべきである旨主張するが，争訟費，実用新案権の維持，管理に要した費用，及び改良育成費についてはこれを支出した旨の納税者の本人尋問の結果は，それによってもその具体額が不明であることからにわかに信用できないし，他にこれを認めるに足りる的確な証拠はない。

④　納税者本人の肉体的，精神的労務費については，納税者が実用新案権の取得及びその実施に際し多大の労力を要したことは想像に難くない。ところで現行所得税法は，資産の取得に要した費用を取得価額に算入し，これを所定の方法で減価償却していく制度を採用しているが，これは期間計算を前提とした費用配分の考え方に立脚するものであって，これにより資産の価値の減少額を，資産の使用によって上げた収益に負担させ，納税者の税負担の便宜を図ることを目的とするものである。つまり取得した財産（減価償却資産）に基づいて継続的収入が得られることに鑑み，一時点で支出した費用をその支出時点の属する年度の必要経費としてその年度の収入金額から差引くことなく，一定程度減価償却資産によって収入を得べき将来の年度に繰延べて，その段階で必要経費として収入金額から差引くこととするものであり，それによって課税標準額を安定させることができるのである。このような減価償却制度の目的及び趣旨からすれば，取得価額として減価償却していくべきものは，必要経費性を有するものに限られるというべく，従って自己の労

務費を必要経費と認めていない現行法の下においては，必要経費性を有しない自己の労務費見積額を減価償却すべき取得価額に算入することはできないから，これを取得価額として認定すべきであるとの納税者の主張は理由がない。

【小林　由実】

CASE 55

減価償却資産の取得価額に算入できない
土地造成工事

（参考）
高松地方裁判所　平成 24 年 8 月 8 日判決　TKC 25503545／TAINS Z262-12019
高松高等裁判所　平成 25 年 1 月 25 日判決　TKC 25506337／TAINS Z263-12141
最高裁判所　平成 25 年 7 月 5 日決定　TKC 25506406／TAINS Z263-12253

［争点］

　診療所を開設し医業を営んでいる個人事業主である納税者は，診療所建物及び住宅を建築し，この建物の土地に係る造成工事のうち土工事及び解体工事の費用を診療所建物及び住宅の取得価額に含めて所得税の確定申告を行ったところ，課税庁が工事の費用は土地の取得価額に算入されるものであり診療所建物及び住宅の取得価額に算入することはできないとして，所得税の更正処分及び過少申告加算税の賦課決定処分を行った。この処分に対し納税者が，土工事等は単なる埋め立てではなく構築物の一部であるから，減価償却資産として償却費を事業所得の計算上必要経費に算入できる旨を主張し，処分等の取消しを求めたのが本事案である。

　事業所得の金額の計算上，必要経費に算入する金額は，別段の定めがあるものを除き，総収入金額に係る売上原価その他当該収入を得るため直接に要した費用の額及びその年における販売費，一般管理費その他これらの所得を生ずべき業務について生じた費用（償却費以外の費用でその年において債務の確定しないものを除く。）の額と定められている（所得税法 37 条）。

　減価償却費は事業所得の金額の計算上，必要経費に算入されることになるが，自己の建設に係る減価償却資産の取得価額については，別段の定めがあるものを除き，当該資産の建設のために要した原材料費，労務費及び経費の額と当該資産を業務の用に供するために直接要した費用の額の合計額とする旨規定されている（所得税法施行令 126 条 1 項 2 号）。

　譲渡所得の計算では，その所得から控除する資産の取得費は，別段の定めが

あるものを除き，その資産の取得に要した金額並びに設備費及び改良費の額の合計額とする旨が定められている（同法 38 条 1 項）。

　税務の取扱いでは，埋立て，土盛り，地ならし，切土，防壁工事その他土地の造成又は改良のために要した費用の額はその土地の取得費に算入するのであるが，土地についてした防壁，石垣積み等であっても，その規模，構造等からみて土地と区分して構築物とすることが適当と認められるものの費用の額は，土地の取得費に算入しないで，構築物の取得費とすることができるとされている（所得税基本通達 38-10）。

　構築物とはどのようなものをいうのか，その範囲について明文の規定がなく，実務では減価償却資産の耐用年数等に関する省令別表の耐用年数表をみて，構築物であるかその他の資産であるか判断することが多いのではないかと考えられる。

　土工事が土地の取得価額となれば，この工事が事業所得の必要経費となるか家事関連費となるかは別として，土工事等にかかった金額が事業所得の金額の計算上，非減価償却資産として認識される。

　納税者は更正処分等を受けた後，国税不服審判所長に対し，各更正処分等の全部取消を求めて審査請求を行ったが，3ヶ月を過ぎても裁決されなかったため，訴訟を提起した。その約 8ヶ月後，国税不服審判所長は，審査請求をいずれも棄却するとの裁決を出した。

納税者の主張

①　工事は，地震，水害等の災害に備えた，診療所建物及び住宅の基礎工事である。納税者が開業している医院の敷地は，0.5 メートルの冠水リスクがあり，災害時に機能不全に陥らないために，盛土が必要であった。

②　工事の費用は，土地に含まれている瑕疵を補修するものであり，これによって土地価格は上昇しない。

③　土工事は，単なる埋め立てやかさ上げではなく，構築物の一部として積

んだものである。

④　所得税法 38 条, 所得税基本通達 38-10 は, 憲法 13 条に反する。

課税庁の主張

①　土工事は「盛土 2304.77 立方メートル　花崗土 2304.77 立方メートル　重機運搬一式」を内容とするものであり, また, 解体工事は, 「既存硅畔コンクリート取壊し12.58立方メートル, 既存床版, 坂路取壊し　3.78立方メートル, コンクリートガラ処分　16.36 立方メートル」を内容とするものであり, 工事の費用は土地の埋立て, 土盛り, 地ならしのために要した費用であるから, 譲渡所得の計算上, 土地の取得費に算入される。

②　工事の費用が譲渡所得金額の計算上, 土地の取得費に算入されることとの均衡からすると, 事業所得金額の計算上も土地の取得価額に算入される。

裁判所の判断

①　盛土により土地をかさ上げすることを内容とするものであり, 土地の形質の変更をもたらすものであって, また, 解体工事は硅畔コンクリート, 既存床版, 坂路の取壊し及びコンクリートガラの処分を内容とするものであり, 土工事を行うために必要な工事といえるから, 工事は, 土地の造成又は改良のための工事であるというべきである。

②　工事によって盛られた土は, 土地と区分して構築物とすることが適当と認めることは到底できない。したがって, 工事に係る費用は土地の取得価額に算入され, 自己の建設に係る減価償却資産の取得価額とは認められない。

③　納税者は, 縷々主張し, 工事の費用を診療所建物及び住宅等の取得価額に算入すべきであるとするが, いずれも採用することはできない。

【小林　由実】

複数の売買契約書と不動産の取得価額

〔参考〕
前橋地方裁判所　平成 28 年 9 月 14 日判決　TKC 25561801/TAINS Z266-12901
東京高等裁判所　平成 29 年 5 月 11 日判決　TKC 25563428/TAINS Z267-13018

［争点］

　動物病院及び不動産賃貸業を営む獣医師である納税者は，平成 22 年中に土地建物を購入したところ，建物の取得価額を土地と建物の各不動産取得税の概算税額の比によって算定し，その価額に基づいて本件建物の減価償却費の額及び課税仕入れに係る支払対価の額を計算して，平成 23 年分の所得税について，確定申告及び修正申告をしたところ，課税庁が，建物の取得価額は平成 22 年 8 月 4 日付の売買契約書に記載された建物の売買代金額に，土地建物の取得に際し支出した金額を上記契約書の土地及び建物の価額の比によって按分した額を算入した額によるべきとして，平成 25 年 3 月 5 日付けで更正処分をした。

　納税者は，上記契約書は便宜上作成したものにすぎず，その金額に基づいた処分は違法であるとして，平成 23 年分修正申告における修正申告額（総所得金額 4,786 万 968 円，納付すべき税額 702 万 4,400 円）を超える部分の取消を求めた事案である。

　所得税法 49 条が，減価償却資産の償却費の計算は政令で定めるところにより計算した金額とすると規定している。減価償却費を求めるためには，①償却方法，②取得価額，③耐用年数の 3 つを明らかにする必要がある。その中でも減価償却資産の取得価額について，所得税法施行令 126 条 1 項は，購入した減価償却資産の取得価額は，「当該資産の購入の代価」と「当該資産を業務の用に供するために直接要した費用の額」の合計額であると規定している。

　納税者は，平成 22 年 8 月 4 日，株式会社 A から，土地建物を購入し，同日，引渡しを受けた。納税者と A は，売買契約を締結するに当たり，同日付けで，

土地建物の売買代金を 3 億 4,475 万円，うち土地の売買代金を 2 億 6,466 万 4,575 円，建物の売買代金を 8,008 万 5,425 円及び建物消費税分を 381 万 3,591 円と記載した不動産売買契約書（第 1 売買契約書）を作成していた。

　しかし，納税者は，第 1 売買契約書は仮のものであり，土地建物の売買代金を 3 億 9,200 万円と記載した契約書（第 2 売買契約書）が正しいと主張した。第 2 売買契約書には，土地建物の売買代金の合計として 3 億 9,200 万円との記載があるのみで，土地及び建物の各売買代金が記載されていなかった。

　納税者は上記主張に加え，土地建物の一括譲渡において建物と土地の代金が区分されていない場合，建物の取得価額は固定資産税評価額比で按分計算する方法ではなく，相続税評価額比で按分計算する方法により算定すべきであるなどと主張して更正処分の取消等を求めた事案である。

納税者の主張

①　土地建物には，債権者である株式会社 B の仮差押登記及び抵当権設定登記のほか，県の差押登記，財務省の参加差押登記及び C 株式会社の抵当権設定仮登記がなされていたところ，B との間で土地建物の抵当権設定登記及び仮差押登記の抹消のための交渉を担当していた丙は，B から 3 億 1,475 万円を支払う代わりに上記抵当権設定登記及び仮差押登記の抹消することの同意を得たことから，納税者と A は，売買契約の売買代金を，①B に対する抵当権設定登記及び仮差押登記の抹消費用 3 億 1,475 万円，②A が土地建物の賃貸借契約に係る敷金を納税者に対し承継するための費用 3,000 万円及び③その他差押登記等抹消費用等 4,725 万円の合計額である 3 億 9,200 万円とすることを合意した。

②　丙と丁は，売買代金を 3 億 9,200 万円とする売買契約書を作成した場合，B が，3 億 9,200 万円全額を回収しようとする可能性があり，その他の差押登記等を抹消することができなくなるおそれがあるので，売買代金の一部のみを記載した仮の売買契約書を作成することとし，土地建物の売買代金を，

Bに対する抵当権設定登記及び仮差押登記の抹消費用3億1,475万円にAが土地建物の賃貸借契約に係る敷金を納税者に対し承継するための費用3,000万円を加えた3億4,475万円とする第1売買契約書を作成した。乙は，第1売買契約書を作成するに当たって，丙から，第1売買契約書は，Bの都合で作成された仮の契約書であり，後できちんとした契約書を作る旨の説明を受けた。

③　納税者が実際にAに対して支払った金額は3億9,200万円であり，第1売買契約書の売買代金（3億4,475万円）とは4,725万円もの差があるから，第1売買契約書を真の契約書と認めることはできない。

④　土地と建物を一括譲渡した場合で，建物と土地の代金が区分されていない場合，建物の取得価額を固定資産税評価額比で按分計算する方法により算定することは相当でなく，建物の取得価額は，相続税評価額比で按分計算する方法により算定するべきである。

⑤　本事案が所得税及び消費税に関する紛争であり，同じ国税である相続税で規定された評価方法により算定すべきであること，相続税評価額が毎年評価替えされるのに対し，固定資産税評価額は3年毎にしか評価替えされないため相続税評価額の方が時価に近いといえること，相続税評価額の算定に当たっては，広大地補正により，より時価を反映した算定が可能であることからすれば，建物の取得価額は，相続税評価額比で按分計算する方法により算定するべきである。

課税庁の主張

①　建物の取得価額は，第1売買契約書に記載された建物の売買代金に基づいて算定すべきである。事業所得を算定する際の減価償却資産の取得価額を構成する「購入の代価」（所得税法施行令126条1項1号イ）は，一般的には売買契約の当事者が合意し，購入者が実際にその資産の対価として支払うこととなった金額をいい，契約書において売買の当事者が合意した売買価額を明示している場合には，特段の事情がない限り，当該契約書に記載された

金額をもって購入の代価とするのが相当である。

②　第 1 売買契約書は，契約当事者双方の記名又は署名及び押印がされたものであり，かつ，契約当事者のほか，納税者の父である乙，D の従業員丙及び金融機関の関係者らが同席する中で締結されたものであるから，正式な契約書であるというべきであり，当事者が合意した土地建物の売買価額が明示されているものといえる。

③　仮に，第 1 売買契約書の建物の売買代金は当事者が合意した売買価額でないとしても，第 1 売買契約書に記載された土地と建物の価額の比率は，平成 22 年度の土地建物の各固定資産税評価額の比率と同じであるところ，土地と建物を一括譲渡した場合で，建物と土地の代金が区分されていない場合に，土地及び建物の売買代金の総額を固定資産税評価額比で按分して土地と建物の時価を算定する方法は，合理的な算定方法である。したがって，課税庁は，結果として，固定資産税評価額比で按分して算定した場合の金額と同一の価額で建物の取得価額を算定したのであるから，算定された建物取得価額は，何ら不合理な価額ではなく，適切である。

裁判所の判断

①　A は，土地と建物を一括購入した場合には，土地と建物の固定資産税評価額比で按分計算して土地と建物のそれぞれの価額を算定することとしており，売買契約の際にも同様の方法により土地と建物の売買代金を算定した。

②　第 1 売買契約書は，売主及び買主の署名及び実印による押印がある書面であり，売買契約が締結された当日に多数の利害関係人が同席する中で作成され，多数の関係者が押印するなどして作成されたものであり，収入印紙も貼付されていること，土地及び建物の価額は A が土地と建物を一括購入した場合に通常行っている算定方法と同じ固定資産税評価額比で案分計算する方法により決定されているから，同価額は，一定の合理的な理由をもって決定されていること，乙及び納税者は，上記算定方法について事前に FAX 送信された文書及び当日の丙からの説明により認識・了解し，売買代金等を訂正

し，訂正印を押した上で，第1売買契約書を作成したことが認められる。そうすると，第1売買契約書は，真正に成立した納税者及びAの合意を反映した正式な契約書であるというべきである。

③　土地及び建物の売買代金の価額の土地建物の売買代金の合計金額に対する割合は，それぞれ76.77％及び23.23％となる。平成22年度の土地の固定資産税評価額は合計で2億7,372万51円，建物の固定資産税評価額は8,284万6,892円，土地建物の固定資産税評価額は合計で3億5,656万6,943円であり，土地の固定資産税評価額と建物の固定資産税評価額の土地建物の固定資産税評価額に対する割合は，それぞれ約76.77％及び約23.23％となるところ，上記割合は，第1売買契約書に記載された土地及び建物の売買代金の価額の土地建物の売買代金の合計金額に対する割合とほぼ一致する。

④　第2売買契約書には，売主であるAの記名・押印（ただし，実印ではなく，契約印による。）のほか，宅地建物取引業者・宅地建物取引主任者の欄には，F代表者戊の記名・押印，丙の記名・押印，株式会社G代表者の記名及び宅地建物取引主任者の記名があることは認められるものの，買主である納税者の署名・押印はない上，株式会社G代表者の押印及び宅地建物取引主任者の押印はなく，収入印紙も貼付されていないことが認められ，前述の第1売買契約書の体裁等と比較すると，第2売買契約書は契約書として不完全であり，かつ，不十分であるといわざるを得ない。

【横井　里保】

執筆者一覧

税理士　　林　　仲宣

目白大学大学院経営学研究科教授　　竹内　　進

税理士　　小野木賢司

税理士　　四方田　彰

税理士　　角田　敬子

税理士　　有賀美保子

税理士　　茂垣志乙里

税理士　　加瀬　陽一

専修大学法学部教授　　谷口　智紀

税理士　　髙木　良昌

税理士　　岡崎　央

税理士　　齋藤　樹里

税理士　　小林　由実

税理士　　初鹿　真奈

島根大学法文学部専任講師　　横井　里保

著者との契約により検印省略

平成30年12月20日　初版第1刷発行 令和3年11月20日　改訂版第1刷発行	実務のための **資本的支出・** **減価償却・修繕費** **判例・裁決例56選** 〔改訂版〕

著　者　林　　　仲　宣
　　　　　　　　　　　ほか

発行者　大　坪　克　行

製版所　美研プリンティング株式会社

印刷所　税経印刷株式会社

製本所　牧製本印刷株式会社

発行所　〒161-0033　東京都新宿区　　株式　**税務経理協会**
　　　　下落合2丁目5番13号　　　　会社

振　替　00190-2-187408　　　電話　(03)3953-3301（編集部）
ＦＡＸ　(03)3565-3391　　　　　　　　(03)3953-3325（営業部）
URL　http://www.zeikei.co.jp/
乱丁・落丁の場合は，お取替えいたします。

ISBN978-4-419-06800-4　C3034